mise au point

Droit des contrats

4e édition

Christophe Lachièze
Professeur à l'université Paris VIII Vincennes-Saint-Denis

Édition refondue après l'ordonnance du 10 février 2016
portant réforme du droit des contrats,
du régime général et de la preuve
des obligations

ellipses

Retrouvez tous les titres de la collection

sur www.editions-ellipses.fr

Pour Justine, Clara et Solène

L'auteur tient à remercier Corinne Rousselle pour sa patiente relecture.

ISBN 9782340-015340

32, rue Bargue 75740 Paris cedex 15

www.editions-ellipses.fr

Introduction

Le droit des contrats est une matière essentielle. Au plan théorique, le droit des contrats met en œuvre les concepts fondamentaux du droit. Au plan pratique, le droit des contrats trouve à s'appliquer de façon quotidienne dans les rapports entre les personnes. L'étude du droit des contrats est indispensable pour tout juriste.

1. Le droit des contrats a fait l'objet d'une réforme profonde par l'ordonnance du 10 février 2016[1]. Il convient de présenter la réforme du droit des contrats (1) avant de porter un premier regard sur le nouveau droit des contrats (2).

1. Présentation de la réforme du droit des contrats

2. On rappellera la genèse de la réforme (A) avant de présenter son contenu (B) et sa mise en œuvre (C).

A. Genèse de la réforme

2. Des textes vieillis. Les articles du Code civil relatifs au droit commun des contrats (art. 1101 et s. C. civ.) étaient restés largement inchangés depuis 1804. Cette stabilité législative s'explique par la grande qualité des textes en question, mais aussi par le rôle prépondérant de la jurisprudence qui avait su au fil du temps apporter les innovations juridiques majeures permettant d'adapter le droit des contrats aux évolutions de la société. À tel point qu'avant la réforme, le Code civil ne comportait plus qu'une part seulement du droit commun des contrats ; une autre part, non négligeable, se trouvait en dehors du Code civil, essentiellement dans la jurisprudence de la Cour de cassation et dans les ouvrages de doctrine[2]. En conséquence le droit français des contrats n'était plus facilement accessible et n'offrait pas une sécurité suffisante, notamment par manque de prévisibilité, ce qui était pénalisant dans un contexte de forte concurrence entre les systèmes

1. Ord. n° 2016-131 du 10 févr. 2016, portant réforme du droit des contrats, du régime général et de la preuve des obligations, *JO* 11 févr. 2016.
2. P. Rémy-Corlay, « Le droit des contrats hors le Code civil », *Pet. Aff.* 2005, n° 178, p. 4 et s.

juridiques[1]. Une intervention du législateur était nécessaire pour replacer le droit commun des contrats dans le Code civil[2].

3. Influence de l'Union européenne. Dès le début des années 1990, avec la construction du Marché unique européen, s'est développé un courant d'idées favorable à un rapprochement des législations des pays membres de l'Union européenne. La commission européenne a lancé en 2001 une réflexion sur la possibilité d'élaborer un droit commun européen des contrats[3]. Des groupes de travail ont élaboré divers projets de Code européen des contrats[4]. Ces travaux, qui poursuivent un objectif d'*unification* des règles du droit commun des contrats au sein de l'Union européenne, n'ont aucun caractère obligatoire ; ils ne sont que des œuvres privées. Ces travaux ont suscité des réactions très contrastées dans la doctrine française. Certains auteurs approuvent[5] cette recherche d'unification, en se fondant notamment sur le postulat (controversé) selon lequel un Marché unique appelle un « instrument contractuel unique[6] ». D'autres sont plus réservés[7]. D'autres enfin sont franchement hostiles à cette recherche d'unification, considérant qu'il est préférable de respecter les différents modèles nationaux[8].

---

1. Cette concurrence concerne surtout les contrats internationaux, dans lesquels les parties ont la faculté de choisir la loi applicable (en application du Règlement Rome 1, art. 3). La réforme vise à « renforcer l'attractivité du droit français », comme cela est dit aussi bien dans la loi d'habilitation ayant permis le gouvernement à réformer par voie d'ordonnance que dans le Rapport au Président de la République qui accompagne l'ordonnance (cités *infra*).
2. P. Catala, « Il est temps de rendre au Code civil son rôle de droit commun des contrats », *JCP* 2005, I, 170.
3. Communication de la Commission au Conseil et au Parlement européen concernant le droit européen des contrats, 2001/C 255/01, *JOCE* 13 sept. 2001, n° C 255-1.
4. V. *Principes du droit européen du contrat* (PDEC), dir. O. Lando, version française par G. Rouhette et *alii*, SLC 2003 ; *Code européen des contrats,* Dir. G. Gandolfi, éd. A. Guiffrè, Milan, 2001.V. ég. le projet de code européen élaboré par le groupe travail dirigé par C. Von Bar, sur lequel : C. Von Bar « Le groupe d'études sur un Code civil européen », *RIDC* 2001, p. 112 et s.
5. V. not. D. Tallon, « Vers un droit européen du contrat », *Mélanges A. Colomer*, Litec, 1993, p. 494 ; C. Witz, « Plaidoyer pour un Code européen des obligations », *D.* 2000, chron. p. 79 ; N. Charbit, « L'espéranto du droit ? La rencontre du droit communautaire et du droit des contrats », *JCP* 2002, I, 100 ; D. Mazeaud, « Faut-il avoir peur d'un droit européen des contrats ? », *Mélanges X. Blanc-Jouvan*, éd. Société de législation comparée, 2005, p. 309.
6. D. Tallon, « Vers un droit européen du contrat », *Mélanges A. Colomer*, préc.
7. J. Huet, « Nous faut-il un "euro" droit civil ? », *D.* 2002, chron. p. 2611 ; P. Malinvaud, « Réponse hors délai à la commission européenne ; à propos d'un Code européen des contrats », *D.* 2002, chron. p. 2542.
8. V. not. C. Jamin, « Un droit privé européen des contrats ? » in P. de Vareilles-Sommières (dir.), *Le droit privé européen*, Economica, Études juridiques, 1998, p. 40 ; G. Cornu, « Un Code civil n'est pas un instrument communautaire », *D.* 2002, chron. p. 351 ; P. Malaurie, « Le Code civil européen des obligations et des contrats. Une question toujours ouverte », *JCP* 2002, I, 110 ; Y. Lequette,

Ils observent que l'évolution du droit des obligations et plus particulièrement du droit commun des contrats ne peut se faire qu'en respectant la tradition juridique et la culture des peuples concernés. Ils font valoir que la diversité des droits nationaux n'est pas une entrave au développement d'un marché économique intégré (comme en témoigne l'exemple des États-Unis d'Amérique ou encore du Canada). Les réserves des États membres ainsi que les doutes sur la compétence de l'Union européenne en la matière[1] ont semble-t-il incité la Commission à renoncer (temporairement ?) à la mise en place d'un Code européen des contrats. Quoi qu'il en soit, ce débat a contribué à favoriser la réflexion sur une réforme du droit français des contrats.

4. Projets doctrinaux. Le président Jacques Chirac, à l'occasion de la célébration du bicentenaire du Code civil en 2004, avait appelé de ses vœux une révision du droit français des contrats. La doctrine a répondu à cet appel en rédigeant deux avant-projets de réforme. Le premier en date a été élaboré par un groupe d'universitaires et de praticiens, sous la direction du professeur Pierre Catala[2]. Cet avant-projet ne proposait pas « un code de rupture, mais d'ajustement[3] ». Le second avant-projet a été élaboré sous l'égide de l'Académie des sciences morales et politiques et sous la présidence du professeur François Terré. Cet avant-projet marque sur certains points une rupture avec la tradition française « dans la perspective d'un droit européen des contrats[4] ».

5. Projets de la Chancellerie. La Chancellerie a rendu public un projet de réforme en juillet 2008, suivi d'une nouvelle version en mai 2009 et d'une troisième version en 2013. À la suite de la loi du 16 février 2015, qui habilita le gouvernement à réformer par voie d'ordonnance les règles relatives au droit des contrats et celles relatives au régime et à la preuve des obligations[5], un projet d'ordonnance

---

« Quelques remarques à propos du Code civil de M. Von Bar », *D.* 2002, chron. p. 2202. V. ég. F. Terré, P. Simler et Y. Lequette, n° 46.

1. Sur cette question, v. not. V. Heuzé, « De la compétence de la loi du pays d'origine en matière contractuelle ou l'anti-droit européen », *Mélanges P. Lagarde*, Dalloz 2005, p. 383 s. ; B. Fauvarque-Cosson, « La compétence de la Communauté européenne pour harmoniser le droit des contrats », *RDC* 2005, p. 1215 s. ; Y. Lequette, « Le code européen est de retour », *RDC* 2011, p. 1028 s.
2. *Avant-projet de réforme du droit des obligations et de la prescription*, La documentation française, 2006.
3. P. Catala, Présentation générale de l'Avant-projet », *in Avant-projet de réforme du droit des obligations et de la prescription*, préc. n° 5, p. 13.
4. F. Terré, *Pour une réforme du droit des contrats*, Dalloz 2009, spéc. p. 201.
5. L. n° 2015-177 du 16 févr. 2015 relative à la modernisation et à la modification du droit et des procédures dans les domaines de la justice et des affaires intérieures, *JO* 17 févr. 2017, spéc. art. 8.

a été rendu public le 25 février 2015[1]. Ce projet a été soumis à une procédure de consultation publique qui a permis de recueillir les observations des acteurs du droit et du monde économique. Et enfin parut l'ordonnance portant la réforme.

6. Ordonnance de réforme. L'ordonnance du 10 février 2016 portant réforme du droit des contrats, du régime général des obligations et du droit de la preuve a été publiée le 11 février 2016[2], accompagnée d'un Rapport de présentation[3]. Le projet de loi de ratification de l'ordonnance a été présenté en Conseil des ministres le 6 juillet 2016, ce qui assure l'entrée en vigueur de l'ordonnance au 1er octobre 2016 indépendamment de sa ratification. Le contenu de cette ordonnance, qui a déjà suscité de nombreux travaux[4], pourra encore être modifié lors de l'examen de la loi de ratification. Mais au jour où ces lignes sont écrites (30 juillet 2016), on ne sait pas à quelle date interviendra l'examen de la loi de ratification.

B. Contenu de la réforme

7. Présentation générale. Le principal argument avancé en faveur d'une réforme du droit des contrats était le vieillissement des textes du Code civil, qui était d'autant plus pénalisant dans un contexte de forte concurrence entre les systèmes juridiques (v. *supra*, n° 2). Aussi, l'ordonnance vise essentiellement à « rénover sans bouleverser[5] » le droit des contrats, afin de renforcer son « accessibilité » et son « attractivité[6] ».

8. Continuité. La réforme du droit des contrats s'inscrit le plus souvent dans une logique de continuité, dans le but simplement de rénover le droit des contrats. Quelques dispositions sont reprises sans modification aucune (avec cependant une nouvelle numérotation) : les dispositions concernant le contrat sous forme électronique, encore certaines dispositions relatives à la preuve (par ex. l'ancien art. 1315, qui est désormais l'article 1353). De très nombreuses dispositions sont reprises avec quelques modifications de pure forme (par ex. l'ancien art. 1134 al.

1. Sur ce projet, v. N. Dissaux et C. Jamin, *Projet de réforme du droit des contrats, du régime général et de la preuve des obligations, rendu public le 25 février 2015, commentaire article par article*, éd. Dalloz 2015.
2. Ord. n° 2016-131 du 10 févr. 2016, portant réforme du droit des contrats, du régime général et de la preuve des obligations, *JO* 11 févr. 2016.
3. *Rapport au Président de la République relatif à l'ordonnance n° 2016-131 du 10 février 2016 portant réforme du droit des contrats, du régime général et de la preuve des obligations, JO* 11 févr. 2016.
4. V. not. A. Bénabent et L. Aynès, « Réforme du droit des contrats et des obligations: aperçu général », *D.* 2016, p. 434 ; L. Leveneur et autres, *Cont. Conc. Cons.* mai 2016, Dossier 1 ; *RDC* Hors série, avril 2016. V. ég. G. Chantepie et M. Latina, *La réforme du droit des obligations*, Dalloz 2016
5. Compte-rendu du conseil des ministres du 10 février 2016.
6. *Rapport au Président de la République relatif à l'ordonnance*, préc.

1er, désormais l'art. 1103). Ces modifications de pure forme ne devraient pas (mais sait-on jamais ?) entraîner de changements dans l'interprétation des textes. Enfin, toujours dans une logique de continuité, l'ordonnance intègre dans le Code civil des solutions qui avaient été dégagées par la jurisprudence, l'ambition étant de réaliser une « codification à jurisprudence constante[1] ». Il en est ainsi notamment s'agissant de la période précontractuelle ainsi que de la durée des contrats dont le Code de 1804 ne disait rien (ou presque), et pour lesquelles la jurisprudence avait progressivement dégagé un ensemble de règles que l'on retrouve aujourd'hui dans le Code civil.

9. Changements. La réforme apporte plusieurs changements importants. Tout d'abord la réforme modifie certaines notions traditionnelles de notre droit, ou les supprime pour les remplacer par des notions nouvelles. On pense notamment à la notion de cause, qui disparaît formellement mais dont les fonctions essentielles sont semble-t-il maintenues. Ensuite, la réforme meet fin à certaines solutions qui étaient admises par la jurisprudence. Par exemple : en ce qui concerne les promesses unilatérales l'ordonnance brise la jurisprudence qui tenait pour efficace la rétractation du promettant dans la promesse unilatérale de vente avant la levée de l'option (art. 1123 C. civ.) ; l'ordonnance brise également la jurisprudence qui refusait en principe la révision du contrat pour imprévision (C. civ. art. 1195) ou encore la jurisprudence qui n'admettait pas le rôle de la bonne foi dans le conflit entre acquéreurs successifs d'un même bien immobilier (C. civ. art. 1198). Enfin il faut bien voir que la réforme opère sur certains points une rupture avec notre tradition juridique. Il en est ainsi notamment sur le terrain des sanctions applicables en cas d'inexécution du contrat, où se mesure la véritable force du contrat et la conception que l'on en retient (v. *infra*, n° 567 et s.). Le droit français, tirant toutes les conséquences du principe de la force obligatoire du contrat, reconnaissait en principe au créancier le droit d'agir en justice pour que le débiteur soit condamné à exécuter son obligation, à respecter sa parole[2]. La réforme a rompu avec cette conception rigoureuse de la force obligatoire. Le droit du créancier d'obtenir l'exécution forcée est désormais entravé par une exigence d'ordre économique (l'exécution forcée est écartée dès lors qu'il existe une « disproportion manifeste entre son coût pour le débiteur et son intérêt pour le créancier[3] »). Cette règle nouvelle est inspirée

1. *Rapport au Président de la République relatif à l'ordonnance*, préc.
2. Le droit à l'exécution forcée n'était limité que par l'impératif de protection de l'ordre public et l'impératif de la protection de la liberté individuelle du débiteur (art. 1142 ancien). La Cour de cassation n'a jamais, à notre connaissance, affirmé que le droit à l'exécution forcée était susceptible d'abus.
3. Art. 1221 C. civ.

par les préceptes de l'analyse économique du droit qui s'est développée dans les systèmes de *common law*. C'est également cette analyse économique, dont il est au demeurant difficile de mesurer le bien-fondé, qui a incité le législateur à accorder aux contractants de nouvelles prérogatives unilatérales leur permettant de résoudre les difficultés d'exécution sans recourir au juge : faculté de résolution unilatérale par voie de notification, faculté d'accepter une prestation imparfaite contre une réduction du prix[1].

C. *Mise en œuvre de la réforme*

10. Droit transitoire. L'article 9 de l'ordonnance comporte les dispositions relatives à l'application dans le temps de la réforme[2]. Il fixe l'entrée en vigueur des nouvelles dispositions au 1er octobre 2016[3], à l'exception de quelques dispositions qui sont d'application immédiate[4]. Il précise que seuls les contrats conclus après cette date seront soumis aux dispositions nouvelles. Les contrats en cours resteront régis par la loi ancienne, sous l'empire de laquelle ils ont été conclus[5]. Les instances introduites avant l'entrée en vigueur de l'ordonnance seront poursuivies selon la loi ancienne, y compris en appel et en cassation.

11. Interprétation des règles nouvelles. Les dispositions nouvelles du droit commun des contrats, quelle que soit la qualité de leur rédaction, ne manqueront pas de susciter des difficultés d'interprétation. Or une ordonnance, à la différence d'une loi ordinaire, n'est pas précédée de travaux parlementaires qui peuvent en éclairer l'interprétation. En l'absence de travaux parlementaires, les sources d'interprétation sont diverses. Le Rapport qui accompagne l'Ordonnance[6], s'il n'a pas de valeur juridique, fournit des explications sur le contenu des dispositions nouvelles. De plus, dans la mesure où la réforme a bien souvent puisé son inspiration dans le « projet Catala[7] » et dans le « projet Terré[8] », ces travaux pourront aider à l'interprétation des textes nouveaux. On pourra consulter également les projets

1. *Rapport au Président de la République relatif à l'ordonnance*, préc., « Objectifs de la réforme ».
2. S. Gaudemet, « Dits et non-dits sur l'application dans le temps de l'ordonnance du 10 février 2016 », *JCP* 2016, 559 ; C. François, « Application dans le temps et incidence sur la jurisprudence antérieure de l'ordonnance de réforme du droit des contrats », *D.* 2016, p. 506.
3. Ord. 10 févr. 2016, art. 9.
4. Art. 1123 al. 3 et al. 4, art 1158 et 1183 concernant les « actions interrogatoires ».
5. Sur l'application de cette règle, v. S. Gaudemet, préc. ; C. François, préc.
6. *Rapport au Président de la République relatif à l'ordonnance*, préc.
7. *Avant-projet de réforme du droit des obligations et de la prescription*, La documentation française, 2006.
8. *Pour une réforme du droit des contrats*, Dalloz, 2009.

européens de réforme du droit des contrats[1] ou encore les principes d'Unidroit[2] dont la réforme du droit des contrats s'est parfois inspirée. Enfin, la jurisprudence et les études doctrinales antérieures à la réforme conservent tout leur intérêt.

2. Premier regard sur le nouveau droit des contrats

12. Le contrat parmi les sources d'obligations. Le titre III du livre III du Code civil distingue trois principales sources d'obligations : le contrat, la responsabilité extracontractuelle et les autres sources d'obligations[3]. Le contrat et la responsabilité extracontractuelle, qui sont les plus importantes sources d'obligations[4], appartiennent chacun à une catégorie plus large. La responsabilité extracontractuelle se rattache à la catégorie des faits juridiques, qui sont « des agissements ou des événements auxquels la loi attache des effets de droit » (art. 1100-2 C. civ.). Le contrat, comme l'acte unilatéral et l'acte collectif[5] (dont le Code civil ne fait pas état), se rattache à la catégorie des actes juridiques, qui sont « des manifestations de volonté destinées à produire des effets de droit » (art. 1100-1). Le contrat est l'archétype de l'acte juridique : tous les actes juridiques « obéissent, en tant que de raison, pour leur validité et leurs effets, aux règles qui gouvernent les contrats » (art. 1101 al. 2 C. civ.). La distinction des faits et des actes juridiques est importante car elle justifie des différences de régime dont la plus importante est relative à la preuve : la preuve des faits juridiques est libre, alors que la preuve des actes juridiques suppose généralement un écrit[6].

13. La distinction droit commun/droit spécial. Il existe différents contrats nommés (vente, bail, mandat…) mais tous sont soumis à des règles communes qui figurent dans le titre III du livre III du Code civil. Tel est le sens de l'article 1105, alinéa 1er, du Code civil : « Les contrats, qu'ils aient ou non une

1. On se référera notamment aux *Principes du droit européen du contrat* (PDEC), préc.
2. Les principes d'Unidroit relatifs au droit du commerce international ont été rédigés par l'Institut international pour l'unification du droit privé. Le texte de ces principes est accessible sur http://www. unidroit.org.
3. Chacune de ces trois sources d'obligations étant l'objet d'un Sous-titre : Sous-Titre I : « Le contrat » ; Sous-Titre II : « La responsabilité extracontractuelle » ; Sous-Titre III : « Autres sources d'obligations ».
4. Les « autres sources d'obligations » sont les quasi-contrats (art. 1300 et s.).
5. À la différence du contrat, qui repose sur un accord de volontés, l'acte collectif se forme par une conjonction de volontés qui ne sont pas nécessairement convergentes (par ex. les décisions d'une assemblée générale). Sur cette notion, dont les contours sont discutés, v. not. F. Terré, P. Simler et Y. Lequette, n° 57.
6. Le principe est la liberté de la preuve (art. 1358 C. civ.) mais, s'agissant des actes juridiques, ce principe connaît des dérogations importantes (art. 1359 C. civ) ; v. infra, n° 54 s.

dénomination propre, sont soumis à des règles générales, qui sont l'objet du présent sous-titre ». Ces règles générales, applicables à tous les contrats et organisées selon une logique d'ensemble, forment le *droit commun des contrats* (la « théorie générale du contrat[1] »). Le droit commun des contrats qui est l'objet du présent ouvrage occupe une place centrale dans le droit. Il est mis en œuvre dans toutes les branches du droit privé.

Au droit commun des contrats viennent s'ajouter des règles particulières, propres à certains contrats. C'est ce qu'indique l'article 1105 alinéa 2 : « Les règles particulières à certains contrats sont établies dans les dispositions propres à chacun d'eux ». Ces règles particulières, qui sont adaptées spécialement aux opérations que les contrats servent à réaliser, sont pointilleuses et concrètes. Ces règles particulières sont propres à un contrat nommé[2] (par exemple : la vente, le bail) ou à une catégorie de contrats (par exemple : les contrats commerciaux, les contrats de consommation). Elles se sont multipliées depuis le début du xxe siècle, selon un processus de spécialisation et de complexification[3]. La multiplication des règles spéciales constitue selon certains auteurs une tendance régressive[4]. Ce phénomène pose la question de l'articulation entre le droit commun des contrats et les règles spéciales.

14. L'articulation droit commun/droit spécial. L'article 1105 alinéa 3 du Code civil a pour objet de résoudre les conflits entre les règles générales du droit commun et les règles particulières : « Les règles générales s'appliquent sous réserve de ces règles particulières ». Cette disposition consacre l'adage *specialia generalibus derogant*. La portée de cette disposition doit être bien mesurée[5]. Elle

1. L'expression « théorie générale du contrat » sera utilisée comme synonyme de « droit commun des contrats ». Cependant certains auteurs distinguent le droit commun des contrats (la réalité positive) et la théorie générale du contrat (la réflexion sur cette réalité) : v. É. Savaux, *La théorie générale du contrat, mythe ou réalité?*, préf. J.-L. Aubert, LGDJ, 1997, spéc. n° 8 s.; C. Atias, *Épistémologie juridique*, PUF, coll. « droit fondamental », 1985, n° 83.
2. Chaque contrat nommé a son « statut » c'est-à-dire un corps de règles spécifiques qui lui est propre.
3. V. not. P. Malaurie, L. Aynès et P.-Y. Gautier, *Contrats spéciaux*, Defrénois, 6e éd. 2013, spéc. n° 34.
4. B. Oppetit, « L'apparition de tendances régressives », in *Droit et modernité*, PUF, 1998, p. 113 s., spéc. p. 116.
5. Sur la question de l'articulation entre droit commun et droit spécial des contrats, v. not. R. Cassin, « Lois spéciales et droit commun », *D.* 1961, chr. p. 91 ; C. Goldie-Génicon, *Contribution à l'étude des rapports entre le droit commun et le droit spécial des contrats*, préf. Y. Lequette, LGDJ, 2009; N. Balat, Essai sur le droit commun, préf. M. Grimaldi, LGDJ 2016. Sur la question de l'antinomie des règles : *Les antinomies en droit*, Ch. Perelman (dir.), Travaux du centre national de recherche de logiques, Bruylant, Bruxelles, 1965; P. Malaurie, « Les antinomies des règles et de leurs fondements », in *Le droit privé à la fin du xxe siècle*, Études offertes à P. Catala, Litec 2001, p. 25 et s.; P. Gérard, v° Antinomie, in *Dictionnaire encyclopédique de théorie et de sociologie du droit*, A.-J. Arnaud, (dir.) 2e éd. LGDJ 1993.

ne doit pas conduire à écarter de façon systématique le droit commun dès lors qu'il existe une règle spéciale également applicable à la question en cause. Il faut au contraire admettre *a priori* l'application cumulative du droit commun et du droit spécial car on présume qu'ils sont complémentaires et c'est seulement en cas *d'incompatibilité* entre le droit spécial et le droit commun que celui-ci doit être écarté[1]. Il y a incompatibilité lorsque les règles en concours sont contradictoires, notamment lorsqu'elles poursuivent des finalités différentes : le droit commun doit alors s'effacer devant la règle spéciale car telle est l'intention présumée du législateur. Mais la jurisprudence s'écarte parfois de cette ligne et manifeste une certaine tendance à évincer de façon trop systématique les dispositions du droit commun[2].

15. Plan. L'étude du droit commun des contrats nous conduira à envisager successivement la formation puis les effets du contrat. Ces deux parties seront précédées d'une partie préliminaire, dans laquelle seront présentées les notions d'obligation et de contrat.

Partie préliminaire – Obligation et contrat

Partie 1 – La formation du contrat

Partie 2 – Les effets du contrat

1. V. en ce sens : *Rapport au Président de la République relatif à l'ordonnance*, Chap. Ier « Dispositions liminaires » : « les règles générales posées par l'ordonnance seront notamment écartées lorsqu'il sera impossible de les appliquer simultanément avec certaines règles prévues par le Code civil pour régir les contrats spéciaux, ou celles résultant d'autres codes [...] ».
2. Pour un exemple, v. *infra*, n° 297, la question du concours entre la garantie des vices cachés et l'erreur.

Partie préliminaire

Obligation et contrat

16. Les notions d'obligation et de contrat sont liées. Il convient donc, dans cette partie préliminaire, de donner une première vue sur l'obligation (titre 1) et sur le contrat (titre 2).

Titre 1

L'obligation

17. Nous donnerons une présentation générale de l'obligation, sans entrer dans l'étude détaillée de son régime qui relève d'un enseignement spécifique. Nous examinerons la notion d'obligation (Chap. 1) avant de présenter les principales classifications des obligations (Chap. 2).

Chapitre 1

La notion d'obligation

18. Définition. Le mot obligation vient du latin *obligatio*, qui est dérivé du verbe *obligare* lequel est construit avec le préfixe *ob* (en face de, devant) et le verbe *ligare* (lier)[1]. L'obligation peut être définie comme un lien de droit (*vinculum juris*) en vertu duquel une personne (le créancier) peut exiger d'une autre personne (le débiteur) une prestation ou une abstention. L'obligation a donc deux faces : la face active est la *créance*, la face passive est la *dette*.

19. Un lien et un bien. En droit romain, l'obligation était essentiellement un *lien personnel*. Le pouvoir de contrainte s'exerçait sur la personne même du débiteur : le débiteur devait répondre de son engagement sur sa personne. Le caractère personnel était si fort qu'il commandait l'essentiel du régime de l'obligation. Ainsi, le changement de débiteur ou de créancier était en principe exclu.

La notion d'obligation a considérablement évolué. Dans notre droit positif, le *caractère patrimonial* est désormais prédominant. L'obligation n'entraîne plus un assujettissement physique du débiteur, les moyens de contrainte portant désormais seulement sur le patrimoine du débiteur : le créancier peut faire saisir et vendre tout bien compris dans le patrimoine de son débiteur afin de se faire payer sur le prix, en vertu du droit de gage général. La face active de l'obligation, la créance, est appréhendée comme un bien appartenant au créancier[2] ; elle peut notamment être cédée sans le consentement du débiteur puisque l'on considère que la personne du créancier lui est indifférente. La face passive de l'obligation, la dette, reste dépendante de la personne et du patrimoine du débiteur ; elle ne peut donc être cédée qu'avec le consentement du créancier (art. 1327 C. civ.).

20. L'obligation naturelle. L'obligation naturelle peut être définie comme une obligation civile dénuée de sanction : l'exécution de cette obligation n'est qu'un devoir de conscience pour le débiteur, le créancier n'ayant aucun pouvoir de

1. Sur l'histoire de la notion d'obligation, v. not. J.-L. Gazzaniga, *Introduction historique au droit des obligations*, PUF 1992, spéc. n° 6 et s.
2. V. en ce sens Cour EDH, 9 déc. 1994, *RTD civ.* 1996, p. 1019, obs. J.-P. Marguenaud.

contrainte[1]. L'obligation naturelle ne peut donner lieu à un paiement forcé mais, si elle est volontairement exécutée, cette exécution ne pourra être remise en cause. La règle est prévue à l'article 1302, al. 2, du Code civil : « La répétition n'est pas admise à l'égard des obligations naturelles qui ont été volontairement acquittées » (ce texte reprend en substance l'ancien art. 1235 al. 2 C. civ.). La jurisprudence s'était appuyée sur cette règle pour décider que l'obligation naturelle se transforme en obligation civile lorsque le débiteur s'exécute volontairement ou qu'il promet de le faire[2]. Cette solution est désormais expressément prévue à l'article 1100, alinéa 2, du Code civil. L'obligation naturelle se manifeste dans des situations diverses. Elle se présente parfois comme une obligation civile imparfaite (par exemple une dette de jeu, une donation faite en dehors des formes légales ou encore une obligation prescrite). D'autres fois, elle se présente comme un devoir moral « monté » à la vie juridique[3] (par exemple, l'obligation d'entraide, admise par la jurisprudence, entre frères et sœurs ou entre concubins).

1. V. M. Julienne, « Obligation naturelle et obligation civile », *D.* 2009, p. 1709 ; M. Coudrais, « L'obligation naturelle, une idée moderne ? », *RTDciv.* 2011, p. 453.
2. Civ. 1, 10 octobre 1995, *Bull. civ.* I, n° 352 ; *D.* 1996, somm. p. 120, obs. R. Libchaber ; *D.* 1997, p. 155, note G. Pignarre ; N. Molfessis, « L'obligation naturelle devant la Cour de cassation », *D.* 1997, chron. p. 85. Dans cette décision, la haute juridiction précise que la transformation d'une obligation naturelle en obligation civile ne repose pas sur la novation comme on l'affirmait généralement (la novation supposerait qu'une obligation préexistât) mais sur « l'engagement unilatéral d'exécuter l'obligation naturelle ».
3. G. Ripert, *La règle morale dans les obligations civiles*, 4e éd., LGDJ, 1949, n° 192 s. Ripert considère que, en réalité, le terme d'*obligation naturelle* n'est qu'un « déguisement » pour faire admettre le devoir moral devant les prétoires ; M. Gobert, *Essai sur le rôle de l'obligation naturelle*, préf. J. Flour, thèse, Sirey 1959.

Chapitre 2

Les classifications des obligations

21. Présentation générale. Les classifications des obligations reposent sur des distinctions binaires, les obligations étant opposées deux à deux. Les distinctions présentées ci-dessous se fondent sur l'objet de l'obligation : ce à quoi le débiteur est tenu envers le créancier. Bien qu'elles ne soient pas consacrées par le Code civil, ces distinctions méritent d'être connues car elles justifient des différences de régime[1]. On présentera la distinction des obligations pécuniaires et en nature (1) et la distinction des obligations de moyens et de résultat (2).

1. La distinction des obligations pécuniaires et en nature

22. Cette distinction dégagée par la doctrine[2] est d'une grande importance pratique, car ces obligations n'ont pas le même régime. Il convient de l'exposer (A), avant d'en souligner l'intérêt (B).

A. Exposé de la distinction

23. L'obligation pécuniaire. L'obligation pécuniaire, ou obligation de somme d'argent, consiste dans le transfert d'une certaine quantité de monnaie. Cette obligation est dénommée « prix » dans les dispositions du droit commun des contrats (par ex. art. 1164 et 1165 ; 1167 et 1171). Dans le droit des contrats spéciaux, la dénomination de cette obligation de somme d'argent diffère selon les contrats : elle est dénommée *prix* dans la vente, *rémunération* dans le louage d'ouvrage (on parle d'honoraires lorsque la prestation est fournie par un professionnel libéral),

---

1. Le Code civil retenait auparavant une distinction tripartite héritée du droit romain : distinction entre les obligations de donner, de faire ou de ne pas faire. Cette distinction justifiait des différences de régime, notamment sur le terrain de l'exécution forcée : l'obligation de faire n'était en principe pas susceptible d'exécution forcée (ancien art 1142 C. civ.). Cette distinction n'est plus retenue.
2. V. not. J. Carbonnier, n° 10 s.

loyer dans le bail, *salaire* dans le contrat de travail, *primes* dans le contrat d'assurance, *intérêts* dans le prêt.

24. L'obligation en nature. Cette catégorie comprend toutes les obligations qui ne portent pas sur une somme d'argent. C'est une catégorie résiduelle. Les obligations en nature sont diverses et variées.

B. Intérêt de la distinction

25. Particularités de l'obligation monétaire. L'obligation monétaire présente d'importantes particularités, car la monnaie n'est pas une chose comme les autres. D'une part, elle est soumise à la dépréciation monétaire, qui est défavorable au créancier et favorable au débiteur. Pour combattre l'érosion monétaire, les parties peuvent prévoir des clauses d'indexation, qui permettent de faire varier le montant nominal de la dette en fonction d'un indice de référence (v. *infra*, n° 667 et s.). D'autre part, l'obligation monétaire est toujours susceptible d'exécution forcée en nature en raison de la fongibilité de la monnaie. En effet le créancier peut faire saisir les biens du débiteur et les faire vendre, obtenant ainsi l'argent qui lui est dû (le seul risque étant l'insolvabilité du débiteur).

2. La distinction des obligations de moyens et de résultat

26. On exposera cette distinction (A), avant d'en souligner l'intérêt (B).

A. Exposé de la distinction

27. L'intensité variable de l'obligation. Cette distinction fondée sur l'intensité de l'engagement a été mise en lumière par Demogue[1]. L'obligation est dite *de résultat* lorsque le débiteur promet de parvenir à un résultat déterminé. Au contraire l'obligation est dite *de moyens* lorsque le débiteur s'engage à mettre en œuvre tous les moyens dont il dispose pour accomplir sa mission, mais sans s'engager sur le résultat[2]. La distinction s'opère à partir de différents critères : la volonté des parties, le caractère aléatoire ou non du résultat attendu et enfin le rôle actif ou passif du créancier au cours de l'exécution de l'obligation.

1. V. not. *Traité des obligations en général*, Rousseau, 1923, t. V, n° 1237.
2. Cette distinction binaire ne permet évidemment pas d'embrasser les situations concrètes dans leur diversité et les catégories intermédiaires sont apparues : on trouve des obligations de moyens renforcées et des obligations de résultat allégées.

B. Intérêt de la distinction

28. Régime de responsabilité. L'intérêt de cette distinction réside dans le régime de la responsabilité civile du débiteur. Lorsque le débiteur est tenu d'une obligation de moyens, on ne peut engager sa responsabilité qu'à condition de prouver sa faute, c'est-à-dire d'établir qu'il n'a pas mis en œuvre tous les moyens dont il disposait pour parvenir au résultat espéré. Lorsque le débiteur est tenu d'une obligation de résultat, sa responsabilité est engagée dès lors que le résultat promis n'a pas été atteint et sans qu'il soit besoin d'établir une faute de sa part. Le débiteur ne peut s'exonérer de sa responsabilité qu'en prouvant qu'il a été empêché de s'exécuter par un cas de force majeure.

Titre 2

Le contrat

29. Le Sous-titre Ier du livre III du Code civil comporte un chapitre Ier intitulé : « Dispositions liminaires », comprenant les articles 1101 à 1111-1 du Code civil. Ces dispositions définissent la notion de contrat (Chap. 1), fixent les principes généraux du droit des contrats (Chap. 2) et présentent les principales classifications des contrats (Chap. 3).

Chapitre 1

La notion de contrat

30. Distinction du contrat et de figures juridiques voisines. La définition du contrat (I) permet de le distinguer de figures juridiques voisines (II).

I. La définition du contrat

31. Accord de volontés destiné à produire des effets de droit. L'article 1101 du Code civil énonce : « Le contrat est un accord de volontés entre deux ou plusieurs personnes destiné à créer, modifier, transmettre ou éteindre des obligations ». Le contrat est défini par sa formation et par ses effets. La formation du contrat s'opère en principe par le simple accord de volontés, que l'on appelle le *consentement*[1], sans qu'aucune condition de forme ne soit requise. Les contrats sont par principe consensuels[2]. Les effets du contrat sont, selon l'article 1101 du Code civil, « créer, modifier, transmettre ou éteindre des obligations ». Cette présentation est incomplète. Le contrat produit d'autres effets : il produit un effet de contrainte (il est par essence irrévocable et intangible unilatéralement), et il peut opérer la constitution d'un droit réel ou la transmission d'un droit réel ou personnel (v. *infra*, n° 533 et s.).

32. Contrat ou convention. Auparavant, le Code civil présentait le contrat comme un type particulier de convention ayant pour effet spécifique la création d'obligations[3]. Cette distinction qui avait perdu une grande part de son intérêt est abandonnée. Le nouvel article 1101 n'opère aucune distinction entre contrat et convention. Les termes de contrat et de convention peuvent être tenus pour synonymes.

1. Le mot consentement désigne l'accord des volontés, mais également la manifestation de volonté de chacune des parties.
2. L'article 1172 du Code civil prévoit que : « Les contrats sont par principe consensuels ».
3. L'article 1101 ancien définissait le contrat comme « une convention par laquelle une ou plusieurs personnes s'obligent, envers une ou plusieurs autres, à donner, à faire ou à ne pas faire quelque chose ».

II. La distinction du contrat et de figures juridiques voisines

33. Le contrat doit être distingué de l'acte juridique unilatéral (1), des quasi-contrats (2) et des accords non obligatoires (3).

1. La distinction du contrat et de l'acte juridique unilatéral

34. Critère de distinction. L'acte juridique unilatéral se définit comme la manifestation de volonté d'une personne en vue de créer des effets de droit. Alors que le contrat se forme par un accord de volontés, l'acte unilatéral est l'œuvre d'une volonté unique. L'acte unilatéral est désormais présenté par le Code civil parmi les sources d'obligations, à côté du contrat. L'acte unilatéral n'a cependant qu'un rôle résiduel.

35. Le rôle résiduel de l'acte unilatéral. Il n'est pas contesté que l'acte unilatéral puisse avoir un effet déclaratif (par ex. la reconnaissance de dette) ou extinctif (par ex. la résiliation unilatérale des contrats successifs à durée indéterminée). En revanche, la question de savoir si l'acte unilatéral peut faire naître un véritable engagement pour son auteur demeure controversée. La doctrine classique répondait par la négative. D'une part, le Code civil ne reconnaissait pas l'engagement unilatéral comme une source générale d'obligations. D'autre part, l'idée même d'un engagement unilatéral paraît contradictoire en soi[1]. En effet, à supposer que la volonté seule fût apte à créer une obligation, elle pourrait tout aussi facilement s'en délier, de sorte que l'« engagement » ainsi admis n'aurait en réalité aucune consistance. Depuis la réforme du droit des contrats, le Code civil admet l'acte unilatéral comme source d'obligations (art. 1100-1 C. civ.) mais il ne lui accorde qu'une place mineure.

2. La distinction du contrat et des quasi-contrats

36. Origine historique. Les quasi-contrats[2] trouvent leur origine dans les *Institutes* de Gaïus. Après avoir présenté les obligations qui naissent d'un contrat et celles qui naissent d'un délit, Gaïus présente les obligations qui naissent « de diverses causes » et dans lesquelles le débiteur est tenu *comme si l'obligation était née d'un contrat* : « *quasi ex contactu teneri videntur* ». L'idée est là : il y a quasi-contrat

1 .V. not. G. Marty et P. Raynaud, n° 356.

2. V. not. H. Vizioz, *La notion de quasi-contrat*, thèse, Bordeaux, 1912 ; M. Douchy, *La notion de quasi-contrat en droit positif français*, Préf. A. Sériaux, Economica, 1997. V. ég. M. Planiol, « Classification des sources des obligations », *Rev. crit.* 1924, p. 224 et s. ; P. Le Tourneau, *Rép. civ. Dalloz*, v° Quasi-contrat. J.-L. Cazzaniga, *Introduction historique au droit des obligations*, PUF, 1992, spéc. n° 14 s.

lorsque, pour des raisons d'équité, le législateur (parfois le juge) fait naître entre deux personnes un lien de droit ressemblant à celui qui résulterait d'un contrat.

37. Des faits juridiques. L'article 1300 du Code civil énonce : « Les quasi-contrats sont des faits purement volontaires dont il résulte un engagement de celui qui en profite sans y avoir droit et parfois un engagement de leur auteur envers autrui ». Cette définition montre que l'expression quasi-contrat est trompeuse. Les quasi-contrats ne sont pas des contrats, ni même des « presque contrats », car ils ne procèdent pas d'un accord de volontés. C'est la loi ou le juge qui, pour des raisons d'équité, crée dans certaines situations entre deux personnes un lien de droit ressemblant à celui qui résulterait d'un contrat[1]. Les quasi-contrats sont des faits juridiques. L'étude des quasi-contrats n'a pas sa place dans le présent ouvrage.

3. La distinction du contrat et des accords non obligatoires

38. Critère de distinction. Pour qu'il y ait contrat, il faut que les parties aient eu l'intention de s'engager juridiquement. Lorsque tel n'est pas le cas, l'accord de volontés n'est pas un contrat. Il ne fait pas naître d'obligations juridiques, c'est-à-dire sanctionnées par le droit. Un tel accord ne relève pas de l'ordre juridique.

39. Les actes de courtoisie ou de complaisance. Une invitation à dîner qui a été acceptée ou une promesse familiale de cadeau ne constituent pas un contrat car les parties n'ont pas eu l'intention de nouer une relation juridique. Elles ne situent pas leur engagement dans l'ordre juridique. De tels actes relèvent de ce que Carbonnier appelait le « non-droit[2] ». Il en va de même parfois des actes de complaisance. Ainsi, la jurisprudence refuse de voir dans le transport bénévole un véritable contrat, afin d'éviter à l'automobiliste complaisant de subir l'application des règles rigoureuses de la responsabilité du transporteur[3]. La jurisprudence est plus hésitante s'agissant des prestations gratuites de travail au profit d'un voisin ou d'un ami : certains arrêts écartent l'existence d'un contrat[4], tandis que d'autres admettent l'existence d'un contrat de service gratuit[5].

1. L'article 1301 alinéa 2 énonce : « Les quasi-contrats régis par le Code civil sont la gestion d'affaire, le paiement de l'indu et l'enrichissement injustifié ». Ce texte laisse entendre qu'il peut exister d'autres quasi-contrats que ceux prévus par le Code civil.
2. J. Carbonnier, *Flexible droit*, 10e éd., LGDJ, 2002, p. 25 s., spéc. p. 37.
3. Civ., 27 mars 1928, *DP* 1928, 1, p. 145, note G. Ripert; *S.* 1928, 1, p. 353, note F. Gény; *G.A.* n° 212; Ch. mixte, 20 déc. 1968, *D.* 1969, p. 37, *G.A.* n° 213.
4. V. par ex. Civ. 2, 18 mars 1992, *Bull. civ.* II, n° 87; Civ. 2, 26 janv. 1994, *RTD civ.* 1994, p. 884, obs. P. Jourdain.
5. V. par ex. Civ. 1, 8 nov. 1977, *Bull. civ.* I, n° 406; Civ. 1, 10 oct. 1995, *Cont. Conc. Cons.*, 1996, n° 1, obs. L. Leveneur.

40. Les engagements d'honneur. Dans les relations d'affaires, il arrive que des personnes s'engagent « sur l'honneur[1] ». Les engagements d'honneur, également appelés *gentlemen's agreements*, sont des accords que les parties ont voulu situer en dehors de la sphère juridique. Mais le droit ne se laisse pas si facilement écarter. La jurisprudence est généralement encline à décider que l'engagement « sur l'honneur » a valeur juridique[2]. Cette jurisprudence suscite certaines réserves tant elle fait parfois peu de cas de la volonté des parties[3].

41. La lettre d'intention. La lettre d'intention (également dénommée lettre de confort ou de patronage) est le document par lequel une personne (généralement une société) promet de « tout mettre en œuvre » pour assurer un résultat qui n'est pas précisément défini (par exemple : la couverture des besoins financiers de telle société). La difficulté vient de l'imprécision des termes : est-ce un engagement juridique ? Et si oui, quelle est sa portée ?

En pratique les formules des lettres d'intention sont souvent ambiguës et nécessitent, par conséquent, interprétation. L'interprétation relève, comme toujours, du pouvoir souverain des juges du fond[4]. Selon les termes employés, la lettre d'intention peut s'analyser comme un engagement d'honneur, ou bien comme un véritable engagement juridique : elle constitue alors une sûreté personnelle définie à l'article 2322 du Code civil comme « l'engagement de faire ou de ne pas faire ayant pour objet le soutien apporté à un débiteur dans l'exécution de son obligation envers le créancier ».

---

1. V. B. Oppetit, « L'engagement d'honneur », *D.* 1979, chron. p. 107.
2. Com., 23 déc. 1968, *Bull. civ.* IV, n° 374 ; Com. 21 déc. 1987, *D.* 1989, p. 112, note Brill, *JCP* 1988, II, 2113, concl. Montanier, *G.A.* n° 299 ; Com. 23 janv. 2007, *Bull. civ.* IV, n° 12 ; *Def.* 2007, p. 1027, obs. E. Savaux, « en s'engageant, fût-ce moralement, à ne pas copier les produits commercialisés, [...] la société C. avait exprimé la volonté non équivoque et délibérée de s'obliger envers la société concurrente [...] cette clause avait une valeur contraignante pour l'intéressée... ».
3. V. B. Oppetit, « L'engagement d'honneur », préc., l'auteur dénonce une jurisprudence « pas toujours très bien motivée », qui « analyse la plupart du temps les engagements d'honneur en obligations juridiques pures et simples [...] en ignorant le plan purement moral sur lequel se situait pourtant cette volonté de se lier ».
4. La Cour de cassation n'exerce qu'un contrôle restreint, censurant seulement les décisions qui dénaturent une clause claire et précise. V. par ex. Com. 20 févr. 2007 : *JCP* G 2007, II, 10082, note F. Descorps-Declère ; JCP G 2007, I, 212, obs. P. Simler et P. Delebecque ; D. 2007, p. 807, obs. X. Delpech : en l'espèce des associés s'étaient engagés à « faire en sorte que les besoins de trésorerie de la société soient assurés au mieux » pendant une durée d'un an ; la Cour d'appel avait vu là une simple obligation de moyens ; sa décision est censurée, au visa de l'art. 1134 al. 1er (ancien), pour « violation de la loi des parties ».

Chapitre 2

Les principes généraux du droit des contrats

42. Présentation générale. Trois principes sont placés en tête de toutes les dispositions relatives au contrat dans le chapitre Ier du Sous-titre Ier du livre III du Code civil, intitulé « Dispositions liminaires ». Ces principes ne sont pas nouveaux et le fait qu'ils soient mis en exergue n'est pas de nature à leur conférer une force normative particulière. Il ne s'agit pas de « principes directeurs », qui seraient dotés d'une valeur normative supérieure aux autres règles et seraient de nature à imprimer une « direction » propre, une « orientation », au droit des contrats[1]. Ces principes sont mis en exergue car ils ont un caractère général. Ces trois principes sont : la liberté contractuelle (I), la force obligatoire (II) et la bonne foi (III).

I. La liberté contractuelle

43. Exposé. La liberté contractuelle, que le Conseil constitutionnel a érigée au rang de principe constitutionnel[2], est affirmée à l'article 1102 du Code civil dans les termes suivants : « Chacun est libre de contracter ou de ne pas contracter, de choisir son cocontractant et de déterminer le contenu et la forme du contrat dans les limites fixées par la loi ».

1. V. *Rapport au Président de la République relatif à l'ordonnance*, préc., Chapitre Ier, « Dispositions liminaires », où il est expliqué que l'intitulé « Dispositions liminaires » a été préféré à celui de « Principes directeurs ».
2. Cons. const. 10 juin 1998, n° 98-401 DC, *RTDciv.* 1998, p. 796, obs. N. Molfessis, « le législateur ne saurait porter à l'économie des conventions et contrats légalement conclus une atteinte d'une gravité telle qu'elle méconnaisse manifestement la liberté découlant de l'article 4 de la Déclaration des droits de l'homme et du citoyen de 1789 » ; Cons. const. 13 juin 2013, n° 2013 672 DC ; *JCP G* 2013, 929, n. J. Ghestin, « le législateur ne saurait porter aux contrats légalement conclus une atteinte qui ne soit justifiée par un motif d'intérêt général suffisant sans méconnaître les exigences résultant des articles 4 et 16 de la Déclaration de 1789 ».

44. Limites. La liberté contractuelle s'exerce « dans les limites fixées par la loi » (art. 1102 C. civ.). Ces limites sont l'ordre public (1), le formalisme (2) mais aussi les droits et libertés fondamentaux (3).

1. L'ordre public

45. Ordre public et bonnes mœurs. L'article 6 du Code civil, dont la lettre est inchangée depuis 1804, énonce : « On ne peut déroger, par des conventions particulières, aux lois qui intéressent l'ordre public et les bonnes mœurs ». Cette disposition trouve un écho dans l'article 1102 alinéa 2 du Code civil (« La liberté contractuelle ne permet pas de déroger aux règles qui intéressent l'ordre public... ») et dans l'article 1162 (« Le contrat ne peut déroger à l'ordre public ni par ses stipulations, ni par son but, que ce dernier ait été connu ou non par toutes les parties »). Cependant, les articles 1102 et 1162 du Code civil, qui découlent de l'ordonnance du 10 février 2016, évoquent la notion d'ordre public mais pas celle de bonnes mœurs. L'explication est simple : la notion de « bonnes mœurs » a perdu beaucoup de son importance en droit positif sous l'effet de la libéralisation des comportements et est désormais englobée dans celle d'ordre public[1].

46. Notion d'ordre public. L'ordre public est une notion difficile à définir. Elle est relative, dans le temps et dans l'espace[2]. Elle est liée à la notion d'intérêt général. Les règles d'ordre public sont inspirées par des considérations d'intérêt général et sont essentielles au bon fonctionnement de la société[3]. Comment déterminer si une disposition présente ou non un caractère d'ordre public ? La loi peut préciser qu'elle a un caractère d'ordre public. À défaut d'une telle précision, le juge peut reconnaître à la loi un caractère impératif en décidant qu'elle intéresse l'ordre public[4].

---

1. C. Pérès, « La liberté contractuelle et l'ordre public dans le projet de réforme du droit des contrats de la chancellerie », *D.* 2009, p. 381. V. ég. D. Fenouillet, « Les bonnes mœurs sont mortes ! Vive l'ordre public philanthropique », *in Le droit privé à la fin du xxe siècle*, Études offertes à P. Catala, Litec, 2001, p. 487 s. ; J. Foyer, Les bonnes mœurs, *in* Le Code civil, un passé, un présent, un avenir, Dalloz 2004, p. 495 s., spéc., p. 509 s.
2. V. J. Hauser et J.-J. Lemouland, *Rép. Civ. Dalloz*, V° Ordre public et bonnes mœurs, n° 5 s. V. ég. P. Malaurie, *Les contrats contraire à l'ordre public (étude de droit civil comparé : France, Angleterre, URSS)*, thèse éd. Matot-Braine, Reims, 1953, l'auteur recense plus d'une vingtaine de définitions.
3. P. Malaurie, thèse préc., n° 99 et s., l'auteur reprend la définition de M. Planiol : « Une disposition est d'ordre public toutes les fois qu'elle est inspirée par des considérations d'intérêt général qui se trouveraient compromises si les particuliers étaient libres d'empêcher l'application de la loi ».
4. Cass. civ., 4 déc. 1929, *DH* 1930, p. 50 ; *S.* 1931, 1, p. 49, note P. Esmein ; *G.A.*, t. 1, n° 13.

47. Caractère impératif. Les règles d'ordre public s'imposent aux particuliers, l'intérêt général étant supérieur aux intérêts privés. Les règles d'ordre public constituent une limite indépassable, qui ne peut être écartée : la liberté contractuelle n'autorise jamais à déroger aux règles intéressant l'ordre public. On dit qu'elles sont impératives (les parties ne peuvent y déroger) par opposition aux règles supplétives (qui ne s'appliquent que si elles n'ont pas été écartées, afin de suppléer le silence du contrat)[1].

48. Ordre public classique et ordre public moderne. On oppose l'ordre public traditionnel (dit aussi classique), qui vise à protéger les valeurs essentielles relatives à l'État, au corps humain et à la famille, à l'ordre public économique (dit aussi moderne) qui porte sur la réglementation des rapports économiques. Au sein de l'ordre public économique on distingue l'ordre public de direction et l'ordre public de protection (v. *infra*, n° 414).

2. Le formalisme

49. Présentation. On parle de formalisme pour désigner l'ensemble des formalités[2] requises lors de la formation d'un acte juridique. Le formalisme est aujourd'hui très développé et se présente sous des aspects divers[3]. On peut distinguer plusieurs types de formalisme : le formalisme de validation (A), le formalisme d'opposabilité (B), le formalisme de preuve (C) et enfin le formalisme informatif qui connaît un fort développement depuis quelques années (C).

A. Le formalisme de validation

50. Notion. On parle de formalisme de validation lorsqu'une exigence de forme est requise à peine de nullité, comme condition de validité[4] du contrat. Le contrat est solennel, et non plus consensuel. La distinction des contrats consensuels et des contrats solennels sera développée plus loin (v. *infra*, n° 92 et s.).

---

1. V. not. C. Pérès Dourdou, *La règle supplétive*, préf. G. Viney, LGDJ 2004.
2. *Voc. Jur Capitant*, V° Formalité : « Opération consistant en l'accomplissement d'actes divers (inscription, déclaration, rédaction d'un acte, mention, formulaire à remplir, remise d'un document [...] que la loi exige.
3. V. not. J. Flour, « Quelques remarques sur l'évolution du formalisme », *Études Ripert*, 1950, t. 1, p. 95 s. ; X. Lagarde, « Observations critiques sur la renaissance du formalisme », *JCP* 1999, I, 170 ; J.-L. Aubert, « Le formalisme, Rapport de synthèse », *Def.* 2000, p. 931.
4. On dit aussi : *ad validitatem*.

B. Le formalisme d'opposabilité

51. Notion. Le formalisme d'opposabilité concerne les rapports entre les parties et les tiers au contrat. Dans certaines hypothèses le législateur exige que les parties accomplissent des mesures de publicité pour que le contrat soit opposable aux tiers. Si ces formalités ne sont pas accomplies, le contrat est valable entre les parties mais il n'est pas opposable aux tiers, qui peuvent donc faire comme s'il n'existait pas.

52. L'exemple de la publicité foncière. En raison de leur importance, les actes portant mutation ou constitution de droit réel immobilier sont soumis au régime de la publicité foncière[1]. Ainsi une vente d'immeuble est valablement conclue par le seul consentement des parties (elle est donc un contrat consensuel) mais, pour être opposable aux tiers, elle doit encore être publiée auprès du service de la publicité foncière, ce qui suppose la rédaction d'un acte authentique (D. 4 janv. 1955, art. 4). La vente non publiée est valable et elle a transféré la propriété à l'acheteur (sauf si une condition ou un terme suspensif a été prévu), mais elle n'est pas opposable aux tiers (sur le conflit entre acquéreurs successifs d'un même immeuble, v. *infra*, n° 561).

C. Le formalisme de preuve

54. Notion. Pour certains contrats, le législateur prévoit que la preuve doit être faite par écrit. Lorsque l'écrit est ainsi exigé *ad probationem*, le défaut d'écrit n'affecte pas la validité du contrat mais seulement sa preuve qui devra être rapportée par d'autres moyens. L'exigence d'une preuve écrite s'impose aux contractants dans leurs rapports entre eux. Elle ne s'impose pas aux tiers ; les tiers peuvent toujours prouver librement l'existence du contrat[2].

55. Principe. Lorsque l'intérêt en jeu a une valeur égale ou supérieure à un certain montant fixé par décret (1 500 €), l'article 1359 alinéa 1er du Code civil exige une preuve écrite. Les autres modes de preuve ne sont pas recevables, à l'exception de l'aveu judiciaire et du serment décisoire qui sont des modes de preuve exceptionnels (art. 1361 du Code civil). L'article 1359 alinéa 2 prévoit qu'il ne peut être prouvé outre ou contre un écrit que par un autre écrit, et ce quelle que soit la valeur ou le montant sur lequel porte l'obligation en cause.

---

1. D. n° 55-22 du 4 janvier 1955 portant réforme de la publicité foncière.
2. Civ. 1, 31 mars 1992, *Bull. civ.* 1992, I, n° 98 ; *JCP* 1993, I, 3676, note F.-X. Testu, la preuve de l'existence d'un don manuel consenti à l'un des héritiers d'une succession par leur auteur peut être faite par tous moyens par les cohéritiers.

L'écrit peut être un écrit traditionnel, sur support papier, ou un écrit sur support électronique. En effet, l'écrit sur support électronique a la même force que l'écrit sur support papier « sous réserve que puisse être dûment identifiée la personne dont il émane et qu'il soit établi et conservé dans des conditions de nature à en garantir l'intégrité » (art. 1366 C. civ.).

56. Exceptions. L'exigence d'un écrit pour les actes juridiques mettant en jeu une valeur supérieure ou égale à un certain montant connaît de nombreuses exceptions. Elle ne s'applique pas à l'égard des commerçants (art. L.110-3 C. com.). Elle est écartée en cas d'impossibilité matérielle ou morale de se procurer un écrit, s'il est d'usage de ne pas établir d'écrit, lorsque l'écrit a été perdu par force majeure (art. 1360 C. civ.) ou bien encore s'il existe un commencement de preuve par écrit (at. 1361 C. civ.). Dans toutes ces situations, la preuve peut être rapportée par tous moyens.

D. Le formalisme informatif

57. Notion. On parle de formalisme informatif lorsque, dans le but d'informer l'un des contractants afin de lui permettre de s'engager en connaissance de cause, la loi prévoit que l'acte doit comporter certaines mentions. L'exigence de forme est ainsi mise au service de l'information de l'une des parties. La forme de l'acte est un puissant moyen d'information (il y a lien étymologique entre formalisme et information, qui dérivent tous deux du latin *informo* : donner forme).

58. Diversité. Le formalisme informatif connaît un fort développement. Bien souvent la loi impose un écrit comportant certaines mentions (par ex. l'article L. 121-23 C. cons. concernant les contrats conclus à l'occasion d'une opération de démarchage ; art. L. 141-1, concernant la cession de fonds de commerce ; art. L. 330-3, prévoyant que le franchiseur est tenu de donner au franchisé certaines informations). Parfois la loi impose une mention écrite de la main du contractant qu'il convient d'informer (C. cons., art. L. 313-7 qui impose une mention manuscrite de la caution). Le développement du formalisme informatif est critiqué par de nombreux auteurs, car il est une source de complications et son efficacité est difficile à vérifier. On trouve sous la plume de Carbonnier une appréciation plus optimiste : « Cette politique trouve quelque chose de l'optimisme des Lumières (un homme est toujours capable de défendre ses droits, pourvu qu'il soit éclairé)[1] ».

1. V. J. Carbonnier, n° 46.

59. Sanction. La sanction du formalisme informatif suscite un contentieux récurrent. Il s'agit de savoir si la méconnaissance du formalisme informatif justifie par elle-même, lorsque la loi ne le prévoit pas expressément, la nullité du contrat. La réponse est en principe négative : la nullité ne peut être prononcée que dans les conditions du droit commun, sur le fondement des vices du consentement[1]. La nullité qui est alors prononcée n'est pas la sanction du non-respect des règles de forme ; elle est la sanction d'un vice du consentement, ce qui au bout du compte revient à faire peu de cas de l'exigence de forme[2].

3. Les droits et libertés fondamentaux

60. Notion. On qualifie de fondamentaux les droits et libertés se rapportant à des valeurs essentielles pour les individus. Les droits et libertés fondamentaux trouvent leur source dans des textes nationaux (Déclaration des droits de l'homme et du citoyen de 1789, Préambule de la constitution de 1946, Principes fondamentaux reconnus par les lois de la République) ou supranationaux (notamment la Convention européenne des droits de l'homme : Conv. EDH).

61. Influence sur le droit des contrats. Les droits et libertés fondamentaux ont classiquement vocation à s'appliquer dans les relations entre la puissance publique et les personnes privées : on parle d'« effet vertical ». Mais ils s'appliquent également dans les rapports entre personnes privées : on parle d'« effet horizontal ». C'est ainsi qu'ils intéressent le droit des contrats. À la différence de l'ordre public, qui constitue une limite indépassable à la liberté contractuelle, les droits et libertés fondamentaux peuvent tolérer certaines atteintes, dès lors que celles-ci sont *justifiées et proportionnées*. Ce critère est expressément énoncé à l'article L. 1121-1 du Code du travail mais la jurisprudence lui confère une portée générale. Le

1. Par ex., en cas de non-respect des exigences prévues à l'art L. 330-3 C. com. : Com., 10 févr. 1998, *Bull. civ.* IV, n° 71. V. ég. en cas de non-respect des exigences prévues à l'art. L. 211-11 et R. 211-8 C. tourisme : Cass. com., 17 déc. 2013, *Bull. civ.* IV, n° 186, *Contrats, conc consom.* 2014, comm. 59, obs. L. Leveneur; *Comm. com. électr.* 2014, comm. 16, obs. G. Loiseau; *Rev. dr. transp.* 2014, comm. 14, obs. I. Bon-Garcin ; *JCP* E 2014, note C. Lachièze. Comp. décidant que le non-respect d'une règle d'ordre public ayant pour objet l'information du consommateur doit être sanctionnée par la nullité : v. Civ. 1, 7 oct. 1998, *Bull. civ.* I, n° 290 ; *JCP* G 1999, II, 10039, note S. Gervais ; *RTD civ.* 1999, p. 384. – Civ. 1, 7 déc. 2004, *Bull. civ.* I, n° 303 ; *JCP* G 2005, II, 10160, note N. Rzepecki ; *RDC* 2005, p. 232, obs. D. Fenouillet ; *RTD civ.* 2005, p. 389, obs. J. Mestre et B. Fages.
2. V. X. Lagarde, « Observations critiques sur la renaissance du formalisme », *JCP G* 1999, I, 170, spéc. n° 19. Pour conférer une sanction au formalisme, certains auteurs ont proposé que soit instaurée une présomption : l'absence des mentions informatives prescrites par la loi engendrerait une présomption simple d'erreur : v. Magnier, « Les sanctions du formalisme informatif », *JCP* G 2004, I, 106 ; J. Ghestin, G. Loiseau et Y.-M. Serinet, t. 1, n° 1003.

projet d'ordonnance rendu public le 22 février 2015 comportait une disposition concernant les droits et libertés fondamentaux[1] mais cette disposition n'a pas été reprise dans l'ordonnance du 10 février 2016. Le Code civil ne mentionne donc pas l'influence des droits et libertés fondamentaux sur le contrat, mais cette influence est bien réelle en droit positif.

62. Importance de la Conv. EDH. L'influence des droits fondamentaux sur le droit français des contrats s'exprime essentiellement par le jeu des dispositions de la Conv. EDH[2]. Par exemple, en se fondant sur l'article 8 de la Conv. EDH, la Cour de cassation a écarté certaines clauses contenues dans un contrat de bail[3] ou dans un contrat de travail[4].

II. La force obligatoire

63. Le principe de la force obligatoire du contrat est énoncé à l'article 1103 du Code civil : « Les contrats légalement formés tiennent lieu de loi à ceux qui les ont faits[5] ». Ce principe fort ancien est solidement enraciné dans notre droit. Il s'agira dans les lignes qui suivent de rappeler le fondement de ce principe : au fond, pourquoi le contrat est-il obligatoire ? Selon la théorie classique, la justification de la force obligatoire du contrat réside dans l'autonomie de la volonté (A). Cette théorie a été critiquée et des explications nouvelles sont aujourd'hui proposées (B).

1. Projet d'ordonnance, art. 1102 : « La liberté contractuelle ne permet pas [...] de porter atteinte aux droits et libertés fondamentaux reconnus dans un texte applicable aux relations entre personnes privées, à moins que cette atteinte soit indispensable à la protection d'intérêts légitimes et proportionnelle au but recherché ».
2. V. A. Debet, *L'influence de la convention européenne des droits de l'homme sur le droit civil*, Dalloz, Nouvelle bibliothèque des thèses, 2002, spéc. n° 870 ; A. Chassagnard-Pinet, « Les droits fondamentaux à l'épreuve du lien contractuel. Contrat et Convention européenne des droits de l'homme », *Libre droit, Mélanges P. le Tourneau*, Dalloz, 2008, p. 225.
3. Il s'agissait d'une « clause d'habitation personnelle » privant le locataire de la possibilité d'héberger ses proches : Civ. 3, 6 mars 1996, *Bull. civ.* III, n 60 ; *JCP* G 1996, I, 3958, obs. C. Jamin ; *RTDciv.* 1996, p. 897, obs. J. Mestre ; Civ. 3, 22 mars 2006, n° 04-19349. Cette clause est désormais réputée non écrite par la loi : L. 6 juill. 1989, art. 4.
4. Il s'agissait d'une « clause de mobilité » imposant au salarié de déplacer son domicile dans la région de son lieu de travail : Soc. 12 janv. 1999, *Bull civ.* IV n° 7 ; *D.* 1999, somm. p. 645 obs. J.-P. Margénaud et J. Mouly ; *RTDciv.* 1999, p. 358, obs. J. Mestre.
5. Ce texte reprend l'ancien article 1134, alinéa 1er, en remplaçant simplement le terme « convention » par celui de « contrat ». La formule est inspirée de Domat : « Les conventions étant formées, tout ce qui a été convenu tient lieu de lois à ceux qui les ont faites et elles ne peuvent être révoquées que de leur consentement mutuel », Jean Domat, Ouvres complètes, *Les lois civiles dans leur ordre naturel*, Paris, Coignard, 1698-1694, livre I, section II, n° 7.

A. La théorie classique : l'autonomie de la volonté

64. Exposé. L'autonomie de la volonté est la théorie suivant laquelle l'homme est apte par sa volonté à se donner sa propre loi. L'homme n'est obligé par un acte juridique que parce qu'il l'a voulu. Étant doué de raison l'homme est le meilleur juge de ses intérêts ; aussi le contrat, accord de volontés, est-il en principe équilibré et juste. Pour reprendre la formule de Fouillée, « Qui dit contractuel dit juste ». Cette théorie apparaît au XVIIe siècle avec l'École du droit naturel[1], et elle se développe au XVIIIe siècle avec la philosophie individualiste des Lumières et le libéralisme économique. Le Code civil de 1804 s'est largement inspiré de la théorie de l'autonomie de la volonté mais sans pour autant en retenir une conception absolue[2]. Le contrat repose sur la volonté, mais celle-ci s'exerce dans les limites fixées par la loi (art. 6 C. civ.). Dans le Code civil, l'autonomie de la volonté ne signifie pas l'absolutisme de la volonté. On se rappellera la belle formule de Lacordaire : « entre le faible et le fort, c'est la liberté qui asservit et la loi qui libère ».

65. Importance de l'autonomie de la volonté. La théorie de l'autonomie de la volonté permet, aujourd'hui encore, d'expliquer les grands principes qui gouvernent le droit des contrats. Dans la phase de formation du contrat, l'autonomie de la volonté implique le principe de la liberté contractuelle qui laisse à chacun la liberté de contracter ou non, de choisir son cocontractant et de déterminer avec lui le contenu du contrat. Elle justifie le principe du consensualisme, qui veut que le contrat repose sur le consentement, et non sur le respect d'une exigence de forme. Une fois le contrat formé, la théorie de l'autonomie de la volonté justifie le principe de la force obligatoire du contrat. C'est en effet parce qu'il repose sur l'accord des volontés que le contrat « tient lieu de loi » aux parties. Seules les parties peuvent, d'un commun accord, modifier leur contrat. Sur le terrain de l'interprétation des contrats, l'article 1188 du Code civil (qui reprend en substance la règle de l'ancien article 1156) donne comme première directive au juge chargé d'interpréter le contrat ambigu de rechercher « la commune intention des parties contractantes » (v. *infra*, n° 475 et s.). Comme l'écrit Carbonnier, l'interprétation du contrat est un « hommage rendu à l'autonomie de la volonté[3] ».

---

1. Grotius (1583-1645), Puffendorf (1632-1694).
2. V. not. J. Carbonnier, n° 16 s. Cependant, l'influence de l'autonomie de la volonté sur le Code civil de 1804 est aujourd'hui discutée par certains auteurs, v. not. V. Ranouil, *L'autonomie de la volonté : naissance et évolution d'un concept*, préf. J.-P. Lévy, PUF, 1980. V. ég. F. Chénedé, « De l'autonomie de la volonté à la justice commutative », *Annuaire de l'Institut Michel Villey*, 2012, 4, p. 155 s.
3. J. Carbonnier, n° 142.

66. Un certain recul de l'autonomie de la volonté. Les principes découlant de l'autonomie de la volonté subissent cependant certaines atteintes. La liberté contractuelle et le consensualisme connaissent des dérogations importantes avec le développement de l'ordre public économique. La force obligatoire du contrat est remise en cause par des dispositions diverses qui procèdent de préoccupations opposées. D'un coté, le souci de protéger le débiteur en difficulté a parfois conduit à renforcer le pouvoir d'intervention du juge sur le contrat (par ex. art. 1343-5, permettant au juge d'accorder un délai de grâce au débiteur). D'un autre coté, l'objectif d'efficacité économique conduit parfois à reconnaître à l'une des parties le pouvoir de fixer unilatéralement certains éléments essentiels du contrat (par ex. la détermination unilatérale du prix dans certains contrats) voire de rompre unilatéralement le contrat (par ex. la faculté de résolution unilatérale).

L'autonomie de la volonté conserve une place essentielle dans la théorie générale du contrat, mais elle n'en constitue plus le principe unique. L'évolution du droit positif a logiquement conduit la doctrine à renouveler le débat sur le fondement du principe de la force obligatoire du contrat.

B. Les théories modernes

68. Différentes théories sont proposées par la doctrine moderne pour expliquer la force obligatoire du contrat. Elles ne remplacent pas la théorie de l'autonomie de la volonté, mais la complètent pour tenir compte des évolutions du droit des contrats. On envisagera ci-après quelques-unes de ces théories : la théorie des attentes légitimes (a), la théorie normativiste (b), l'utile et le juste (c), le solidarisme contractuel (d) et enfin l'analyse économique (e).

a. La théorie des attentes légitimes

69. Exposé. Dans cette théorie, à laquelle il faut attacher le nom de Gino Gorla[1], la force obligatoire du contrat ne réside pas dans le *principe moral du respect de la parole donnée* — comme dans la théorie de l'autonomie de la volonté — mais dans *la confiance légitime que cette promesse a pu susciter chez celui auquel elle a été adressée et qui l'a acceptée.* Comme l'écrit Carbonnier, suivant cette théorie, « ce qui fait la force obligatoire du contrat, c'est la confiance du créancier, non la promesse du débiteur[2] ». Le ressort de la force obligatoire reste de nature psychologique, mais l'explication est déplacée du débiteur au créancier. Alors que la théorie

1. G. Gorla, Le contrat dans les droits continentaux en particulier dans les droits français et italien, thèse Milan 1954, version française 1958.
2. J. Carbonnier, n° 21.

de l'autonomie de la volonté est subjective et individuelle, la théorie des attentes légitimes est objective et sociale : l'attente raisonnable qui pouvait être celle du créancier au jour de la formation du contrat peut être appréciée par référence à un modèle abstrait et en tenant compte des circonstances qui entouraient la formation du contrat. Cette théorie rejoint la théorie de la *reliance* développée en Angleterre et aux États-Unis[1].

70. Discussion. La notion d'attente légitime est utilisée par certains textes. Ainsi l'article 1166 du Code civil prévoit que, lorsque la qualité de la prestation n'est pas déterminée ou déterminable, le débiteur doit offrir une prestation « de qualité conforme aux attentes légitimes des parties » (C. civ., art. 1166). Dans la convention de Vienne sur la vente internationale de marchandises, l'inexécution justifie la résolution si elle prive substantiellement l'autre partie « de ce qu'elle était en droit d'attendre du contrat[2] ». Cette explication, fondée sur la confiance légitime en une promesse, pourrait dépasser le cadre du seul contrat et fournir une explication pour la force obligatoire de certains engagements non contractuels : l'engagement unilatéral ou le quasi-contrat.

Il reste que cette théorie ne permet pas vraiment d'expliquer la force obligatoire du contrat. Pourquoi le droit protège-t-il certaines attentes ? Parce qu'elles sont légitimes. Mais pourquoi ces attentes sont-elles légitimes ? Parce qu'elles sont protégées par le droit... Force est de constater que la théorie des attentes légitimes repose sur un raisonnement circulaire[3]. Elle offre un éclairage intéressant sur le principe de la force obligatoire du contrat, mais elle ne permet pas de l'expliquer.

b. La théorie normativiste

71. Exposé. Développant les idées de Hans Kelsen[4], Georges Rouhette propose une analyse « normativiste » du contrat[5]. Georges Rouhette rejette catégoriquement la théorie de l'autonomie de la volonté. Pour lui, le droit objectif n'a jamais admis que l'individu puisse s'obliger par sa seule volonté. Le contrat n'oblige que parce que la loi l'autorise et dans la mesure où elle le prévoit. Le contrat tire sa

1. V. B. Fauvarque-Cosson, « L'estoppel, concept étrange et pénétrant », *RDC* 2004, p. 1279 ; D. Mazeaud, « La confiance légitime et l'*estoppel* », *in* B. Fauvarque-Cosson (dir.), *La confiance légitime* et *l'*estoppel, Société de législation comparée, vol. 4, 2007, p. 247.
2. Art. 25 Conv. Vienne.
3. V. not. M. Fabre-Magnan, n° 75.
4. H. Kelsen, « La théorie juridique de la convention », *ADP* 1940, p. 33.
5. G. Rouhette, *Contribution à l'étude critique de la notion de contrat*, thèse, Paris, 1965 ; « La force obligatoire du contrat », in *Le contrat aujourd'hui, comparaisons franco-anglaises*, LGDJ, 1987 ; « Droit de la consommation et théorie générale du contrat », *Mélanges Rodière*, Dalloz, 1981, p. 247 s.

force obligatoire de sa conformité à la norme qui lui est supérieure, laquelle tire également sa force obligatoire de sa conformité à la norme qui lui est supérieure et ainsi de suite en remontant jusqu'à la constitution. Dans cette conception, ce n'est plus l'accord de volontés qui caractérise le contrat, mais la présence d'intérêts réciproques. Cette conception conduit à remettre en cause certains principes les mieux assis de notre droit. Ainsi, les actes à titre gratuit seraient exclus de la catégorie des contrats[1], quand bien même supposeraient-ils un accord de volontés. Et la distinction classique entre la formation et l'exécution du contrat est remise en cause : le contrat « achève de se former en s'exécutant[2] ».

72. Discussion. En envisageant le contrat comme un *élément de l'ordre juridique*, la théorie normativiste rend bien compte de la façon dont il s'intègre dans l'ordonnancement juridique : le contrat occupe la base de la pyramide des normes et il n'a force obligatoire que s'il est conforme aux normes qui lui sont supérieures[3]. Cette présentation pyramidale est conforme à l'article 1103 du Code civil (ancien art. 1134 alinéa 1er C. civ.) qui prévoit que les contrats « légalement formés » tiennent lieu de loi aux parties. Mais cette théorie n'apporte finalement pas grand-chose à l'analyse du contrat. En affirmant que le contrat est obligatoire en application du droit positif, elle est excessive en ce qu'elle conduit à minimiser le rôle de la volonté. Elle propose une conception purement positiviste du contrat[4], éludant toute réflexion sur ses finalités sociologiques, politiques ou économiques. De plus le mystère réside à la pointe de la pyramide : qu'est-ce qui justifie la force obligatoire de la constitution ? Cette critique peut être adressée à toute théorie positiviste.

c. L'utile et le juste

73. Exposé. M. Ghestin admet que l'accord des volontés est « la procédure nécessaire et spécifique de la formation du contrat[5] ». Mais pour cet auteur le contrat n'a d'effet obligatoire que s'il est socialement utile et économiquement juste[6]. Dans cette conception, le législateur ne doit prêter force obligatoire qu'aux contrats qui permettent un *échange économique équilibré*.

---

1. Thèse préc., n° 226, p. 638.
2. « Droit de la consommation et théorie générale du contrat », préc., p. 269.
3. V. J. Hauser, *Objectivisme et subjectivisme dans l'acte juridique*, LGDJ 1968, préf. P. Raynaud, spéc. n° 47 : « en tout cas l'explication qui est fournie de la force obligatoire du contrat est tout aussi convaincante que la thèse classique selon laquelle, comme on a pu l'écrire, le contrat oblige… parce qu'il oblige ». v. ég. P. Hébraud, « Rôle respectif de la volonté et des éléments objectifs dans les actes juridiques », *Mélanges Maury*, Dalloz et Sirey, 1960, t. 2, p. 419 s.
4. Le positivisme juridique est la doctrine qui ne reconnaît de valeur qu'aux règles de droit positif.
5. J. Ghestin, n° 223 ; J. Ghestin, « L'utile et le juste dans les contrats », *D.* 1982, chron. p. 1.
6. J. Ghestin, n° 226 s. ; « L'utile et le juste dans les contrats », chron. préc.

74. Discussion. Cette conception rend bien compte de l'évolution contemporaine du droit des contrats, marquée notamment par un recul du consensualisme et de la liberté contractuelle et par le développement de l'ordre public économique. Cette théorie a fait l'objet de critiques. La conciliation entre les notions de juste et d'utile suscite certaines interrogations (la justice et l'utilité sont-elles sur le même plan ?).

d. Le solidarisme contractuel

75. Exposé. Inspiré des idées sociales de Léon Bourgeois, la théorie du solidarisme contractuel est apparue dans la doctrine civiliste sous la plume de René Demogue. Pour cet auteur le contrat serait « une petite société où chacun doit travailler dans un but commun qui est la somme des buts individuels poursuivis, absolument comme la société civile ou commerciale[1] ». La théorie du solidarisme contractuel conçoit le contrat non plus comme le produit de la conciliation d'intérêts antagonistes mais comme un instrument de « coopération loyale, une œuvre de confiance mutuelle[2] ». Le solidarisme contractuel conduit à imposer de nouvelles obligations aux parties (entraide, collaboration...) et à reconnaître de nouveaux pouvoirs au juge (pouvoir de révision du contrat).

76. Discussion. Cette théorie suscite de vives critiques. Il lui est reproché de n'être pas conforme à la réalité économique du contrat, dans lequel chacun recherche avant tout son propre intérêt[3]. Faisant appel à une conception très large du rôle de la bonne foi cette théorie pourrait conduire à développer excessivement le rôle du juge, au point de remettre en cause la sécurité juridique. Il paraît cependant

---

1. R. Demogue, *Traité des obligations en général*, éd. Rousseau, 1931, t. VI, spéc. n° 3.
2. D. Mazeaud, « Regards prospectifs sur le "nouveau monde contractuel" », *Pet. Aff.* 7 mai 2004, n° 92, p. 47, spéc. n° 5. Cette théorie est aujourd'hui développée par une doctrine importante : v. not. C. Thibierge-Guelfucci, « Libres propos sur la transformation du droit des contrats », *RTD civ.* 1997, p. 357 s., spéc. p. 384 ; D. Mazeaud, « Loyauté, solidarité, fraternité : la nouvelle devise contractuelle ? », *Mélanges Terré*, éd. Dalloz, PUF et Jurisclasseur, 1999, p. 603 s. ; C. Jamin, « Plaidoyer pour le solidarisme contractuel », *Études Ghestin*, LGDJ, 2001, p. 441 s. Sur le solidarisme, v. C. Jamin et D. Mazeaud (dir.), *La nouvelle crise du contrat*, Dalloz, 2003 ; L. Grynbaum et M. Nicod (dir.), *Le solidarisme contractuel*, Economica, 2004.
3. V. not. F. Terré, P. Simler et Y. Lequette, n° 41 s., les auteurs raillent cette doctrine qui annonce « l'avènement d'un *monde contractuel meilleur* » ; J. Carbonnier, préc., n° 114, « on s'étonnera qu'à une époque où le mariage s'est peut-être transformé en contrat, certains aient rêvé de transformer tout contrat en mariage ». V. ég. L. Leveneur, « Le solidarisme contractuel : un mythe », *in* L. Grynbaum et M. Nicod (dir.), *Le solidarisme contractuel*, Economica, 2004, p. 173 s. ; J. Cedras, « Liberté, égalité, contrat, le solidarisme contractuel en doctrine et devant la Cour de cassation », *Rapport 2003, Cour de cassation*, La Documentation française, 2004 ; Y. Lequette, « Bilan des solidarismes contractuels », *Mélanges offerts* à P. Didier, Economica, 2008, p. 247.

possible de nuancer quelque peu ces critiques, en distinguant les contrats transactionnels, également dénommés contrats-échange, et les contrats relationnels (sur cette distinction, v. *infra*, n° 125). Les contrats transactionnels, dont la vente est l'archétype, visent uniquement à opérer la fourniture de biens ou de services : l'un y gagne ce que l'autre y perd. Il est évident que la conception solidariste s'applique mal dans ce type de contrat. Au contraire les contrats relationnels créent une relation durable entre les parties. Il en va ainsi dans les contrats de la distribution qui organisent les relations entre les fournisseurs et les distributeurs (par ex. le contrat de franchise ou le contrat de concession). Dans ces contrats, l'exigence de bonne foi est renforcée.

e. L'analyse économique

77. Exposé. L'analyse économique du contrat est apparue aux États-Unis sous l'impulsion notamment de Richard Allen Posner[1]. L'analyse économique utilise des concepts économiques pour évaluer l'efficacité des règles de droit. S'agissant plus spécialement du droit des contrats, l'analyse économique fait reposer la force obligatoire du contrat sur un objectif d'efficacité économique, à l'exclusion de toute considération morale. Cette analyse consacre notamment la théorie de *l'efficient breach of contract*, qui admet que si une partie trouve son intérêt à manquer à son engagement, il est économiquement judicieux de le lui permettre à condition qu'elle indemnise son partenaire.

78. Discussion. Telle qu'elle est développée par le mouvement doctrinal présenté ci-dessus, l'analyse économique du droit suscite certaines réserves. L'efficacité économique ne doit pas être le seul critère d'évaluation des règles de droit, ni même le critère prédominant : le droit poursuit d'autres objectifs qui sont tout aussi impérieux sinon davantage (la sécurité, la justice notamment). L'analyse économique ignore le fondement moral sur lequel repose le contrat en droit français. C'est ce qui explique, sans doute, qu'elle a jusqu'ici assez peu retenu l'attention de la doctrine française[2]. Cependant, la réforme du droit des contrats

1. R. A. Posner, *Economic analysis of law*, Little Brown and company, 1re éd. 1972 ; 9e éd. Wolters Kluwer and Business, 2014 ; A. Marciano et S. Harnay, *Posner. L'analyse Économique du Droit*, Michalon 2003. On trouvera une bibliographie plus développée dans : M. Fabre-Magnan, n° 111.
2. V. cep. C. Atias, « L'analyse économique du droit », *RRJ*, 1987, n° 2 ; H. Muir-Watt, « Analyse économique et perspective solidariste », in *La nouvelle crise du contrat*? dir. C. Jamin et D. Mazeaud, Dalloz, coll. « Thèmes et commentaires », 2003, p. 183 et s. ; « Analyse économique du droit : quelques points d'accroche », sous la dir. de G. Canivet, B. Deffains, M.-A. Frison-Roche, *Pet. Aff.* 19 mai 2005, n° 99. V. ég. Y.-M. Laithier, *Étude comparative des sanctions de l'inexécution du contrat*, préf. de H. Muir-Watt, LGDJ 2004, l'auteur propose de déterminer le choix des sanctions de l'inexécution du contrat en fonction de leur efficacité économique.

a introduit dans le Code civil des règles qui sont directement inspirées de l'analyse économique ; par exemple la résolution unilatérale (v. *infra*, n° 606).

III. La bonne foi

80. L'article 1104 du Code civil prévoit que « Les contrats doivent être négociés, formés et exécutés de bonne foi » (al. 1er) et précise que cette règle est d'ordre public (al. 2). On examinera la notion de bonne foi (1) avant de montrer la portée de l'exigence de bonne foi (2).

1. Notion de bonne foi

81. Une notion faussement simple. Comment définir la notion de bonne foi dans l'article 1104 du Code civil ? La question n'est pas simple. Nous avons tous une perception intuitive de la notion de bonne foi, mais il n'est pas évident de la définir précisément. On serait tenté de dire de la bonne foi ce que Saint-Augustin disait du temps : « Qu'est-ce donc que le temps ? Si personne ne me le demande, je le sais ; si je cherche à l'expliquer à celui qui m'interroge, je ne le sais plus ».

82. Une norme de comportement. La doctrine a montré que la notion de bonne foi peut revêtir deux sens différents[1]. La bonne foi peut être appréhendée comme une *technique de protection de celui qui croit en l'existence d'une situation juridique régulière*[2] ; dans cette acception, elle est une ignorance protectrice qui permet à l'individu d'échapper à la solution rigoureuse qui serait normalement applicable en vertu de la loi[3]. Ce n'est pas en ce sens que la bonne foi est entendue dans l'article 1104 du Code civil. La bonne foi au sens de l'article 1104 du Code civil est une règle de conduite, une *norme de comportement qui tend à moraliser le droit*[4] ; elle est le devoir d'agir comme un honnête homme[5].

1. V. not. *Travaux de l'association Henri Capitant*, « La bonne foi », T. XLIII, 1992, Litec 1994 ; P. Stoffel-Munck, *L'abus dans le contrat*, préf. R. Bout, LGDJ, 2000, spéc. n° 55.
2. *Voc. Jur. Capitant*, V° Bonne foi : « Croyance erronée en l'existence d'une situation juridique régulière ».
3. La bonne foi ainsi comprise se rencontre généralement en droit des biens (la possession de bonne foi d'un meuble corporel purge les vices du titre d'acquisition : art. 2276 C. civ.) et en droit de la famille, mais elle ne connaît que de rares applications en droit des contrats (par exemple dans la théorie du mandat apparent, ou bien dans la vente en cas d'ignorance par le vendeur du vice caché de la chose).
4. G. Ripert, La règle morale dans les obligations civiles, préc., n° 157.
5. V. P. Stoffel-Munck, *L'abus dans le contrat*, préc., spéc. n° 55, note 287, « si la bonne foi de l'article 1134 al. 3 [aujourd'hui art 1104] visait l'idée d'ignorance légitime, la disposition signifierait

2. Portée de l'exigence de bonne foi

83. Une règle morale. Pendant une grande partie du XIXe siècle, l'exigence de bonne foi n'eut guère d'écho dans le droit des contrats[1]. Puis, sous l'influence notamment de René Demogue[2], la bonne foi a progressivement développé sa portée. L'exigence de bonne foi est désormais appliquée comme une règle générale de conduite : le contractant est tenu de se comporter comme un honnête homme. La jurisprudence utilise la notion de bonne foi pour faire pénétrer la règle morale dans le droit des contrats. D'une part, elle se fonde sur l'exigence de bonne foi pour sanctionner certains comportements fautifs ; l'exigence de bonne foi rejoint alors la sanction de l'abus de droit (par exemple, est sanctionné le comportement du contractant qui invoque de façon intempestive une clause résolutoire). D'autre part, la jurisprudence se fonde sur la bonne foi pour imposer certaines obligations aux parties (obligation d'information, devoir d'entraide, de collaboration...). On retrouvera le rôle de la bonne foi lors de l'étude des règles relatives à la négociation, à la formation et à l'exécution du contrat.

---

que les conventions doivent être exécutées dans l'ignorance des vices de l'exécution, ou pour prendre une autre formule, dans un état de croyance erronée. Nous ne voyons pas ce que cela voudrait dire ».

1. L'ancien art. 1134 al. 3, qui prévoyait que « les conventions doivent être exécutées de bonne foi », était interprété comme exprimant simplement l'abandon de la distinction romaine entre les contrats de droit strict (dont le contenu était déterminé par le sens littéral des termes) et les contrats de bonne foi (qui se prêtaient plus largement à l'interprétation) et comme annonçant la règle d'interprétation posée à l'ancien article 1135 du Code civil.
2. R. Demogue, *Traité des obligations en général*, éd. Rousseau, 1931, t. VI, préc.

Chapitre 3

Les classifications des contrats

85. Intérêt des classifications. L'intérêt des classifications est de prévoir des *catégories de contrats*, précisément définies et réglementées, auxquelles chaque contrat particulier pourra être rattaché ce qui permettra de lui appliquer le régime juridique correspondant. L'opération de *qualification* consiste à rattacher le contrat à la catégorie qui lui correspond, pour déterminer son régime juridique[1].

86. Principales classifications. Il existe plusieurs classifications bipartites fondées sur des critères différents, au sein desquelles les catégories de contrats sont opposées deux à deux. On présentera : la classification des contrats selon leur réglementation (I), la classification des contrats selon leur mode de formation (II), selon leur contenu (III) et selon leur mode d'exécution (IV).

I. Classification des contrats selon leur réglementation

87. Contrats nommés ou innommés. Il convient d'exposer le contenu (1) et l'intérêt (2) de cette distinction qui est présentée à l'article 1105 du Code civil.

1. Exposé de la distinction

88. Le contrat nommé est celui qui est spécialement réglementé par la loi. Il est identifié par la loi, qui lui donne un *nom* et organise son régime (par exemple la vente, le louage...). À l'inverse, le contrat innommé (on dit aussi *sui generis*)[2] est celui qui est créé par les parties et ne fait l'objet d'aucune réglementation particulière ; par exemple le contrat de location de coffre-fort.

1. P. Waserman, v° Qualification, in *Dictionnaire de la culture juridique*, D. Alland et S. Rials (Dir.), PUF 2003.
2. Certains auteurs distinguent, au sein de la catégorie des contrats innommés, les contrats « mixtes » (qui combinent plusieurs contrats nommés : par ex. vente et contrats d'entreprise) et les contrats *sui generis* (véritablement originaux) ; v. A. Bénabent, *Droit des contrats spéciaux...*, préc., n° 8. ; P. Puig, *Contrats spéciaux*, préc. n° 37 et s.

2. Intérêt de la distinction

89. Droit romain. Dans un système formaliste, tel que le droit romain à l'époque classique, la distinction commande la validité du contrat. Seuls les contrats expressément définis et nommés par la loi peuvent engendrer des obligations (v. *infra*, n° 94 s.).

90. Droit positif. Dans un système consensualiste tel que le droit français aujourd'hui, la distinction ne conditionne pas la validité du contrat ; les contrats innommés sont valables autant que les contrats nommés. La distinction entre contrats nommés et contrats innommés n'est pas pour autant inutile. Elle détermine le régime juridique du contrat envisagé. Un contrat nommé est un contrat identifié par la loi (qui lui donne un *nom*, par ex. bail, contrat de travail) et qui est doté d'un corps de règles propres, lequel constitue un « statut[1] ». Il convient donc de rechercher si le contrat envisagé correspond ou, non, à un type de contrat nommé. C'est l'opération de qualification. Le plus souvent un contrat correspond à un contrat nommé pour lequel le législateur et il convient alors de faire application du régime prévu (celui-ci pouvant être impératif ou supplétif). Parfois cependant le contenu du contrat envisagé présente une profonde originalité et ne correspond à aucun contrat nommé. Il s'agit d'un contrat innommé, *sui generis*, qui relève exclusivement du droit commun des contrats[2].

II. Classification des contrats selon leur mode de formation

91. Le mode de formation des contrats est le fondement de deux distinctions différentes : d'une part la distinction entre les contrats consensuels et les contrats non consensuels (1) et d'autre part la distinction entre les contrats de gré à gré et les contrats d'adhésion (2).

1. Le terme « statut » désigne l'ensemble des règles propres à un contrat nommé (par exemple le statut des baux commerciaux).
2. Les juges n'admettent l'existence d'un contrat innommé que si le contenu du contrat est véritablement original, et cela d'autant plus lorsque l'opération se situe dans un contexte où la réglementation est forte, car il s'agit d'éviter que le recours à l'innommé ne soit un instrument de fraude à la loi. Par ex. le statut des baux commerciaux très protecteur du preneur a conduit à l'émergence de « conventions d'occupation précaire » et autres « locations saisonnières » dont l'autonomie par rapport au bail commercial n'est admise que si elle est fondée sur des éléments objectifs. V. D. Grillet-Ponton, « Nouveau regard sur la vivacité de l'innomé en matière contractuelle », *D.* 2000, chron. p. 331.

1. La distinction des contrats consensuels et des contrats non consensuels

92. Il convient d'exposer cette distinction (A) avant de montrer l'intérêt qu'elle présente (B).

A. Exposé de la distinction

93. On rappellera l'évolution historique qui a conduit à la consécration du consensualisme (a) avant de présenter le contenu de la distinction (b).

a. La consécration progressive du consensualisme

94. Formalisme du droit romain. Jusqu'à la fin de la période classique, le droit romain des contrats est formaliste[1]. Il ne connaît que des contrats nommés dont la formation suppose certaines formalités[2]. Il distingue trois catégories de contrat : les contrats *verbis* (qui se forment par le prononcé d'une formule sacramentelle) ; les contrats *litteris* (qui supposent un écrit) et les contrats *re* (qui se forment par la remise d'une chose). Le seul accord des volontés non revêtu des formes légales, le « pacte nu », ne suffit pas à former un contrat valable : *ex nudo pacto actio non nascitur* (du pacte nu aucune obligation ne peut naître). L'idée que le seul échange des consentements puisse suffire à former le contrat apparaît seulement vers la fin de la période classique, dans les *Institutes* de Gaïus[3]. Cette idée ne se développera que beaucoup plus tard.

95. Développement du consensualisme. Ce n'est qu'autour du XIIe siècle que le principe du consensualisme se développe véritablement, sous l'influence des canonistes. Dans des ouvrages à la fois théologiques et juridiques[4], les canonistes mettent en exergue le nécessaire respect de la parole donnée qui est une obligation morale en droit canon. *Pacta sunt servanda* (que les contrats soient respectés). Loysel exprime cette règle dans les *Institutes coutumières* (en 1607) : « On lie les bœufs par les cornes et les hommes par les paroles ». À partir du XVIe siècle, l'École

---

1. On distingue dans l'histoire du droit romain trois périodes : le *droit ancien* (qui s'étend des origines de Rome, en 754 avant. J.-C., jusqu'au milieu du IIe siècle avant J.-C.), le *droit classique* (qui commence au milieu du IIe siècle avant J.-C. et se termine au IIIe siècle, en 284 après J.-C.) et le *droit postclassique* (qui va du IIIe siècle au VIe siècle).
2. V. P. Ourliac et J. de Malafosse, *Histoire du droit privé, t. 1, Les obligations*, 2e éd. PUF 1969, spéc. n° 8 et s. ; J.-L. Gazzaniga, *Introduction historique au droit des obligations*, PUF 1992, n° 98 et s. ; D. Deroussin, *Histoire du droit des obligations*, Economica 2007, p. 110 et s.
3. Juriste du IIe siècle après J.-C.
4. Not. le Décret de Gratien (rédigé vers 1140).

du droit naturel reprend le principe du consensualisme mais en modifiant son fondement[1]. Le contrat repose sur la volonté et non plus sur la divinité (v. *supra*, n° 64). Domat puis Pothier ont recueilli le principe du consensualisme. Le Code civil de 1804 l'a consacré. Le consensualisme est aujourd'hui encore le principe en droit français.

b. Présentation de la distinction entre contrats consensuels et contrats non consensuels

96. Contrats consensuels. Les contrats consensuels sont ceux qui se forment par le seul accord des volontés (art. 1109 al. 1er). Les contrats sont en principe consensuels en droit français (art. 1172 al. 1 C. civ.), mais ce principe connaît des exceptions.

97. Les contrats non consensuels : contrats solennels ou contrats réels. Les contrats non consensuels sont ceux dont la formation requiert, à peine de nullité, l'accomplissement d'une formalité. On distingue deux catégories de contrats non consensuels.

Les *contrats solennels* sont ceux dont la validité « est subordonnée à des formes déterminées par la loi » (art. 1109 al. 2 C. civ.). La forme requise peut consister en un écrit authentique : l'article 931 du Code civil prévoit que toute donation doit être passée par acte authentique; sont également soumis à l'exigence d'un acte authentique : la constitution d'hypothèque (art. 2416 C. civ.) et le contrat de mariage (art. 1394 C. civ.) notamment. La forme exigée peut aussi consister en la rédaction d'un écrit sous seing privé (par exemple, la vente de fonds de commerce). Lorsqu'elle n'est pas requise comme condition de validité (*ad validitatem*) mais seulement à titre de preuve (*ad probationem*) l'exigence de forme ne rend pas le contrat solennel. La forme ne rend pas non plus le contrat solennel lorsqu'elle est *exigée pour assurer l'opposabilité de l'acte aux tiers.*

Les *contrats réels* sont ceux dont la formation suppose la remise d'une chose. Il n'existe que très peu de contrats réels : le prêt de consommation (art. 1875 C. civ.), le prêt à usage (art. 1892 C. civ.) et le dépôt (art. 1915 et 1919 C. civ.). La jurisprudence a créé un nouveau contrat réel : le don manuel. Cette nouvelle figure juridique permet de contourner le formalisme légal de la donation. En effet, alors que l'article 931 du Code civil prévoit l'exigence de la forme authentique pour toutes les donations, la jurisprudence admet la validité des donations de biens mobiliers ne respectant pas cette exigence dès lors que le donateur a *remis la chose*

1. Grotius (1583-1645), Puffendorf (1632-1694).

au donataire. Le transfert matériel de la chose, permettant au donateur de prendre conscience de son appauvrissement, constitue un « formalisme de substitution ».

B. *Intérêt de la distinction*

98. L'utilité de la catégorie des contrats solennels. Le consensualisme est le principe mais, par exception, certains contrats sont soumis à une exigence de forme *ad validitatem*. Une telle exigence de forme est généralement un moyen de protection du contractant placé en situation de faiblesse (v. par ex. le contrat conclu par voie de démarchage au domicile du consommateur). Le contrat solennel conclu en dehors des exigences de forme est nul ; il ne peut même pas valoir promesse de contrat[1].

99. L'utilité de la catégorie des contrats réels. La doctrine est divisée sur l'utilité de la catégorie des contrats réels[2].

Cette catégorie est dénoncée par certains auteurs comme un archaïsme, une survivance du droit romain encombrant inutilement la théorie des contrats[3]. Ces auteurs considèrent que la remise de la chose ne devrait pas être appréhendée comme une condition de formation du contrat, mais comme une mesure d'exécution du contrat. Cette opinion trouve un certain écho dans le droit positif : certains contrats autrefois considérés comme des contrats réels ont quitté cette catégorie. Le gage était autrefois un contrat réel mais, depuis la réforme du droit des sûretés par l'ordonnance du 23 mars 2006 (v. art. 2336 C. civ.), il est un contrat solennel. S'agissant du prêt, la Cour de cassation a opéré une évolution en ce sens, en décidant que « le prêt consenti par un professionnel du crédit n'est pas un contrat réel[4] ».

Mais on peut observer avec d'autres auteurs que la catégorie des contrats réels présente une certaine utilité[5]. La remise de la chose peut avoir pour effet d'attirer

---

1. La jurisprudence admet cependant un assouplissement : la promesse consensuelle de constitution d'hypothèque est valable et elle crée une obligation de faire sanctionnée par des dommages et intérêts (v. not. F. Terré, P. Simler et Y. Lequette, n° 144 ; J. Flour, J.-L. Aubert et É. Savaux, n° 307).
2. Sur la controverse concernant les contrats réels, v. C. Jamin, « Éléments d'une théorie réaliste des contrats réels », *Mélanges Béguin*, Litec, 2005, p. 381.
3. V. not. G. Marty et P. Raynaud, n° 62 ; H. L. J. Mazeaud par F. Chabas, n° 82.
4. Civ. 1, 28 mars 2000, *Bull. civ.* I, n° 105 ; *G.A.* n° 285 ; *D.* 2000, p. 482, note S. Piedelièvre ; *JCP* 2000, II, 10296, concl. de l'avocat général J. Sainte-Rose ; *Def.*, 2000, p. 720, obs. J.-L. Aubert. Sur cette jurisprudence, v. F. Grua, « Le prêt d'argent consensuel », *D.* 2003, chron. p. 1492.
5. V. C. Jamin, « Éléments d'une théorie réaliste des contrats réels », *Mélanges Béguin*, Litec, 2005, p. 381.

l'attention sur les dangers de l'acte. Par exemple dans le don manuel, la remise de la chose permet d'affermir le consentement (v. *supra*, n° 97).

2. La distinction des contrats de gré à gré et des contrats d'adhésion

100. La distinction des contrats de gré à gré et des contrats d'adhésion, qui a été proposée par la doctrine[1], est désormais prévue dans le Code civil[2]. Il convient d'exposer cette distinction (A) avant de montrer l'intérêt qu'elle présente (B).

A. Exposé de la distinction

101. Négociation ou adhésion. La distinction est présentée à l'article 1110 du Code civil. « Le contrat de gré à gré est celui dont les stipulations sont librement négociées entre les parties » (art. 1110 al. 1). La formation du contrat est précédée d'une négociation qui permet de parvenir à un accord. Au contraire, « le contrat d'adhésion est celui dont les stipulations essentielles, soustraites à la libre discussion, ont été déterminées par l'une des parties » (art. 1110 al. 2).

B. Intérêt de la distinction

102. Protection de la partie adhérente. Dans le but de protéger les intérêts de la partie qui a adhéré aux conditions qui lui étaient proposées, sans pouvoir les négocier, le législateur soumet les contrats d'adhésion à un régime particulier. D'une part, les clauses produisant un déséquilibre significatif sont réputées non écrites (v. *infra*, n° 375 et s.). D'autre part, l'article 1190 du Code civil prévoit qu'en cas d'ambiguïté, le contrat d'adhésion s'interprète « contre celui qui l'a proposé » et donc en faveur de celui qui y a adhéré (v. *infra*, n° 477).

III. Classification des contrats selon leur contenu

103. Le contenu du contrat est le critère de plusieurs distinctions importantes. Certaines sont présentées dans le Code civil : la distinction des contrats synallagmatiques et des contrats unilatéraux (1), la distinction des contrats à titre onéreux et des contrats à titre gratuit (2), la distinction des contrats commutatifs et des contrats aléatoires (3), la distinction des contrats avec ou sans *intuitu personae*

---

1. L'expression « contrat d'adhésion » est de R. Saleilles, *De la déclaration de volonté*, 1901.
2. F. Chénédé, « Le contrat d'adhésion de l'article 1110 du Code civil », *JCP* 2016, 776.

(4) et enfin la distinction des contrats cadres et des contrats d'application (5). On présentera en outre une distinction qui ne figure pas dans le Code civil : la distinction entre les contrats transactionnels et les contrats relationnels (6).

1. Contrats synallagmatiques et contrats unilatéraux

104. C'est une distinction importante qui est aujourd'hui prévue à l'article 1106 du Code civil. Il convient d'exposer cette distinction (A) et de présenter son intérêt (B) avant d'envisager les difficultés de qualification auxquelles elle donne lieu (C).

A. Exposé de la distinction

105. Les contrats synallagmatiques ou bilatéraux. Le contrat est synallagmatique « lorsque les contractants s'obligent réciproquement les uns envers les autres » (C. civ., art. 1106 al. 1). Le contrat synallagmatique (ou bilatéral) fait naître des obligations réciproques à la charge des parties, chacune étant créancière et débitrice. L'exemple type est la vente : le vendeur est obligé de livrer et de garantir la chose alors que l'acheteur est obligé de payer le prix convenu (art. 1582 C. civ.).

106. Les contrats unilatéraux. Le contrat est unilatéral lorsque l'une des parties s'oblige envers l'autre sans qu'il y ait d'engagement réciproque de celle-ci (art. 1106 al. 2 C. civ.). On veillera à ne pas confondre *contrat* unilatéral et *acte* unilatéral : le contrat unilatéral comprend deux parties mais ne donne naissance à des obligations qu'à la charge d'une seule, alors que l'acte unilatéral émane d'une seule personne : dans l'expression *contrat unilatéral* l'adjectif unilatéral porte sur le nombre d'obligations, alors que dans l'expression *acte unilatéral* il porte sur le nombre de parties. L'exemple type du contrat unilatéral est la donation à titre gratuit : il s'agit d'un contrat par lequel une personne (le donateur) transfère la propriété d'un bien à une autre (le donataire), qui l'accepte, sans contrepartie. Le contrat de dépôt et le contrat de prêt sont également unilatéraux : la remise de la chose étant une condition de formation du contrat (ce sont des contrats réels v. *supra*, n° 97), les obligations qui naissent de ce contrat pèsent uniquement sur l'une des parties (le dépositaire dans le dépôt et l'emprunteur dans le prêt, qui sont tenus de restituer).

B. Intérêt de la distinction

107. Preuve. Le régime de la preuve est différent selon le type de contrat. L'acte sous seing privé qui constate un contrat synallagmatique doit être rédigé « en autant d'originaux qu'il y a de parties ayant un intérêt distinct, à moins que les parties ne soient convenues de remettre à un tiers l'unique exemplaire dressé[1] ». Au contraire, l'acte sous seing privé qui constate un contrat unilatéral est établi en un seul exemplaire, il est soumis à des exigences strictes[2].

108. Fond. Quant au fond, les obligations réciproques nées du contrat synallagmatique sont interdépendantes. Cela fonde certaines règles spécifiques à ces contrats en cas d'inexécution (exception d'inexécution, résolution pour inexécution).

C. Difficultés de qualification

109. Le critère est la présence ou non d'une *obligation réciproque*. Clair en son principe, le critère de la réciprocité des obligations n'est cependant pas toujours facile à mettre en œuvre. D'une part, lors de la conclusion du contrat, les parties peuvent modifier le caractère synallagmatique ou unilatéral d'un contrat : par exemple, le contrat de dépôt qui est unilatéral en principe peut être rendu synallagmatique si les parties conviennent d'une rémunération pour le dépositaire. D'autre part, en cours d'exécution, un contrat unilatéral peut devenir synallagmatique : par exemple, le contrat de dépôt est en principe unilatéral mais si le dépositaire doit engager des frais pour la conservation de la chose le déposant est tenu de les rembourser au dépositaire.

2. Contrats à titre onéreux et contrats à titre gratuit

110. Cette distinction, prévue à l'article 1107 du Code civil, est proche de la précédente mais elle ne la recoupe pas exactement. Il convient d'exposer cette distinction (A) et de montrer l'intérêt qu'elle présente (B).

A. Exposé de la distinction

111. Contrats à titre onéreux. Le contrat à titre onéreux est celui dans lequel chacune des parties « reçoit de l'autre un avantage qui est la contrepartie de celui qu'elle procure » (C. civ., art. 1107 alinéa 1er). Chacune des parties poursuit un intérêt patrimonial.

112. Contrats à titre gratuit. Le contrat à titre gratuit (appelé autrefois « contrat de bienfaisance ») est celui dans lequel l'une des parties « procure à l'autre un avantage sans attendre ni recevoir de contrepartie » (art. 1107 al. 2). L'une des parties s'engage dans un esprit de bienfaisance, en étant déterminée par une *intention*

1. Art. 1375 C. civ.
2. Art. 1376 C. civ.

libérale. La donation est le type même du contrat à titre gratuit mais d'autres contrats peuvent être à titre gratuit (par ex. le contrat de service gratuit).

113. Le critère de la distinction. Le critère de distinction réside dans *l'intention des parties*. Lorsqu'il est convenu que l'une des parties s'engage dans le but d'avantager l'autre le contrat est à titre gratuit.

Cette distinction ne coïncide pas exactement avec la distinction des contrats synallagmatiques et des contrats à titre gratuit. D'une part, la plupart des contrats synallagmatiques sont à titre onéreux mais, parfois, un contrat *synallagmatique* peut être *à titre gratuit* : la donation *avec charges* est un contrat synallagmatique (il y a un rapport de réciprocité entre l'avantage consenti au donataire et les charges pesant sur lui) à titre gratuit (car les charges ne constituent pas à proprement parler une contrepartie : elles ne sont pas à la hauteur de l'avantage dont bénéficie le donataire). D'autre part, la plupart des contrats unilatéraux sont à titre gratuit, mais, parfois, un contrat *unilatéral* peut être *à titre onéreux*. Ainsi le contrat de prêt, étant formé par la remise de la chose, est un contrat unilatéral mais il est à titre onéreux si l'emprunteur est tenu de payer des intérêts.

B. Intérêt de la distinction

114. Défiance envers les contrats à titre gratuit. De nombreuses règles visent à protéger celui qui s'engage à titre gratuit, dans un esprit de bienfaisance. D'une part, la formation du contrat à titre gratuit est généralement soumise à une condition de forme pour protéger le consentement de celui qui s'engage à titre gratuit. D'autre part, l'engagement de celui qui s'oblige sans contrepartie est moins lourd : par exemple dans la donation, la garantie des vices cachés ne joue pas ; la responsabilité de celui qui s'engage sans contrepartie est atténuée en cas d'inexécution (v. par ex. art. 1992 al. 2 pour le mandataire).

3. Contrats commutatifs et contrats aléatoires

115. Il s'agit là d'une sous-distinction au sein de la catégorie des contrats à titre onéreux. Il convient d'exposer cette distinction (A) avant de montrer l'intérêt qu'elle présente (B).

A. Exposé de la distinction

116. Présence ou non d'un aléa. L'article 1108 alinéa 1er du Code civil énonce : « Le contrat est commutatif lorsque chacune des parties s'engage à procurer à l'autre un avantage qui est regardé comme l'équivalent de celui qu'elle reçoit ». L'article 1108 alinéa 2 prévoit : « Il est aléatoire lorsque les parties, sans rechercher l'équivalence de la contrepartie convenue, acceptent de faire dépendre les effets du contrat, quant aux avantages et aux pertes attendus, d'un événement incertain ». Cet événement incertain est un *aléa*. L'exemple type du contrat aléatoire est le contrat d'assurance : l'assureur s'oblige à couvrir les risques prévus au contrat mais il n'est pas certain qu'il aura à verser une indemnité. La vente en viager, dans laquelle le prix est payé (en tout ou en partie) sous la forme d'une rente viagère, est également un contrat aléatoire : on ne sait pas pendant combien de temps la rente devra être versée.

B. Intérêt de la distinction

117. L'aléa chasse la lésion. Les contrats aléatoires ne peuvent être soumis au contrôle de la lésion. Les parties ayant accepté un aléa, aucune d'elles ne peut ensuite se plaindre de ce que les prestations ne sont pas équivalentes. Selon un adage célèbre, « l'aléa chasse la lésion ».

4. Contrats avec ou sans *intuitu personae*

118. Cette distinction est importante même si elle n'est pas expressément prévue par le Code civil. Il convient d'exposer cette distinction (A) et l'intérêt qu'elle présente (B).

A. Exposé de la distinction

119. Prise en considération de la personne. Dans certains contrats, la considération de la personne du cocontractant n'est pas déterminante. Au contraire, d'autres contrats sont conclus en considération de la personne du cocontractant : on dit qu'ils sont conclus *intuitu personae*. L'*intuitus personae* peut être unilatéral ou bilatéral. Il est unilatéral lorsqu'il existe chez l'une des parties seulement ; par exemple dans le contrat de travail, l'*intuitus personae* existe chez l'employeur seulement qui choisit ses salariés en fonction de leur qualité. En revanche la personne de l'employeur est indifférente pour le salarié. Il est bilatéral lorsqu'il est présent chez les deux parties ; par exemple dans le mandat.

B. Intérêt de la distinction

120. Particularité des contrats *intuitu personae*. On retrouvera fréquemment cette distinction, car les contrats conclus *intuitu personae* présentent de nombreuses particularités. L'offre de conclure un contrat intuitu personae est implicitement assortie d'une réserve tenant à la personne de l'acceptant. Le contrat intuitu personae est annulable en cas d'erreur sur les qualités de la personne.

5. Contrats cadres et contrats d'application

121. La distinction entre contrat cadre et contrat d'application fait son entrée dans le Code civil. Il convient donc de l'exposer (A) avant de montrer son intérêt (B).

A. Exposé de la distinction

122. Contrat préparatoire et contrats préparés. « Le contrat cadre est un accord par lequel les parties conviennent des caractéristiques essentielles de leurs relations contractuelles futures. Des contrats d'application en précisent les modalités d'exécution » (art. 1111). Le contrat cadre a pour fonction d'« encadrer » les relations contractuelles à venir entre les parties, en posant certaines règles (relatives aux négociations futures, aux éventuelles litiges...). Il constitue une norme à laquelle les parties soumettent leurs relations futures[1]. Le contrat cadre est suivi de contrats d'application, qui sont généralement des ventes. Le couple contrat cadre/contrats d'application se rencontre principalement dans le secteur de la distribution.

B. Intérêt de la distinction

123. Prix. Les contrats cadres obéissent à certaines règles particulières. La plus remarquable concerne la détermination du prix : alors que le prix doit en principe être « déterminé ou déterminable » lors de la formation du contrat, dans les contrats cadres « il peut être convenu que le prix sera fixé unilatéralement par l'une des parties » (art. 1164 C. civ.).

6. Contrats transactionnels et contrats relationnels

124. Cette distinction n'est pas prévue par le Code civil mais il convient de l'exposer (A) car elle présente un certain intérêt (B).

A. Exposé de la distinction

125. Simple échange ou relation. La distinction entre les contrats transactionnels et les contrats relationnels participe d'une analyse socio-économique du

1. P. Ancel, « Force obligatoire et contenu obligationnel du contrat », *RTD civ.* 1999, p. 771 s., spéc. n° 23.

contrat. Apparue dans la doctrine américaine[1], elle est mise en œuvre depuis quelques années dans la doctrine française, avec quelques nuances selon les auteurs[2]. Les contrats transactionnels (dénommés selon les auteurs « contrats d'occasion »,« contrats-échange » ou « contrats discrets ») ont simplement pour objet d'opérer la permutation de biens ou de services et ils ont généralement vocation à être dénoués rapidement. L'exemple type du contrat transactionnel est la vente. Au contraire, les contrats relationnels (dénommés selon les auteurs « contrats de situation », « contrats-alliance », « contrats d'intérêt commun[3] » ou encore « contrats de dépendance[4] ») visent à organiser une relation durable entre les parties : les intérêts des parties sont convergents – mais non identiques, comme c'est le cas dans le contrat de société par exemple[5]. Sont des contrats relationnels le contrat de travail, les contrats de la distribution (concession, franchise, distribution exclusive...) ou encore le contrat de bail ou le contrat d'édition.

B. Intérêt de la distinction

126. Appréciation du rôle de la bonne foi. Cette distinction ne repose pas sur un critère précis et elle n'a pas exactement le même contenu selon les auteurs. Cette distinction est davantage sociologique que juridique[6]. Il reste que cette

1. V. I. R. Mac Neil, *The new social contract. An inquiry into modern contractual relation*, Yale University presse, 1980, spéc. p. 20 s., l'auteur oppose les contrats « transactionnels », qui correspondent à la conception classique du contrat et assurent simplement l'échange de biens, aux contrats « relationnels », qui donnent naissance à une véritable relation entre les parties. Sur cette doctrine, v. Fabre-Magnan, n° 182.
2. V. M. Cabrillac, « Remarques sur la théorie générale du contrat et les créations récentes de la pratique commerciale », *Mélanges G. Marty*, Université des sciences sociales de Toulouse, 1978, p. 235, l'auteur oppose les « contrats de situation » aux « contrats d'occasion ». V. ég. C. Boismain, *Les contrats relationnels,* Thèse Nantes, 2004; H. Muir-Watt, « Du contrat « relationnel » » : *in La relativité du contrat, Travaux de l'association H. Capitant*, LGDJ, 1999, p. 169 s. Des distinctions voisines sont proposées, qui reposent également sur le degré de la coopération qui s'établit entre les parties : v. not. A. Sériaux, *Le droit une introduction*, n° 21 et s., qui distingue les « contrats d'alliance » et les « contrats d'échange »; S. Lequette, *Le contrat coopération, Contribution à la théorie générale du contrat,* Economica 2010, préf. C. Brenner; J.-F. Hamelin, *Le contrat-alliance,* Thèse paris II, 2010.
3. Ne pas confondre « contrat d'intérêt commun et « mandat d'intérêt commun » : cette dernière qualification commande l'application d'un régime particulier protecteur du mandataire (il bénéfice d'un droit à indemnisation en cas de rupture par le mandant).
4. Ils n'impliquent pas nécessairement l'existence d'une situation de dépendance au sens du droit de la concurrence.
5. v. P. Didier, « Brèves notes sur le contrat-organisation », *Mélanges F. Terré*, éd. Dalloz, PUF et Jurisclasseur, 1999, p. 636.
6. V. not. Y. M. Laithier, « À propos de la réception du contrat relationnel en droit français », *D.* 2006, p. 1003. O. Pénin, *La distinction de la formation et de l'exécution du contrat, contribution à l'étude du contrat acte de prévision*, LGDJ 2012, préf. Y. Lequette, spéc. n° 746.

distinction peut présenter un intérêt pour apprécier dans chaque contrat le poids de l'exigence de bonne foi. L'exigence de bonne foi est, en effet, plus forte dans les contrats relationnels que dans les contrats transactionnel (v. *infra*, n° 509 s.).

IV. Classification des contrats selon leur mode d'exécution

127. Contrats à exécution instantanée et contrats à exécution successive. On présentera brièvement cette distinction (1) et son intérêt (2).

1. Exposé de la distinction

128. Contrat à exécution instantanée. Le contrat à exécution instantanée est « celui dont les obligations peuvent s'exécuter en une prestation unique » (art. 1111-1 alinéa 1 C. civ.). Il faut, pour que le contrat soit à exécution instantanée, que les obligations des deux parties soient susceptibles d'être *exécutées en une seule fois.*

129. Contrat à exécution successive. Le contrat à exécution successive est « celui dont les obligations d'au moins une partie s'exécutent en plusieurs prestations échelonnées dans le temps » (C. civ. art. 1111-1 alinéa 2). Par exemple, un contrat de travail ou un contrat de bail, dans lequel les loyers sont payables mensuellement.

130. Difficultés. La distinction entre les contrats à exécution instantanée et les contrats à exécution successive soulève de redoutables difficultés[1]. Ainsi la vente qui est l'archétype du contrat à exécution instantanée peut s'inscrire dans la durée et parfois donner lieu à des prestations qui s'échelonnent dans le temps (par exemple la livraison peut être échelonnée). Elle devient alors semble-t-il un contrat à exécution successive.

2. Intérêt de la distinction

131. Recul. La distinction entre les contrats à exécution instantanée et les contrats à exécution successive était auparavant mise en œuvre pour mesurer les effets de la nullité et de la résolution. Mais elle n'est désormais plus utilisée ni sur le terrain de la nullité ni sur celui de la résolution.

1. V. not. : J. Rochfeld, « Les modes temporels d'exécution du contrat », *RDC* 2004, p. 47. V. ég. A. Etienney, *La durée de la prestation. Essai sur le temps dans l'obligation*, LGDJ 2008, préf. T. Revet, spéc., n°s 555 et s.

Cette distinction conserve tout de même un intérêt s'agissant de la durée des contrats. Les contrats à exécution instantanée, qui s'exécutent en une prestation unique, s'éteignent aussitôt qu'ils s'exécutent même si certaines obligations accessoires demeurent. Par exemple, le contrat de vente s'éteint lorsque la chose a été livrée et le prix payée laissant subsister les garanties dues par le vendeur[1]. Les contrats à exécution instantanée au contraire donnent lieu à des prestations répétées et l'on ne peut savoir *a priori* à quel moment ils s'éteindront. Dans ces contrats, les parties ont la liberté de prévoir par un terme extinctif à quel moment le contrat prendra fin. La distinction entre les contrats à durée déterminée et les contrats à durée indéterminée est essentielle. Elle sera développée plus loin, avec les effets du contrat (v. *infra*, n° 695 et s.).

1. Garantie des vices cachés et garantie d'éviction.

Partie 1

La formation du contrat

138. Plan. Seront étudiées successivement la conclusion du contrat (titre 1), les conditions de validité du contrat (titre 2) et enfin les sanctions des conditions de formation du contrat (titre 3).

Titre 1

La conclusion du contrat

139. Formation instantanée ou progressive. La plupart des contrats se forment en un instant, suivant le principe d'un « coup de foudre contractuel[1] ». Mais d'autres contrats, les plus importants, supposent une phase de préparation. Ces contrats se forment de façon progressive. La période précontractuelle acquiert alors une véritable épaisseur juridique. Durant cette période les parties négocient, ce qui suppose des échanges d'informations, et parfois elles éprouvent le besoin de conclure des contrats (dénommés contrats préparatoires, ou avant-contrats). Ce n'est qu'au terme d'un long processus qu'intervient la conclusion du contrat par la rencontre de l'offre et de l'acceptation.

140. Plan. La période précontractuelle débute par la phase des négociations (Chap. 1), se poursuit parfois par la conclusion de contrats préparatoires (Chap. 2) et se termine par l'accord des volontés d'où naît le contrat (Chap. 3).

1. J.-M. Mousseron, « La durée dans la formation des contrats », *Études offertes à A. Jauffret*, PUAM 1974, p. 509 et s.

Chapitre 1

Les négociations

141. Liberté et bonne foi. Le Code civil contient une Sous-Section 1 intitulée « Les négociations » qui est composée de trois articles (art. 1112 à 1112-2). Ces articles issus de l'ordonnance du 10 février 2016 consacrent les solutions qui avaient été dégagées par la jurisprudence, dans le silence des textes. Les négociations sont placées sous le double signe de la liberté et de la bonne foi (art. 1112 C. civ.). Liberté, car les partenaires n'étant pas encore engagés chacun peut rompre les pourparlers. Bonne foi, car les partenaires doivent échanger des informations (I) et s'abstenir de toute manœuvre déloyale (II).

I. Les obligations précontractuelles d'information

142. On présentera l'obligation précontractuelle d'information (ou de renseignement) prévue par le droit commun (1), avant d'évoquer brièvement les obligations précontractuelles d'information prévues par les droits spéciaux (2).

1. L'obligation d'information prévue par le droit commun

143. Émergence progressive. Postulant l'égalité et la liberté des individus, la doctrine civiliste du XIXe siècle n'admettait pas l'existence d'une obligation générale d'information. Suivant cette doctrine, il appartient à chacun de s'informer par lui-même. Dans la vente, cette conception est exprimée par un adage : *emptor edebet esse curiosus* (l'acheteur doit être curieux). Cette conception a été remise en cause. Sur le fondement de l'exigence de bonne foi, la jurisprudence éclairée par la doctrine[1] a progressivement imposé une obligation précontractuelle d'information. Cette obligation précontractuelle d'information est aujourd'hui intégrée dans l'article 1112-1 du Code civil. On exposera la notion (A) et le régime (B) de cette obligation.

---

1. M. Fabre-Magnan, *De l'obligation d'information dans les contrats*, préf. J. Ghestin, LGDJ 1992, n° 253 s.

A. La notion

144. Conditions et contenu. L'article 1112-1 du Code civil prévoit les conditions d'existence de l'obligation d'information (également dénommée obligation de renseignement) et son contenu. Quant au débiteur : est débiteur celui qui détient une information « dont l'importance est déterminante pour le consentement de l'autre » ; les informations déterminantes sont celles « qui ont un lien direct et nécessaire avec le contenu du contrat ou la qualité des parties ». Quant au créancier : est créancier de l'obligation d'information celui qui, légitimement, « ignore l'information en question ou fait confiance à son cocontractant ».

L'obligation d'information s'applique principalement dans les relations entre professionnels et consommateurs : le professionnel est tenu de connaître les informations relevant de son domaine de compétence et de les transmettre au consommateur[1]. Mais l'obligation d'information s'applique aussi parfois entre particuliers[2] ou entre professionnels[3].

145. Absence d'information sur la valeur de la prestation. L'article 1112-1 al. 2 prévoit que l'obligation d'information « ne porte pas sur l'estimation de la valeur de la prestation ». Cette disposition reprend la solution qui avait été dégagée antérieurement par la jurisprudence. En effet, après quelques hésitations[4], la Cour de cassation avait finalement décidé que l'acheteur n'est pas tenu d'informer le vendeur sur la valeur du bien vendu[5].

---

1. Civ. 1, 18 avr. 1989, *Bull. civ.* I, n° 150.
2. V. Civ. 3, 30 juin 1992, *Bull. civ.* III, n° 238 ; *Cont. Conc. Cons.*, 1992, n° 218, obs. L. Leveneur.
3. V. Com., 4 juill. 1989, *Bull. civ.* IV, n° 213 ; *RTD civ.* 1989, p. 737, obs. J. Mestre.
4. *Pour* une telle obligation : Civ. 3, 15 nov. 2000, *Bull. civ.* III, n° 171 ; *D.* 2002, somm. p. 928, obs. O. Tournafond ; *JCP* 2001, I, 301, n° 1, obs. Y.-M. Serinet ; *RTD civ.* 2001, p. 355, obs. J. Mestre et B. Fages ; *Def.*, 2001, p. 242, obs. É. Savaux ; *JCP* 2002, II, 10054 note C. Lièvremont : l'arrêt approuve les juges du fond d'avoir annulé la vente d'un terrain au motif que l'acheteur qui avait connaissance de la richesse du sol avait maintenu les vendeurs dans l'ignorance. *Contre* une telle obligation : Civ. 1, 3 mai 2000, *Bull. civ.* I, n° 131 ; *D.* 2002, somm. p. 928 obs. O. Tournafond ; *JCP* 2001, II, 10510, note C. Jamin ; *RTD civ.* 2000, p. 566, obs. J. Mestre et B. Fages ; *Def.*, 2000, p. 1110, obs. D. Mazeaud et P. Delebecque : cassation de l'arrêt qui a retenu la réticence dolosive de l'acheteur qui n'avait pas fait connaître à son vendeur la grande valeur des photographies (des clichés de Baldus) qu'il lui achetait.
5. Civ. 3, 17 janv. 2007, *Bull. civ.* III n° 5 ; *D.* 2007, p. 1051, note D. Mazeaud et note P. Stoffel-Munck ; *JCP* 2007, II, 10042, note C. Jamin ; *RTD civ.* 2007, p. 335, obs. J. Mestre et B. Fages, « l'acquéreur, même professionnel, n'est pas tenu d'une obligation d'information au profit du vendeur sur la valeur du bien acquis ».

146. Information et conseil. L'obligation d'information est parfois complétée par une obligation de conseil, qui consiste à éclairer le partenaire sur l'opportunité de conclure le contrat[1]. Cette obligation de conseil n'est pas formellement prévue par le Code civil ; elle trouve son fondement dans l'exigence de bonne foi. Cette obligation de conseil doit rester exceptionnelle. Elle n'est concevable que dans des hypothèses particulières (notamment lorsque l'objet du contrat présente une particulière complexité ; par exemple les contrats portant sur du matériel informatique).

B. Le régime

147. La preuve. Selon l'article 1112-1 alinéa 4, « il incombe à celui qui prétend qu'une information lui était due de prouver que l'autre partie la lui devait, à charge pour cette autre partie de prouver qu'elle l'a fournie ». Cette disposition est une pure application des règles générales du droit de la preuve (art. 1353 C. civ.). L'exécution de l'obligation étant un fait juridique, elle peut être prouvée par tous moyens.

148. Les sanctions. Le manquement à l'obligation précontractuelle de renseignement peut engager la responsabilité délictuelle du fautif, s'il en est résulté un préjudice pour l'autre partie. L'article 1112, alinéa 2, indique que la réparation « ne peut avoir pour objet de compenser la perte des bénéfices attendus du contrat non conclu ». La jurisprudence était déjà en ce sens.

Le manquement à l'obligation d'information ou de conseil peut également être sanctionné par la nullité du contrat, lorsqu'il en est résulté un vice du consentement (dol ou erreur) lequel doit être prouvé (v. *infra*, n° 313).

Enfin, d'autres sanctions sont prévues en droit des contrats spéciaux. Ainsi dans la vente, la dissimulation d'un vice caché ou bien d'une cause d'éviction, en violation de l'obligation d'information, peut être sanctionnée par la garantie des vices cachés ou par la garantie d'éviction.

2. Les obligations d'information prévues par les droits spéciaux

149. Diversité ; renvoi. Certaines dispositions propres à un contrat nommé prévoient des obligations spéciales d'information. Le Code de la consommation fourmille de telles dispositions (v. par ex. article L. 111-1 C. cons. qui prévoit

1. L'obligation de conseil prend parfois la forme d'une obligation de mise en garde.

une obligation d'information du professionnel à l'égard du consommateur[1], ou encore les textes imposant un formalisme informatif, *infra*, n° 211).

II. La sanction des manœuvres déloyales

150. Liberté et responsabilité. Au cours de la période précontractuelle, les partenaires déploient certains efforts (études de marché...) en vue de la formation du contrat. Chacun reste libre de ne pas contracter, mais les règles de la responsabilité civile permettent de sanctionner celui qui commet une faute causant un préjudice à son partenaire.

151. Responsabilité délictuelle. La question s'est posée de savoir quelle est la nature de cette responsabilité. La théorie de la *culpa in contrahendo* (faute en contractant) soutenue notamment par Ihering conduit à admettre la nature contractuelle de cette responsabilité. Cette théorie repose sur l'idée qu'il existerait un avant-contrat tacitement conclu, par lequel les parties se promettraient loyauté et collaboration dans les négociations[2]. Cette théorie n'est pas admise en droit français. La jurisprudence décide de façon constante que la faute dans les pourparlers est sanctionnée par une responsabilité délictuelle[3]. Quel que soit le stade

1. Art. L. 111-1 du Code de la consommation : «Avant que le consommateur ne soit lié par un contrat de vente de biens ou de fourniture de services, le professionnel communique au consommateur, de manière lisible et compréhensible, les informations suivantes :
   1° Les caractéristiques essentielles du bien ou du service, compte tenu du support de communication utilisé et du bien ou service concerné;
   2° Le prix du bien ou du service, en application des articles L. 113-3 et L. 113-3-1;
   3° En l'absence d'exécution immédiate du contrat, la date ou le délai auquel le professionnel s'engage à livrer le bien ou à exécuter le service;
   4° Les informations relatives à son identité, à ses coordonnées postales, téléphoniques et électroniques et à ses activités, pour autant qu'elles ne ressortent pas du contexte, ainsi que, s'il y a lieu, celles relatives aux garanties légales, aux fonctionnalités du contenu numérique et, le cas échéant, à son interopérabilité, à l'existence et aux modalités de mise en œuvre des garanties et aux autres conditions contractuelles. La liste et le contenu précis de ces informations sont fixés par décret en Conseil d'État».
2. R. Von Ihering, *De la culpa in contrahendo ou des dommages et intérêts dans les conventions nulles ou restées imparfaites,* Œuvres choisies, t. II, 1893, trad. De Meulanëre spéc. p. 23. Pour une analyse de la théorie de Ihering, v. R. Saleilles, «De la responsabilité précontractuelle», *RTDciv.* 1907, p. 697 et s.; E. Gaudemet *Théorie générale des obligations,* nouv. Ed., par H Desbois et J. Gaudemet, 1965, spéc. p. 195 et s.
3. *Civ. 1, 20 juin 1961, D. 1962, p. 3; Com., 11 janv. 1984, Bull. civ. IV, n° 16; RTDciv. 1985, p. 159, obs. J. Mestre.*

des pourparlers, la sanction consiste seulement en des dommages et intérêts[1]. Le juge ne peut ordonner la conclusion forcée du contrat.

152. Diversité des fautes et des chefs de préjudice. Toutes les fautes commises durant la période précontractuelle peuvent être sanctionnées. L'article 1112-2 du Code civil prévoit que « celui qui utilise sans autorisation une information confidentielle obtenue à l'occasion des négociations engage sa responsabilité dans les conditions du droit commun ». C'est là un exemple de faute, que la jurisprudence avait eu l'occasion de sanctionner[2]. Il en existe bien d'autres. Engage sa responsabilité celui qui a entamé ou poursuivi la négociation avec un partenaire sans intention de conclure le contrat, dans le seul but de le conduire à engager des dépenses inutiles[3] ou bien dans le but de le dissuader de négocier avec autrui[4].

---

1. Le préjudice subi inclut les frais de négociation et d'études préalables, mais non les gains espérés en cas de conclusion du contrat : Com., 26 nov. 2003, *Bull. civ.* IV, n° 186 ; *D.* 2004, p. 869, note A.-S. Dupré-Dallemagne ; *RDC* 2004, p. 257, note D. Mazeaud ; *JCP E* 2004, 738, note Ph. Stoffel-Munck ; *RTDciv.* 2004, p. 80, obs. J. Mestre et B. Fages ; *JCP G* 2004, I, 163, n° 18 et s., obs. G. Viney.
2. V. Com., 3 oct. 1978, *D.* 1980, p. 55, note J. Schmidt-Zaleweski, « il résulte des documents versés aux débats que Les Chantiers modernes se sont, à l'occasion des pourparlers avec Rousset, emparés des indications techniques fournies par celui-ci, et ont sans autorisation abusivement mis en œuvre les méthodes ainsi venues à leur connaissance »
3. Com., 20 mars 1972, *Bull. civ.* IV, n° 93 ; *JCP* 1973, II, 17543 note J. Schmidt. Civ. 1, 6 janv. 1998, *Bull. civ.* I, n° 7 ; *Def.*, 1998, p. 743, obs. D. Mazeaud ; *JCP* 1998, II, 10066, obs. B. Fages, « M. Ossana avait ainsi laissé se poursuivre des pourparlers qui allaient inéluctablement se traduire par des frais ».
4. Com., 7 avr. 1998, *D.* 1999, p. 514, note P. Chauvel « la société Poleval avait en raison du comportement fautif de la société Sandoz immobilisé en pure perte son procédé breveté pendant quatre années sans pouvoir négocier avec un autre partenaire pendant cette période ».

Chapitre 2

Les contrats préparatoires

154. Diversité. Les contrats préparatoires, également dénommés avant-contrats, sont des contrats qui ont pour objet de préparer la conclusion du contrat définitif. Il existe une grande variété de contrats préparatoires. Certains ont pour objet l'information des parties : les contrats d'essai ou d'étude notamment[1]. D'autres portent sur l'organisation des pourparlers : notamment l'accord de principe[2] par lequel les parties s'obligent à engager ou à poursuivre la négociation d'un contrat futur, ou encore l'accord partiel[3] par lequel les parties relèvent par écrit les différents points sur lesquelles elles sont d'ores et déjà d'accord. Ces différents contrats préparatoires, qui sont essentiellement utilisés dans les relations d'affaires, ne seront pas étudiés. Nous envisagerons seulement les contrats préparatoires les plus courants, qui sont le pacte de préférence (I), la promesse unilatérale (II) et la promesse synallagmatique (III).

I. Le pacte de préférence

155. On présentera la notion (1) puis le régime (2) du pacte de préférence.

1. La notion de pacte de préférence

156. Définition. L'article 1123 alinéa 1er du Code civil définit le pacte de préférence dans les termes suivants : « Le pacte de préférence est le contrat par lequel une partie s'engage à proposer prioritairement à son bénéficiaire de traiter avec lui pour le cas où elle déciderait de contracter ». Le promettant ne s'engage pas à conclure le contrat projeté ; il s'engage seulement à proposer la conclusion de ce

1. J. M. Mousseron, M. Guibal et D. Mainguy, *Technique contractuelle*, éd. F. Lefebvre, 4e éd. 2001, n° 175 et n° 415.
2. *Voc. Jur. Capitant*, V° Accord de principe.
3. A. Rieg, « La « punctation », contribution à l'étude de la formation successive du contrat », *Études offertes à A. Jauffret*, LGDJ 1974, p. 593 et s. J.-M. Mousseron, « La durée dans la formation du contrat », *Études offertes à A. Jauffret*, préc., p. 509 et s.

contrat au bénéficiaire *dans le cas où il déciderait finalement de conclure ce contrat.* Le bénéficiaire dispose d'un *droit de priorité* (un droit conventionnel de préemption[1]).

157. Diversité. Le pacte de préférence peut concerner tout contrat (bail, contrat d'édition[2]...), mais le plus souvent le contrat envisagé est une vente. Le propriétaire d'un bien promet à une personne que, le jour où il se décidera à le vendre, il lui adressera prioritairement une offre de vente[3]. Le pacte de préférence peut être conclu isolément mais, le plus souvent, il est inséré dans un contrat principal : contrat de vente[4], contrat de bail, contrat de distribution[5] ou encore contrat de société. Il est cependant interdit dans certaines conventions : par ex. le règlement de copropriété, car il contreviendrait au principe de libre disposition des lots[6]. Le pacte de préférence peut être utilisé dans des contextes et à des fins très divers[7].

2. Le régime du pacte de préférence

158. Conditions de validité. Le pacte de préférence ne contenant pas le consentement du promettant au contrat projeté, il n'a pas à remplir les conditions de validité de celui-ci[8]. Il n'est donc pas nécessaire que les parties aient la capacité et le pouvoir de conclure l'acte envisagé. Et il n'est pas besoin que tous les éléments essentiels de celui-ci soient fixés. Il suffit que soit indiqué le bien sur lequel il porte et la nature du contrat. Ainsi, lorsque le contrat prévu dans le pacte est une vente, le pacte doit indiquer quel est l'objet vendu, mais pas nécessairement le prix[9].

1. V. C. Saint-Halary-Houin, *Le droit de préemption*, préf. P. Raynaud, LGDJ, 1979, n° 252 s.
2. Art. L. 132-4 C. prop. int.
3. Pour un exemple, v. Civ. 1, 16 juill. 1985, *Bull. civ.* I, n° 224, le titulaire d'un office notarial s'était engagé à faire connaître au bénéficiaire l'identité de tout candidat à son office ainsi que le prix offert par celui-ci, et, *pour le cas où le bénéficiaire offrirait un prix équivalent, à lui donner la préférence et à user de son droit de présentation en sa faveur.*
4. Dans un contrat de vente, le pacte peut notamment être consenti au profit du vendeur, pour le cas où l'acheteur revendrait la chose.
5. V. A. Van de Wynckele-Bazela, « Pacte de préférence et contrat de franchise », *D.* 2004, p. 2487.
6. Civ. 3, 6 mars 1973, *Bull. civ.* III, n° 170 ; Civ. 3, 29 mai 1979, *Bull. civ.* III, n° 118.
7. Pour un inventaire des utilisations du pacte de préférence, v. L. Leveneur et T. Semere, « Droit de préférence et de préemption », *JCP N*, 2015, 1093, spéc. n° 17 et s.
8. Le pacte n'est pas une promesse. Un arrêt a qualifié le pacte de préférence de « promesse unilatérale conditionnelle », mais cette qualification ne rend absolument pas compte de la réalité du pacte de préférence et elle n'était d'ailleurs pas nécessaire, dans cette affaire, pour justifier la solution (application de la règle de la publicité foncière facultative) : *Civ. 3, 16 mars 1994, Bull. civ. III, n° 58 ; JCP G 1994, IV, n° 1328, p. 170 ; JCP N 1994, 101205, note J. Maury ; LPA 12 févr. 1996, p. 9, note J. Casey et G. Lejeune ; D. 1994, p. 486, note A. Fournier.*
9. La stipulation du prix n'est pas une condition de validité du pacte de préférence : Civ. 1, 6 juin 2001, *Bull. civ.* I, n° 166 ; *JCP* 2002, I, 134, n° 1, obs. F. Labarthe.

Le pacte de préférence relève exclusivement du droit commun des contrats[1]. Le principe de la liberté contractuelle autorise donc les parties à aménager librement le contenu de leur pacte. Le pacte ne doit cependant pas porter atteinte au droit de propriété, en empêchant le propriétaire de disposer de son bien[2].

159. Transmission et cession. Le pacte de préférence est transmissible par voie de transmission universelle de patrimoine (par exemple en cas de décès de l'une des parties), sauf si les parties lui ont donné un caractère strictement personnel[3]. Le pacte de préférence est cessible entre vifs. La jurisprudence décidait auparavant que la cession entre vifs s'opère selon les règles de la cession de créance civile[4]. Nous pensons que cette opération relève en réalité du régime de la cession de contrat, laquelle est désormais réglementée par le Code civil depuis l'ordonnance du 10 février 2016 (art. 1216 à 1216-3 C. civ.).

160. Durée. Le pacte de préférence peut être conclu pour une durée déterminée ou non[5]. Si la durée est déterminée, l'arrivée du terme entraîne la caducité du pacte. Si la durée du pacte de préférence n'est pas déterminée, la situation du promettant est plus délicate. Le pacte ne s'éteint pas par la prescription, car la prescription ne court pas contre celui qui a été empêché d'agir[6]. Le promettant (ou ses ayant-droits) peut donc être contraint de respecter le pacte très longtemps après sa

1. Sauf dans le domaine des droits d'auteur, où il est spécifiquement réglementé, art. L. 132-4 du Code de la propriété intellectuelle.
2. La question de la compatibilité d'un pacte de préférence avec le droit de propriété s'est posée dans une affaire qui a donné lieu à un arrêt remarqué : Civ. 3, 27 sept. 2009, *JCP* 2009, 479, note G. Pillet; *RDC* 2010, p. 32, obs. Th. Génicon; *RDC* 2010 p. 660, obs. S. Pimont; *RLDC* 2010, p. 3837, obs. Kenfack. La commune de Saint-Pée-sur-Nivelle avait vendu à des particuliers un terrain nu dans un lotissement communal tout en stipulant un pacte de préférence à son profit d'une durée de vingt ans en cas de revente, précisant que le prix de revente ne pourrait excéder le prix d'acquisition initial, réactualisé en fonction de l'indice du coût de la construction (d'autres modalités d'ajustement du prix étaient prévues si une construction était réalisée). La Cour de cassation juge que ce pacte ne porte pas atteinte au droit de propriété de l'acheteur.
3. Civ. 1, 24 févr. 1987, *Bull. civ.* I, n° 75; *RTDciv.* 1987, p. 739, obs. J. Mestre, « Mais attendu que si le pacte de préférence est en principe transmissible aux héritiers des parties, il en est différemment lorsque les circonstances révèlent une intention contraire, même tacite, des parties de ne conférer à cette obligation qu'un caractère strictement personnel ».
4. Civ. 3, 4 janv. 1995, *Bull. civ.* III, n° 8; *D.* 1995, somm. p. 236, note L. Aynès; *Def.*, 1995, p. 741, obs. P. Delebecque.
5. La durée de validité n'est pas une condition du pacte : Civ. 1, 6 juin 2001, *Bull. civ.* I, n° 166; *JCP G* 2002, I, 134, obs F. Labarthe; *RTDciv.* 2002, p. 88, obs. J. Mestre et B. Fages; *RTDciv.* 2002, p. 115, obs. P.-Y. Gautier; Civ. 3, 15 janv. 2003, n° 01-03.700, Bull. civ. III, n° 9; *D.* 2003, p. 1190, note H. Kenfack; *AJDI* 2003, p. 702, obs. F. Cohet-Cordey.
6. Art. 2234 C. civ.

signature[1]. Mais cela ne signifie pas pour autant que le pacte crée un engagement perpétuel. Conformément au droit commun, le pacte à durée indéterminée est susceptible d'être résilié unilatéralement[2]. Le promettant qui résilie le pacte doit simplement informer le bénéficiaire ; il n'est pas tenu de lui adresser une offre.

161. Obligations du promettant. Les parties disposent d'une grande liberté pour aménager les effets du pacte de préférence et notamment les obligations pesant sur le promettant. Mais le plus souvent le pacte est rédigé de façon très sommaire et il est seulement prévu que le promettant s'engage à proposer en priorité la conclusion du contrat au bénéficiaire. Dans une telle hypothèse, les effets du pacte sont les suivants. S'il se décide à passer l'acte considéré, le promettant doit simplement se tourner vers le bénéficiaire et lui adresser une offre de contracter : en cas d'acceptation, le contrat est conclu ; en cas de refus, le promettant est libéré et il est en droit de conclure avec un tiers[3].

162. Sanction du pacte de préférence. L'article 1123 alinéa 2 du Code civil prévoit les sanctions applicables en cas de violation du pacte de préférence, c'est-à-dire lorsque le promettant a conclu le contrat promis avec un tiers sans avoir respecté le droit de préférence.

D'une part, le bénéficiaire du pacte peut obtenir réparation du préjudice subi. Pour cela, il peut rechercher la responsabilité contractuelle du promettant. En concluant le contrat avec un tiers sans adresser une offre au bénéficiaire, le promettant a transgressé le pacte ; il a donc commis une faute et doit réparer le préjudice qu'il a causé[4]. Le bénéficiaire peut également rechercher la responsabilité du tiers acquéreur. Mais il doit prouver que celui-ci a conclu le contrat en connaissant l'existence du pacte de préférence[5] ; la responsabilité du tiers ne peut pas être engagée s'il n'avait pas connaissance du pacte car celui-ci ne lui était pas opposable. Si le pacte porte sur un bien immobilier, il est soumis au régime dit de la publication facultative prévu à l'article 37-1 du décret du 4 oct. 1955[6]. Il

1. V. pax ex. un pacte invoqué 37 ans après sa signature : Civ. 1, 22 déc. 1959, *JCP* 1960, II, 11494, note P. Esmein ; *RTDciv.* 1960, p. 232, obs. J. Carbonnier.
2. V. ég. en ce sens L. Leveneur, note ss. Civ. 3, 15 janv. 2003, *Cont. conc. cons.* 2003, n° 71 ; L. Leveneur, *Dossier Pacte de préférence : liberté ou contrainte ?*, « Rapport de synthèse », *Droit et patrimoine*, n° 144, 2006, p. 83 et s. ; J. Mestre et B. Fages, obs. ss. Civ. 1, 6 juin 2001, RTDciv. 2002, p. 88.
3. Civ. 3, 29 janv. 2003, *Bull. civ.* III, n° 24 ; *RTDciv.* 2003, p. 497, obs. J. Mestre et B. Fages.
4. Le bénéficiaire n'a droit à aucune indemnisation s'il ne démontre pas l'existence d'un préjudice : Com., 9 avr. 2002, n° 98-2251, *JCP* 2003, II, 10067, note J.-M. Tengang.
5. Com., 7 mars 1989, *Bull. civ.* IV, n° 79 ; *JCP* 1989, II, 21316, concl. M. Jéol, note Y. Reinhardt.
6. *Civ. 3, 16 mars 1994, Bull. civ. III, n° 58, préc., jugeant que le pacte de préférence n'*établit pas une restriction au droit de disposer soumise à publicité obligatoire.

s'ensuit, d'une part, que la publication du pacte n'est pas obligatoire et, d'autre part, que si elle est effectuée cette publication ne rend pas le pacte opposable aux tiers. Cette publication permet cependant de faciliter la preuve de la connaissance du pacte par les tiers[1].

D'autre part, le bénéficiaire du pacte peut obtenir l'annulation du contrat conclu en violation du pacte ou bien sa substitution dans les droits du tiers acquéreur. Reprenant la solution posée par la jurisprudence, l'article 1123 alinéa 2 prévoit que la nullité ou la substitution sont subordonnées à deux conditions : il faut que le tiers acquéreur ait eu connaissance au moment de la vente non seulement de l'existence du pacte de préférence, mais aussi de l'intention du bénéficiaire de s'en prévaloir[2]. Cette seconde exigence est contestable[3] : en bonne logique, la connaissance de l'existence du pacte au moment de la vente suffit à constituer le tiers de mauvaise foi et devrait donc permettre la nullité ou la substitution. Cette double preuve dont la charge incombe au bénéficiaire du pacte est bien difficile à rapporter : certains auteurs parlent de «*probatio diabolica*[4] ». Difficile, mais pas impossible comme le montre la jurisprudence[5]. Pour tenter de sécuriser le pacte de préférence, l'ordonnance a introduit une action interrogatoire.

163. Action interrogatoire. Le tiers peut «demander par écrit au bénéficiaire de confirmer dans un délai qu'il fixe et qui doit être raisonnable, l'existence d'un pacte de préférence et son intention de s'en prévaloir» (art. 1123 al. 3 C. civ.). Cette action (ou interpellation) interrogatoire permet au tiers de lever les doutes sur le pacte dont il présume l'existence[6]. L'article 1123 alinéa 4 indique : «L'écrit mentionne qu'à défaut de réponse dans ce délai, le bénéficiaire du pacte de préférence ne pourra plus solliciter sa substitution au contrat conclu avec le tiers ou

1. V. par ex. Civ. 1, 11 juill. 2006, *Bull. civ.* I, n° 389, «Mais attendu que, tenu de conseiller les parties et d'assurer l'efficacité des actes dressés, le notaire ayant connaissance d'un pacte de préférence doit, préalablement à l'authentification d'un acte de vente, veiller au respect des droits du bénéficiaire du pacte».
2. V. not. : Ch. mixte, 26 mai 2006, *Bull. ch. mixte*, n° 4; G.A., n° 258; *D.* 2006, p. 1861, note P.-Y. Gautier et p. 1864 note D. Mainguy; *JCP* 2006, II, 10142 note L. Leveneur; *RTD civ.* 2006, p. 550, obs. J. Mestre et B. Fages; *Def.*, 2006, p. 1206, obs. É. Savaux.
3. Le projet d'ordonnance paru en février 2015 prévoyait de supprimer cette seconde exigence (v. art. 1125 al. 2 du projet).
4. P.-Y. Gautier, note préc. ss. Ch. mixte, 26 mai 2006. V. ég. J.-J. Barbiéri, note préc.
5. V. not. Civ. 3, 14 fév. 2007, *Bull. civ.* III, n° 25, *Dr. soc.* n° 63, note H. Lécuyer; *RTD civ.* 2007, p. 768, note B. Fages; *D.* 2007, p. 2444, note J. Théron; *RDC* 2007, p. 701, obs. D. Mazeaud; *JCP* G 2007, II, 10143, note J. Bert; *JCP* E 2007, 1615, note H. Lécuyer; Civ. 3, 3 nov. 2011, *Bull. civ.* III, n° 185; *Contrats, conc. consom.* 2012, comm. 60; Civ. 3, 9 avr. 2014, *Bull. civ.* III, n° 52.
6. A. Bénabent, Les nouveaux mécanismes, *RDC* 2016, p. 17.

la nullité du contrat ». Cette disposition soulève une interrogation : le bénéficiaire peut-il encore prétendre à des dommages et intérêts ?

II. La promesse unilatérale

164. Nous examinerons la notion (1) puis le régime (2) de la promesse unilatérale.

1. La notion de promesse unilatérale

165. Contrat d'option. L'article 1124 du Code civil donne une définition claire de la promesse unilatérale : « La promesse unilatérale est le contrat par lequel une partie, le promettant, consent à l'autre, le bénéficiaire, le droit d'opter pour la conclusion d'un contrat dont les éléments essentiels sont déterminés, et pour la formation duquel ne manque que le consentement du bénéficiaire ». La promesse unilatérale est un véritable contrat, car elle se forme par un consentement mutuel ; elle se distingue en cela de l'offre de contracter, qui est un simple acte unilatéral. Elle est un contrat unilatéral, car seul le promettant est engagé ; le bénéficiaire, quant à lui, dispose d'une option : il peut décider de former le contrat (on dit qu'il lève l'option) ou non. La promesse unilatérale est également dénommée « contrat d'option ».

166. Les limites de l'unilatéralisme. Les promesses unilatérales de vente prévoient généralement une « indemnité d'immobilisation » à la charge du bénéficiaire. Cette indemnité est « le prix de l'exclusivité consentie au bénéficiaire de la promesse[1] » (elle sera imputée sur le prix si le bénéficiaire lève l'option et sera acquise au promettant dans le cas contraire). Cette indemnité a soulevé certaines difficultés : ne remet-elle pas en question le caractère unilatéral de la promesse ?

La réponse est, en principe, négative. La promesse est unilatérale tant qu'elle n'engage pas le bénéficiaire à conclure le contrat ; partant, la stipulation d'une indemnité d'immobilisation ne justifie pas une requalification de la promesse, qui reste unilatérale même si elle est à titre onéreux[2]. Cependant la jurisprudence, pragmatique, admet que la promesse devient synallagmatique lorsque l'indemnité

1. Civ. 1, 5 déc. 1995, *Bull. civ.* I, n° 452 ; *Def.* 1996, p. 757, obs. D. Mazeaud, et p. 814 obs. A. Bénabent ; v. P. Pierre, « Le prix de l'exclusivité dans les promesses unilatérales de vente », *JCP* 1996, I, 3981.

2. Com., 25 avr. 1989, *Bull. civ.* IV, n° 136, ne peut être qualifiée de synallagmatique « la promesse de vente qui ne contenait pas, en contrepartie de l'engagement de vendre, un engagement corrélatif d'acheter à la charge du bénéficiaire ».

d'immobilisation est d'un montant tel que le bénéficiaire est, en fait, contraint de conclure le contrat[1].

167. Diversité des applications. La promesse unilatérale peut précéder la conclusion de toute espèce de contrat : bail, société, prêt... Mais l'exemple le plus commun est la promesse unilatérale de vente : A s'engage à vendre son immeuble à B si celui-ci demande à l'acheter avant telle date.

2. Le régime de la promesse unilatérale

168. On examinera successivement la formation de la promesse (A), la situation créée par la promesse (B) et enfin la sanction de la promesse (C).

A. La formation de la promesse

169. Validité. Le promettant doit, au jour de la promesse, avoir la capacité juridique et le pouvoir de passer l'acte projeté ; peu importe que sa capacité soit altérée par la suite[2]. Le bénéficiaire, quant à lui, devra avoir la capacité pour passer l'acte au jour de la levée de l'option. Les éléments essentiels du contrat définitif doivent être déterminés dans la promesse. Une promesse de vente doit comporter la détermination de la chose et du prix. La promesse est en principe soumise au principe du consensualisme. Cependant, lorsqu'elle prépare un contrat solennel, la promesse doit respecter les conditions de forme prévues pour cet acte. Par exemple, la promesse de vente d'un fond de commerce doit comporter les éléments requis dans la vente, notamment les informations concernant les trois dernières années qui sont exigées par l'article L. 141-1 du Code de commerce.

170. Publicité facultative. Lorsqu'elle porte sur un bien immobilier, la promesse unilatérale est soumise au régime de la publicité foncière facultative[3]. Il s'ensuit que la publication de la promesse, si elle est effectuée, ne rend pas la promesse opposable aux tiers[4]. Cette publication n'est cependant pas dénuée d'intérêt car elle pourra faciliter la preuve de la connaissance de la promesse par les tiers.

171. Formalité fiscale. L'article 1589-2 du Code civil (ancien art. 1840 A GGI) prévoit qu'est nulle toute promesse unilatérale de vente afférente à un immeuble, à un droit immobilier ou à un fonds de commerce notamment si elle n'est pas constatée dans un acte authentique ou sous seing privé « enregistré dans le délai

1 . V. not. Com., 20 nov. 1962, *D.* 1963, p. 3 ; 13 fév. 1978, *Bull. civ.* IV, n° 136.
2. Civ. 3, 7 janv. 1982, n° 80-14396.
3. D. n° 55-22 du 4 janv. 1955, art. 37-1.
4. Civ. 3, 22 févr. 1977, *D.* 1978, p. 165, note P. Malaurie ; *JCP G* 1979, II, 13233, note M. Dagot.

de dix jours à compter de la date de son acceptation » (il s'agit de son acceptation en tant que promesse, non de la levée de l'option). Cette disposition a été adoptée pour lutter contre la fraude fiscale commise par certains intermédiaires qui se faisaient consentir des promesses occultes qu'ils cédaient ensuite à l'acquéreur du bien. Cette disposition s'interprète de façon stricte : elle ne concerne que les promesses unilatérales de vente ; les promesses unilatérales d'achat ne sont pas soumises à cette disposition. Sont exclues également les promesses unilatérales de vente intégrées dans une convention principale plus large[1].

172. Règles particulières aux promesses de longue durée. Pour protéger les propriétaires personnes physiques qui immobilisent leur bien immobilier pour une longue durée, la loi du 25 mars 2009 a ajouté deux articles dans le Code de la construction et de l'habitation. L'article L. 290-1 CCH prévoit que toute promesse de vente (unilatérale ou synallagmatique) portant sur un immeuble ou un droit réel immobilier consentie par une personne physique pour une durée supérieure à 18 mois (ou dont la prorogation porte la durée totale à plus de 18 mois) doit être passée par acte authentique à peine de nullité. S'agissant spécialement des promesses unilatérales, l'article L. 290-2 CCH indique qu'elles doivent prévoir, à peine de nullité également, une indemnité d'immobilisation d'un montant minimal de 5 % du prix de vente, faisant l'objet d'un versement ou d'une caution déposés entre les mains du notaire.

B. La situation créée par la promesse

173. Droit potestatif d'option. La promesse ouvre au bénéficiaire une *option* : le droit de conclure le contrat projeté s'il le désire, pendant un délai prévu par la promesse (ce délai a la valeur d'un terme extinctif) ou bien, si aucun délai n'a été prévu, pendant un délai raisonnable qui pourra être déterminé précisément par le juge. Si le bénéficiaire lève l'option, le contrat est conclu ; si le bénéficiaire ne lève pas l'option dans le délai, la promesse est caduque et si une indemnité d'immobilisation a été prévue, elle est acquise au promettant. Le droit d'option n'est pas un droit de créance. Le droit de créance suppose un sujet actif (le créancier) et un sujet passif (le débiteur, qui est tenu d'exécuter l'obligation). Or le bénéficiaire de la promesse n'a pas un droit contre le promettant ; il a le pouvoir de conclure, en

1. Par ex. la promesse comprise dans un contrat de crédit bail : Civ. 3, 3 nov. 1981, *Bull. civ.* III, n° 173 ; *D.* 1982, IR, p. 409, obs. M. Vasseur ; *Def.* 1982, p. 423, obs. J.L. Aubert ; *RTDciv.* 1982, p. 434, obs. P. Rémy. Ou encore la promesse comprise dans une transaction : Ass. Plén., 26 févr. 2006, *Bull. Ass. Plén.*, n° 1 ; *JCP G* 2006, II, 10065, concl. J. Cédras ; *D.* 2006, p. 2076, note C. Jamin ; *RDC* 2006, p. 689, obs. Y.-M. Laithier. ; *RTDciv.* 2006, p. 301, obs. J. Mestre et B. Fages.

levant l'option, le contrat promis. Quant au promettant, il a donné son consentement au contrat définitif et n'a pas à exécuter une quelconque obligation. Le droit d'option s'analyse comme un *droit potestatif*. Le droit potestatif est un pouvoir par lequel son titulaire peut influer sur les situations juridiques préexistantes en les modifiant ou en les éteignant au moyen d'une activité unilatérale[1]. On trouve d'autres exemples de droits potestatifs en droit des contrats : droit de préemption ou de retrait, faculté de dédit, droit de demander la nullité ou la résolution, droit de résiliation unilatérale d'un contrat à durée déterminé[2]...

174. Condition suspensive. Les promesses unilatérales de vente comportent généralement une ou plusieurs conditions suspensives : condition d'obtention d'un permis de construire, condition d'obtention d'un prêt, cette dernière condition étant présumée par la loi pour les ventes d'immeubles à des particuliers (art. L. 312-16 C. consomm.). Si la condition défaille la promesse est caduque : les deux parties sont libérées et le bénéficiaire n'est pas tenu de payer l'indemnité d'immobilisation (il pourra en obtenir restitution s'il l'a déjà versée). Si la condition se réalise, la promesse produit son effet. Dans l'hypothèse où c'est le bénéficiaire lui-même qui a fait obstacle à la réalisation de la condition (par exemple en sollicitant un prêt supérieur au montant prévu dans la promesse) la condition est réputée accomplie (art. 1304-3 C. civ.).

175. Transmission et cession. La promesse unilatérale est transmise par voie de transmission universelle de patrimoine, ce qui se réalise notamment en cas de décès de l'une des parties[3], sauf si les parties lui ont conféré un caractère strictement personnel[4]. Elle peut également faire l'objet d'une cession entre vifs[5]. La cession de promesse unilatérale de vente s'analyse comme une cession de contrat, laquelle est désormais réglementée par le Code civil (art. 1216 à 1216-3 C. civ.). La cession d'une promesse unilatérale de vente d'immeuble entraîne l'application

1. V. I. Najjar, *Le droit d'option. Contribution à l'étude du droit potestatif et de l'acte unilatéral*, LGDJ, 1967, spéc. p. 102 ; S. Valory, *La potestativité dans les relations contractuelles*, PUAM, 1999, 598 p. ; J. Rochfeld, « Les droits potestatifs accordés par le contrat », Études offertes à J. Ghestin, LGDJ, 2001, p. 747 s. ; C. Pomart-Momdedeo, « Le régime juridique des droits potestatifs en matière contractuelle, entre unité et diversité », RTDciv. 2010, p. 209 et s.
2. V. J. Rochfeld, « Les droits potestatifs accordés par le contrat », préc., spéc. n° 7 et s.
3. Jugeant que la promesse peut être levée contre les héritiers du promettant : Civ. 3, 27 mars 2008, *D.* 2008, p. 2973, obs. S. Amrani-Mekki ; *RTDciv.* 2008, p. 475, obs. Fages ; *RDC* 2009, p. 143, obs. P. Brun ; p. 634, obs. D. Mazeaud ; p. 1239, obs. P. Collart-Dutilleul ; *JCP G* 2008, II, 10147, obs. G. Pillet ; *Dr. et pat.* 2009, n° 178, p. 120, obs. P. Stoffel-Munck.
4. Civ. 1, 6 nov. 1963, *Bull. civ.* I, n° 483.
5. Par exception cependant, la cession ne peut être consentie à titre onéreux par un professionnel de l'immobilier : L. n° 93-122 du 29 janv. 1993, art. 52.

du droit fixe d'enregistrement prévu à l'article 1589-2 du Code civil. Cependant, pour contourner ce formalisme fiscal, une jurisprudence contestable décide que la clause de substitution s'analyse comme une stipulation pour autrui : par la même déclaration de volonté, le tiers est censé accepter la substitution faite à son profit et lever l'option[1]. Cette analyse dictée par des considérations fiscales présente un inconvénient au plan civil. Ayant levé l'option, le tiers substitué ne peut pas, à son tour, se substituer un tiers[2] : la levée d'option ne peut être opérée qu'une seule fois.

C. *La sanction de la promesse*

176. L'article 1124 du Code civil prévoit les sanctions applicables en cas de violation de la promesse par le promettant. Il envisage successivement les deux formes que peut prendre cette violation : la révocation de la promesse, d'une part (a), et la conclusion d'un contrat en violation de la promesse, d'autre part (b).

a. Révocation de la promesse

177. La jurisprudence antérieure. Dans le célèbre arrêt *Cruz* du 15 décembre 1993, la Cour de cassation avait décidé que le promettant qui se rétracte pendant le délai d'option offert au bénéficiaire n'encourt que des dommages et intérêts[3]. La rétractation était donc fautive, mais efficace. L'analyse de la Cour de cassation peut se résumer comme suit : la promesse unilatérale donne naissance, à la charge du promettant, à une obligation de faire à laquelle il est tenu tant que le bénéficiaire n'a pas levé l'option ; le promettant peut refuser d'exécuter son obligation (en se rétractant) et cette inexécution ne peut être sanctionnée que par des dommages et intérêts. Cette jurisprudence a été sévèrement critiquée par la doctrine[4]. D'un

1. Civ. 3, 2 juillet 1969, *Bull. civ.* III, n° 541 ; *D.* 1970, p. 150, note J.-L. Aubert.
2. Civ. 3, 19 déc. 2001, n° 98-21747, *RDC* 2004, p. 683, obs. P. Collart-Dutilleul.
3. Civ. 3, 15 déc. 1993, *JCP* 1995, II, 22366, note D. Mazeaud ; *D.* 1994, p. 507 note F. Bénac-Schmidt ; somm. p. 230 obs. O. Tournafond ; *D.* 1995, somm. p. 87, obs. L. Aynès ; *RTD civ.* 1994, p. 588, obs. J. Mestre. La Cour de cassation a ensuite maintenu sa jurisprudence, en dépit des critiques de la doctrine.
4. V. not., outre les notes et observations sous l'arrêt Cruz citées ci-dessus : H. Lécuyer, « Le contrat, acte de prévision », *Mélanges Terré*, éd. Dalloz, PUF et Jurisclasseur, 1999, p. 643 s. ; P. Ancel, « Force obligatoire et contenu obligationnel du contrat », *RTD civ.* 1999, p. 771 s., spéc. n° 21 et 22 ; D. Mazeaud, « Mystères et paradoxes de la période précontractuelle », *Mélanges Ghestin*, LGDJ, 2001, p. 637 s., spéc. n° 21 s. ; D. R. Martin, « Des promesses précontractuelles », *Mélanges Béguin*, Litec, 2005, p. 487 s., spéc. n° 5 s. ; G. Wicker, « L'engagement du promettant : engagement au contrat définitif », *RDC* 2012, p. 649 ; N. Molfessis, « De la prétendue rétractation du promettant dans la promesse unilatérale de vente », *D.* 2012, p. 231. *Contra*, en faveur de cette jurisprudence : D. Mainguy, « L'efficacité de la rétractation de la promesse de contracter », *RTD civ.* 2004, p. 1 s. ; M. Fabre-Magnan, « L'engagement du promettant : engagement au contrat préparatoire », *RDC*

point de vue pratique, cette jurisprudence affaiblissait la sécurité de la promesse unilatérale. D'un point de vue théorique, elle se fondait sur une analyse erronée de la promesse unilatérale. Celle-ci ne fait pas naître d'obligation à la charge du promettant ; elle contient son consentement au contrat projeté et ce consentement est irrévocable en vertu du principe de la force obligatoire des contrats. Pour le dire autrement : on n'exécute pas une promesse, on la respecte. La promesse produit à l'égard du promettant un effet de contrainte (sur l'effet de contrainte, v. *infra*, n° 538) : il n'a tout simplement pas le pouvoir de retirer son consentement. Cette funeste jurisprudence a été brisée par le législateur.

178. La règle nouvelle. L'article 1124 alinéa 2 du Code civil énonce : « La révocation de la promesse pendant le temps laissé au bénéficiaire pour opter n'empêche pas la formation du contrat promis ». La promesse est donc irrévocable pendant le délai d'option. Cette disposition restaure la sécurité de la promesse unilatérale. Elle consacre l'analyse que proposait la doctrine majoritaire : le promettant ne s'oblige pas à consentir ; il donne son consentement au contrat définitif, et ce consentement, gravé dans le marbre contractuel, est irrévocable pendant le délai prévu. Partant, le dénouement de la promesse unilatérale de vente s'organise selon deux possibilités : soit le bénéficiaire ne manifeste pas la volonté de conclure le contrat dans le délai prévu et la promesse (et donc le consentement du promettant) est caduque ; soit le bénéficiaire manifeste la volonté de conclure le contrat dans le délai prévu (on dit qu'il « lève l'option ») et le contrat est formé, nonobstant toute volonté contraire du promettant. Le refus du promettant d'accomplir telle formalité nécessaire à la passation de l'acte dans les formes requises (par exemple la signature de l'acte authentique de vente) pourra être surmonté par une décision judiciaire de la même manière que dans la promesse synallagmatique de vente (v. *infra*, n° 194).

b. Conclusion d'un contrat en violation de la promesse

179. Nullité et responsabilité. Que se passe-t-il si le promettant a conclu avec un tiers le contrat qu'il avait promis au bénéficiaire ? L'article 1124, alinéa 3, du Code civil prévoit que « le contrat conclu en violation de la promesse unilatérale avec un tiers qui en connaissait l'existence est nul ». Dans le cas où le tiers n'avait pas connaissance de l'existence de la promesse, le contrat conclu en violation de la promesse unilatérale est valable. C'est alors sur le terrain de la responsabilité civile que le bénéficiaire peut trouver une sanction adéquate. Il peut rechercher la responsabilité contractuelle du promettant, qui a transgressé la promesse en concluant avec un tiers le contrat promis.

2012, p. 633 ; M. Fabre-Magnan, « De l'inconstitutionnalité de l'exécution forcée des promesses unilatérales, » *D.* 2015, p. 826.

III. La promesse synallagmatique

180. La promesse synallagmatique n'a pas retenu l'attention du législateur, à la différence du pacte de préférence et de la promesse unilatérale. Ce silence s'explique peut-être par la nature incertaine de la promesse synallagmatique. Il convient de présenter la notion (1) et le régime (2) de la promesse synallagmatique.

1. La notion de promesse synallagmatique

181. Définition. La promesse synallagmatique est le contrat par lequel les deux parties donnent leur consentement à un contrat dont les conditions sont d'ores et déjà déterminées[1]. Cette définition soulève la question de l'autonomie de la promesse par rapport au contrat définitif : est-elle un contrat préparatoire ou bien forme-t-elle le contrat définitif? La réponse est nuancée. Il convient de distinguer selon la nature du contrat définitif. On envisagera successivement les contrats consensuels (A) les contrats solennels (B) et les contrats réels (C).

A. Contrats consensuels

182. La promesse synallagmatique n'a en principe aucune autonomie : elle vaut contrat définitif (a). Mais ce principe peut être écarté (b).

a. Principe

183. Absence d'autonomie. Le contrat consensuel est formé par l'accord de volontés sur les éléments essentiels. Or la promesse synallagmatique comporte l'accord de volontés sur les éléments essentiels. Partant, lorsque le contrat définitif est un contrat consensuel, la promesse synallagmatique et le contrat définitif ne font qu'un : la promesse synallagmatique n'est pas un contrat préparatoire; elle est le contrat définitif. Cette assimilation de la promesse synallagmatique au contrat définitif est expressément prévue par le Code civil en matière de vente : « La promesse de vente vaut vente, lorsqu'il y a consentement des parties sur la chose et sur le prix » (art. 1589 C. civ.). Elle est admise par la jurisprudence pour les autres contrats consensuels[2].

1. Le plus courant est la promesse synallagmatique de vente d'immeuble dénommée « compromis » dans la pratique. Cette dénomination est regrettable, car le terme compromis désigne en principe un contrat par lequel les parties soumettent leur litige à un arbitre.
2. V. par ex. Civ. 3, 28 mai 1997, *Bull. civ.* III, n° 116 « la promesse de bail vaut bail lorsqu'il y a accord des parties sur la chose et sur le prix ». Civ. 1, 28 mars 2000, *Bull. civ.* I, n° 105, préc., *supra*, n° 99, décidant que la promesse de prêt consentie par un professionnel du crédit vaut prêt.

184. L'exemple de la vente d'immeuble. La vente d'immeuble est un contrat consensuel mais son opposabilité aux tiers suppose une publicité qui requiert la rédaction d'un acte authentique[1]. Dans l'attente de la rédaction de l'acte authentique, les parties inscrivent leur consentement définitif à la vente dans un acte qui vaut vente, mais dont les effets sont suspendus par une ou plusieurs conditions et par un terme. Cet acte s'identifie au contrat définitif : il s'agit d'une promesse synallagmatique de vente valant vente à terme et sous condition.

b. Exception

185. Formalisme conventionnel. La liberté contractuelle autorise les parties à prévoir, dans le contrat de promesse, que la formation du contrat définitif de vente sera subordonnée à un élément supplémentaire. Par exemple, dans une promesse synallagmatique de vente d'immeuble, les parties peuvent prévoir que la formation de la vente sera subordonnée à *la signature de l'acte authentique*. Dans une telle hypothèse, la promesse synallagmatique de vente ne se confond plus avec le contrat promis : elle contient l'élément consensuel de la vente (l'accord des parties sur la chose et sur le prix), mais cet élément ne suffit pas à opérer la formation de la vente (celle-ci ne sera formée que lors de la signature de l'acte authentique). La règle « promesse de vente vaut vente », qui n'a qu'un caractère supplétif, est alors écartée[2]. La jurisprudence exige que les parties aient clairement exprimé leur volonté d'ériger la passation de l'acte authentique en condition de validité. Dans le doute, il faut appliquer le principe du consensualisme : la vente est formée dès lors que les parties se sont accordées sur les éléments essentiels[3]. Les droits allemand et suisse, plus formalistes que le droit français, retiennent

1. L'opposabilité de la vente immobilière est subordonnée à la publication au service de la publicité foncière, et seuls les actes authentiques peuvent être publiés (art. 4 D. 4 janv. 1955).
2. V. not. Civ. 3, 10 mai 2005, n° 03-19238 ; *RDC* 2005, p. 1076, obs. F. Collart-Dutilleul, « la règle selon laquelle promesse de vente vaut vente n'a qu'un caractère supplétif ».
3. Req., 4 mai 1936, *D.* 1936, p. 313, « l'énonciation dans un acte de vente sous seing privé portant accord sur la chose et sur le prix, qu'un acte notarié sera ultérieurement dressé, n'a pour effet de subordonner la formation et l'efficacité de l'acte à l'accomplissement de cette formalité que s'*il résulte clairement, soit des termes de la convention, soit des circonstances, que telle a été la volonté des parties* ». V. ég. Civ. 3, 5 janv. 1983, *D.* 1983, p. 617, note P. Jourdain ; Civ. 3, 14 janv. 1987, *D.* 1988, p. 80, note J. Schmidt-Szaleweski ; 20 déc. 1994, *Bull. civ.* III, n° 229 ; *JCP* 1995, II, 22491, note C. Larroumet, censurant la décision qui, pour décider que la promesse de vente ne vaut pas vente, relève simplement que le « compromis » stipule que l'acquéreur ne sera propriétaire qu'à compter de la « réitération » par acte notarié).

une solution différente en présumant au contraire que la forme convenue est une condition de formation de l'acte[1].

B. Contrats solennels

186. Absence d'autonomie. Le contrat solennel est celui dont la formation est soumise, à peine de nullité, à l'accomplissement d'une certaine forme. Le non-respect de l'exigence de forme est une cause de nullité. Les parties peuvent-elles, par une promesse synallagmatique dépourvue de la formalité requise, s'engager à conclure un contrat solennel ? Une telle promesse aurait la force du contrat définitif, sans pour autant respecter l'exigence de forme prévue pour celui-ci. Cela reviendrait à contourner l'exigence de forme prévue par le législateur. La jurisprudence ne l'admet pas. Elle décide, fort logiquement, que la promesse de contrat solennel doit respecter le formalisme prévu pour l'acte définitif. Par exemple, la promesse de vente de fonds de commerce est nulle si elle ne respecte pas les conditions de forme prévues pour la vente de fonds de commerce[2] (C. com, art. L. 141-1). La promesse de contrat solennel n'a donc en principe aucune existence : soit elle se confond avec le contrat promis, soit elle est nulle. La jurisprudence admet cependant une exception, pour la promesse d'hypothèque[3].

C. Contrats réels

187. Contrats réels. Les contrats réels sont les contrats dont la formation requiert, outre l'accord de volontés, la remise de la chose qui en est l'objet (v. *supra*, n° 97 et s.). Il s'agit notamment du prêt de consommation (art. 1875 C. civ.) – à l'exception du « prêt consenti par un professionnel du crédit » qui n'est pas un contrat réel[4] – et du prêt à usage (art. 1892 C. civ.), ainsi que du dépôt (1915 et 1919 C. civ.). Il faut y ajouter le *don manuel* puisque la jurisprudence fait de la remise de la chose une condition de validité de cette donation, dans le but de contourner le formalisme légal de la donation. La promesse de contrat réel comporte le consentement des parties au contrat, mais elle ne suppose pas la remise de la chose : elle est donc

1. V. Code suisse des obligations, art. 16 : « 1 Les parties, qui ont convenu de donner une forme spéciale à un contrat pour lequel la loi n'en exige point, sont réputées n'avoir entendu se lier que dès l'accomplissement de cette forme ». V. ég. art. 125 et 154 § 2 BGB.
2. Com., 27 juin 2000, *Bull. civ.* III, n° 132 ; *Cont. Conc. Cons.* 2000, n° 154, obs. L. Leveneur.
3. La promesse d'hypothèque peut être conclue sous seing privé : Req., 5 nov. 1860, *DP* 1861, 1, 301 ; Civ. 3, 7 janv. 1987, *Bull. civ.* III, n° 4.
4. Civ. 1, 28 mars 2000, préc. *supra*, n° 99.

autonome par rapport au contrat définitif. Par exemple la promesse de donation ne vaut pas donation.

2. Le régime de la promesse synallagmatique

188. On examinera la formation de la promesse (A), la situation créée par la promesse (B) et enfin la sanction de la promesse (C).

A. La formation de la promesse

189. Les conditions du contrat définitif. La formation du contrat de promesse synallagmatique doit respecter les conditions de formation du contrat définitif. Les deux parties doivent avoir la capacité et le pouvoir de passer le contrat définitif. Les éléments essentiels du contrat définitif doivent être déterminés. Enfin, si le contrat définitif est un contrat solennel, la condition de forme est requise pour la promesse comme pour la vente : la jurisprudence impose le parallélisme des formes (v. *supra*, n° 186).

190. Promesses unilatérales croisées. L'addition de deux promesses unilatérales croisées, conclues entre les mêmes parties et en vue du même contrat (par exemple une promesse de vente et une autre d'achat) ne forme pas une promesse synallagmatique. En effet dans cette combinaison, chaque partie dispose d'un droit d'option et le contrat définitif ne sera formé que si l'une des parties lève l'option. Au contraire, dans la promesse synallagmatique les parties sont engagées et il n'y a aucune option à lever. Le critère de distinction est la présence ou non d'un droit d'option : soit les parties ont voulu se ménager un droit d'option et il s'agit de deux promesses unilatérales croisées ; soit les parties n'ont pas voulu se ménager un droit d'option et il s'agit d'une promesse synallagmatique[1]. En pratique la distinction entre promesses unilatérales croisées et promesse synallagmatique s'avère parfois délicate[2].

---

1. V. en ce sens : Douai, 5 juin 1992, *D.* 1993, p. 257, note J. Moury.
2. V., assimilant de façon contestable des promesses unilatérales croisées à une promesse synallagmatique : Com., 22 nov. 2005, *Bull. civ.* 2005, IV, n° 234 ; *JCP E 2006*, 1463, note crit. A. Constantin ; *Def.* 2006 p. 605 obs. crit. R. Libchaber ; *RDC* 2006, p. 383, obs. crit. P. Brun et p. 1095, obs. crit. A. Bénabent ; *RTD* civ. 2006, p. 302, obs. crit. J. Mestre et B. Fages ; J. Moury, « Menaces sur les promesses unilatérales de vente et d'achat croisées », *D.* 2006, p. 2793. V. ég. E. Schlumberger, *Les contrats préparatoires à l'acquisition des droits sociaux*, Dalloz 2013.

B. La situation créée par la promesse

191. Engagement des parties. La promesse engage les deux parties. Ainsi dans la promesse synallagmatique de vente, les deux parties ont donné leur consentement à la vente et se sont engagées à signer l'acte authentique. La promesse peut cependant comporter une faculté de dédit, au profit de l'une des parties ou bien des deux. Il est alors généralement prévu une contrepartie financière à l'exercice de ce « droit conventionnel de repentir[1] ». En outre, le législateur accorde dans certains contrats une faculté de rétractation à l'acheteur. Ainsi l'article L. 271-1 du Code de la construction et de l'habitation accorde une faculté de rétractation dans un délai de dix jours à tout acquéreur non professionnel d'un bien immobilier à usage d'habitation[2].

192. Transmission et cession. La promesse est transmise par voie de transmission universelle de patrimoine, sauf si les parties lui ont conféré un caractère strictement personnel. Elle peut faire l'objet d'une cession entre vifs. Cette opération s'analyse comme une cession de contrat[3], laquelle est désormais réglementée (C. civ., art. 1216 à 1216-3).

193. Modalités. La promesse peut être assortie de certaines modalités qui suspendent ses effets. S'agissant des promesses synallagmatiques de vente d'immeuble, elles comportent généralement une ou plusieurs conditions suspensives et un terme suspensif.

La condition est un événement futur, extérieur aux parties et dont la réalisation est incertaine, auquel est subordonnée l'exécution du contrat (condition suspensive) ou sa disparition (condition résolutoire). Le plus souvent, la promesse synallagmatique est conclue sous certaines *conditions suspensives* (obtention d'un prêt, purge d'un droit de préemption, délivrance du permis de construire ou d'une autre autorisation...). Pour protéger l'acquéreur, la loi (art. L 312-16 C. cons.) prévoit que la promesse synallagmatique (ou unilatérale) de vente d'un immeuble à usage d'habitation est réputée conclue sous la condition de l'obtention du prêt. Si la condition défaille, le contrat est caduc.

---

1. L. Boyer, « La clause de dédit », *Mélanges Raynaud*, Dalloz et Sirey 1985, p. 41 s., spéc. n° 2.
2. C. constr. hab., art. L. 271-1 : « Pour tout acte ayant pour objet la construction ou l'acquisition d'un immeuble à usage d'habitation, la souscription de parts donnant vocation à l'attribution en jouissance ou en propriété d'immeubles d'habitation ou la vente d'immeubles à construire ou de location-accession à la propriété immobilière, l'acquéreur non professionnel peut se rétracter dans un délai de dix jours à compter du lendemain de la première présentation de la lettre lui notifiant l'acte ».
3. Civ. 3, 7 juill. 1993, *Bull. civ. III*, n° 111 ; *D.* 1994, p. 597, note J.-P. Clavier ; *D.* 1994, somm. p. 211 obs. A. Penneau.

Le terme est un événement futur et certain (ce dernier caractère le distingue de la condition) dont la date peut être connue (on parle de terme certain) ou non (on parle de terme incertain). Le terme extinctif détermine l'extinction de l'obligation ou la disparition du contrat. Le terme suspensif détermine l'exigibilité d'une obligation ou l'entrée en vigueur de l'ensemble du contrat. Les promesses synallagmatiques prévoient fréquemment une « date butoir » pour la signature de l'acte authentique. Cette stipulation s'analyse comme un *terme suspensif* : le défaut de signature de l'acte authentique à l'arrivée du terme ne rend pas la promesse caduque mais permet au contraire l'exécution forcée[1]. L'arrivée du terme est le « point de départ à partir duquel l'une des parties pourra obliger l'autre à s'exécuter[2] ».

C. La sanction de la promesse

194. Position du problème. Quelles sont les sanctions applicables si l'une des parties prétend se rétracter ? Par exemple, dans une promesse synallagmatique de vente d'immeuble, quelles sont les sanctions applicables si l'une des parties refuse de signer l'acte authentique ?

195. Promesses valant contrat définitif. S'agissant des promesses synallagmatiques valant contrat définitif, toute rétraction est exclue (sous réserve des facultés légales de rétractation). En cas de refus de l'une des parties de signer l'acte notarié, l'autre partie peut saisir le juge pour faire constater que la vente est parfaite : le jugement, tenant lieu d'acte de vente, pourra permettre de procéder aux publications[3]. Pour préserver ses droits, l'acquéreur qui se heurte au refus du vendeur de signer l'acte authentique fait dresser par le notaire un procès-verbal de carence sous forme authentique qui sera ensuite publié au service de la publicité foncière. Cette publication n'assure qu'une opposabilité provisoire et devra être complétée par la publication de l'acte de vente notarié (si le vendeur se décide à signer) ou bien du jugement en tenant lieu dans le délai de trois ans (délai pouvant être prolongé par le juge). Cette dernière publication rendra la vente rétroactivement

1. Civ. 3, 17 déc. 2008, n° 07-18062, décidant que la date butoir « constituait le point de départ de la date d'exécution forcée du contrat ». V. ég. Civ. 3, 18 févr. 2009, *Bull. civ. III*, n° 47 ; *JCP N* 2009, 1194, note J.-J. Barbièri ; S. Piedelièvre, *JCP N*, 2010, 1001 ; *RDC 2009*, p. 110, note. G. Lardeux.
2. Civ. 3, 3 avril 2013, n° 12-15148.
3. V. par ex. Civ. 3, 17 juillet 1991, *Bull. civ.* III, n° 218 ; *D.* 1992, somm. p. 193, obs. G. Paisant ; Civ. 3, 20 déc. 1994, *Bull. civ.* III, n° 229 ; *JCP* 1995, II, 22491, note C. Larroumet, préc. ; Civ. 3, 28 mai 1997, *Bull. civ.* III, n° 123.

opposable aux tiers à compter de la date de la première formalité. C'est le système dit de la « prénotation », prévu par l'article 37, 2° du décret du 4 janvier 1955.

196. Promesses ne valant pas contrat définitif. S'agissant des promesses synallagmatiques ne valant pas contrat définitif, la non-réalisation de la formalité requise fait obstacle à la formation du contrat. L'accomplissement de cette formalité peut-elle donner lieu à exécution forcée ? La jurisprudence ne l'admet pas. Partant, le contractant qui se dérobe n'encourt que des dommages et intérêts. La solution s'applique dans toutes les promesses ne valant pas contrat définitif : les promesses de contrat réel mais aussi les promesses autonomes par la volonté des parties. Par exemple, lorsque dans la promesse synallagmatique de vente d'un immeuble les parties ont fait de la signature de l'acte notarié une condition de formation de leur contrat, le vendeur qui refuse de signer l'acte authentique n'encourt que des dommages et intérêts[1].

1. Civ. 3, 2 avr. 1979, *Bull. civ.* III, n° 84 ; *JCP* 1980, II, n° 19697, note crit. M. Dagot, la promesse synallagmatique de vente non consensuelle ne peut donner lieu qu'à des dommages et intérêts. Civ. 1, 20 juill. 1981, *Bull. civ.* I, n° 267, la promesse de prêt d'argent ne peut donner lieu qu'à des dommages et intérêts.

Chapitre 3

L'accord des volontés : l'offre et l'acceptation

198. L'article 1113, alinéa 1er, du Code civil énonce : « Le contrat est formé par la rencontre d'une offre et d'une acceptation par lesquelles les parties manifestent leur volonté de s'engager ». De l'offre (I) fécondée par l'acceptation (II) naît le contrat.

I. L'offre

199. Définition. L'offre, que l'on appelle également pollicitation, est la proposition ferme et définitive de conclure un contrat dont les éléments essentiels sont prévus. Nous exposerons les caractères (1) et la forme (2) de l'offre, avant d'envisager la délicate question de sa valeur avant acceptation (3).

1. Les caractères de l'offre

200. L'offre doit être précise (A) et ferme (B), et elle doit émaner de la personne ayant pouvoir de conclure le contrat (C).

A. L'exigence de précision

201. Éléments essentiels. L'offre doit pouvoir donner naissance au contrat par le seul effet d'une acceptation. L'offre doit donc comprendre « les éléments essentiels du contrat envisagé » (Code civil art. 1114). À défaut de comporter les éléments essentiels du contrat envisagé, une manifestation de volonté ne peut valoir offre ; il s'agit d'une simple proposition à entrer en pourparlers.

202. Détermination des éléments essentiels. Le Code civil ne donne pas d'indication générale sur ce que sont les « éléments essentiels » du contrat. Dans la vente, l'article 1583 du Code civil prévoit que les éléments essentiels sont la chose et le prix. Une offre de vente doit donc comporter ces éléments[1]. Dans le bail, la chose louée et le loyer sont les éléments essentiels : l'offre doit déterminer la chose louée et le montant du loyer[2]. La liberté contractuelle permet aux parties de façonner librement le contenu de leur contrat. Il est donc possible à l'auteur de l'offre d'indiquer quels sont les éléments essentiels, sur lesquels l'accord des volontés est nécessaire pour la formation du contrat. Par exemple, l'offre de vente peut mentionner que les conditions de paiement sont essentielles.

B. L'exigence de fermeté

203. La volonté d'être engagé. Reprenant une règle qui avait été posée par la jurisprudence[3], l'article 1114 du Code civil prévoit que l'offre « exprime la volonté de son auteur d'être lié en cas d'acceptation » (Code civil art. 1114). Cette exigence soulève la délicate question de l'offre faite sous réserves.

204. L'effet des réserves. Le Code civil ne comportant aucune disposition concernant les réserves, il convient de se référer à la jurisprudence. Dans une conception stricte, on pourrait concevoir que toute réserve disqualifiât l'offre en une simple invitation à entrer en pourparlers. Mais la jurisprudence retient une conception plus souple : elle maintient la qualification d'offre dès lors que la réserve ne confère pas à l'auteur la possibilité de se dégager arbitrairement[4].

Il faut donc distinguer deux types de réserves. Les réserves dites *objectives* sont celles dont la mise en œuvre se fonde sur des critères qui échappent à la volonté de l'auteur de l'offre et peut donc faire l'objet d'un contrôle judiciaire : ces réserves ne disqualifient pas l'offre. Ainsi, l'offre faite « dans la limite du stock disponible » est une véritable offre. Au contraire, les réserves dites *subjectives* ouvrent à l'auteur de l'offre une faculté purement potestative de retrait : la prétendue offre ne présente aucun caractère de fermeté ; elle ne constitue en réalité qu'une proposition à entrer en pourparlers. Ainsi, l'offre faite « sous réserve de confirmation » n'est en réalité qu'une simple proposition à entrer en pourparlers.

---

1. V. par ex. Com., 9 mai 1961, *Bull. civ.* III, n° 197. En revanche, la détermination des conditions de paiement n'est en principe pas nécessaire : Civ. 1, 26 nov. 1962, *Bull. civ.* I, n° 504, *D.* 1963, p. 61 ; *RTD civ.* 1963, p. 364, obs. G. Cornu.
2. Civ. 3, 27 juin 1973, *Bull. civ.* III, n° 446.
3. Com., 6 mars 1990, *JCP* 1990, II, 21583, note B. Gross ; *RTD civ.* 1990, p. 462, obs. J. Mestre ; *Def.*, 1991, p. 356, obs. J.-L. Aubert, « une proposition de contracter ne constitue une offre que si elle indique la volonté de son auteur d'être lié en cas d'acceptation ».
4 .V. J. Ghestin, n° 295.

205. La forme des réserves. Les réserves peuvent être expresses : par exemple l'offre faite « dans la limite du stock disponible ». Les réserves peuvent être tacites : on considère que les offres de contrats *intuitu personae*, telles que les offres d'emplois, sont assorties d'une réserve tacite d'agrément du cocontractant.

C. L'auteur de l'offre

206. Capacité et pouvoir. L'auteur de l'offre de vente doit avoir la capacité et le pouvoir de conclure le contrat. Ainsi, s'agissant d'une vente d'immeuble, l'auteur de l'offre de vente doit être le propriétaire du bien ou son mandataire.

207. Le cas des agents immobiliers. Les agents immobiliers qui prêtent leur concours à la vente d'immeubles agissent en application d'un contrat qui est réglementé par la loi « Hoguet » du 2 septembre 1970[1] et son décret d'application du 20 juilet 1972[2]. Ce contrat n'est pas, sauf clause contraire (rare en pratique), un véritable mandat[3]. Il s'agit d'un « mandat d'entremise[4] » « consistant en la recherche de clients et la négociation[5] » mais ne conférant aucun pouvoir de représentation[6]. Partant, l'agent immobilier n'agit en principe pas en qualité de mandataire mais en qualité de courtier. Et les « offres de vente » présentées par les agents immobiliers (par exemple en vitrine, ou sur un site *Internet*) ne sont pas des offres au sens juridique du terme car elles n'émanent pas d'une personne ayant le pouvoir de passer la vente. Ce sont des messages à caractère publicitaire.

2. La forme de l'offre

208. Consensualisme. En application du principe du consensualisme, l'offre n'est en principe soumise à aucune exigence de forme (A). Par exception toutefois, l'offre est parfois soumise à un certain formalisme (B).

---

1. L. n° 70-9 du 2 janv. 1970, réglementant les conditions d'exercice des activités relatives à certaines opérations portant sur les immeubles et les fonds de commerce.
2. Décret du 20 juill. 1972, n° 72-678.
3. V. Décret n° 72-678, art. 72 : « Lorsqu'il comporte l'autorisation de s'engager pour une opération déterminée, le mandat en fait expressément mention ».
4. Cette expression désigne en réalité un contrat de courtage.
5. Civ. 1 8 juill. 1986, *Bull. civ.* I, n° 194. V. également, Civ. 1, 28 oct. 2003, *Bull. civ.* I, n° 166 ; Civ. 1, 10 mai 1995, *RD imm.* 1995, p. 769, obs. D. Tomasin.
6. Il s'ensuit que le compromis signé par l'agent immobilier n'engage pas le « mandant », lequel peut encore renoncer à la vente : v. par ex. Civ. 1, 12 avr. 2012, *Bull. civ.* III, n° 61 ; *D.* 2012, p. 1126, obs. Y. Rouquet ; *JCP N* 2013, 1300, note J.-F. Barbièri. En ce sens ég. Civ. 1, 6 mars 1996, *Bull. civ.* I, n° 111 ; *Contrats, Conc. Cocns.* 1996, comm. 97, obs. L. Leveneur.

A. Principe : absence d'exigence de forme

209. Expresse ou tacite. L'article 1113, alinéa 2, du Code civil prévoit que l'offre « peut résulter d'une déclaration ou d'un comportement non équivoque de son auteur ». L'offre peut être expresse (une annonce indiquant les éléments essentiels du contrat à conclure) ou bien tacite (des marchandises exposées en vitrine avec indication du prix, un taxi en stationnement sur un emplacement réservé[1]). Il suffit que la volonté soit exprimée, afin qu'elle puisse parvenir au destinataire.

210. À personne déterminée ou au public. L'offre peut être faite « à personne déterminée ou indéterminée » (art. 1114 C. civ). Dans cette seconde hypothèse, le pollicitant sera en principe engagé envers le premier acceptant, mais ce principe est écarté s'agissant des offres de contrats *intuitu personae* pour lesquelles on reconnaît une réserve tacite d'agrément et qui ne sont donc pas de véritables offres (par exemple, les offres d'emploi).

B. Exception : formalisme

211. Offre à destination des consommateurs. Les offres émanant d'un professionnel et à destination des consommateurs sont bien souvent soumises à un formalisme pointilleux, dans le but d'assurer l'information du consommateur. Ce *formalisme informatif* a connu un fort développement. Il concerne les contrats les plus divers ; par exemple le démarchage à domicile (art. L. 121-1 et s Consomm.), ou encore le crédit (art. L. 311-8 C. consomm.). La réglementation relative à l'étiquetage ou l'affichage des prix relève également du formalisme de l'offre (v. par ex. pour les hôteliers, art. D. 311-10 du Code du tourisme).

212. Offre électronique. Le Code civil impose un formalisme de l'offre en cas de conclusion d'un contrat sous forme électronique à titre professionnel. L'article 1127-1, alinéa 1er, prévoit que « quiconque propose, à titre professionnel, par voie électronique, la fourniture de biens ou la prestation de services, met à disposition les conditions contractuelles applicables d'une manière qui permette leur conservation et leur reproduction ». Le texte ne prévoit pas la sanction applicable si les stipulations contractuelles ne sont pas mises en ligne ; on peut penser qu'elles sont inopposables au destinataire de l'offre.

Le contenu de l'offre est précisé par l'article 1127-1 alinéa 3 (1° à 5°). Diverses mentions sont exigées, qui visent à assurer l'information du destinataire de l'offre. Cependant ces mentions ne sont pas exigées si le contrat est conclu « exclusivement

---

1. Civ. 1, 1er déc. 1969, *Bull. civ.* I, n° 381 ; *RTD civ.* 1970, p. 589, obs. G. Cornu.

par échange de courriers électroniques», c'est-à-dire en dehors d'un site *Internet* (art. 1127-3 al. 1) ou si le contrat est conclu entre professionnels. Enfin, l'article 1127-1, alinéa 2, prévoit que l'auteur de l'offre électronique «reste engagé par elle tant qu'elle est accessible par voie électronique de son fait». Ce texte permet à l'offrant de rétracter son offre en la retirant de son site : elle n'est alors plus accessible «par son fait».

3. La valeur de l'offre avant acceptation

213. La question de la valeur de l'offre avant acceptation conduit à envisager deux événements : la rétractation de l'offre (A) et sa caducité (B).

A. La rétractation

Les articles 1115 et 1116 du Code civil imposent à l'auteur de l'offre une obligation de maintenir celle-ci durant un certain délai. Il convient de présenter le domaine de cette obligation de maintien de l'offre (a) et la sanction de la rétractation fautive (b).

a. Domaine de l'obligation de maintien de l'offre

214. Libre rétractation avant réception par le destinataire. L'article 1115 du Code civil prévoit que l'offre «peut être librement rétractée tant qu'elle n'est pas parvenue à son destinataire». Cette règle de bon sens s'explique très simplement : n'ayant pas encore reçu l'offre, le destinataire n'a pas pu en prendre connaissance, de sorte que la révocation de l'offre ne lui cause aucun préjudice. La réception de l'offre par le destinataire marque le début de l'obligation de maintien de l'offre, peu importe que le destinataire ait ou non effectivement pris connaissance de l'offre[1].

215. Rétractation interdite après réception par le destinataire. L'article 1116 du Code civil prévoit que, dès lors que l'offre est parvenue à son destinataire, «elle ne peut être rétractée avant l'expiration du délai fixé par son auteur ou, à défaut, l'issue d'un délai raisonnable». L'obligation de maintenir l'offre qui est ainsi imposée au pollicitant paraît tout à fait bienvenue. La sécurité des transactions commande de laisser au destinataire de l'offre un délai raisonnable pour en examiner l'intérêt[2], et l'exigence de bonne foi peut justifier qu'une telle obligation soit

1. Le projet d'ordonnance du 10 févier 2015 prévoyait que la rétractation était libre «tant que l'offre n'était pas parvenue à la connaissance de son destinataire».
2 . V. not. en ce sens, J. Flour, J.-L. Aubert et É. Savaux, n° 139 s.

imposée à l'auteur de l'offre[1]. La jurisprudence avait, après bien des hésitations, admis une telle obligation[2]. Le délai raisonnable est apprécié souverainement par les juges du fond en fonction des circonstances[3].

b. Sanction de la rétractation fautive

216. Le débat. Quelle est la sanction applicable en cas de rétractation fautive de l'offre ? Deux conceptions sont proposées. Suivant une première conception, la rétractation doit être tenue pour inefficace[4]. L'offre s'analyse comme un acte unilatéral qui échappe à la volonté de son auteur[5]. Suivant une seconde conception, qui avait les faveurs de la jurisprudence, la rétractation est efficace car elle fait échec à la formation du contrat[6]. L'offre s'analyse comme un simple fait juridique. C'est cette seconde conception qui a été consacrée par le législateur.

217. La solution retenue par le législateur. L'article 1116 alinéa 2 du Code civil prévoit que « la rétractation de l'offre en violation de cette interdiction empêche la formation du contrat » et l'alinéa 3 ajoute qu'une telle rétractation « engage la responsabilité extracontractuelle de son auteur dans les conditions du droit commun sans l'obliger à compenser la perte des avantages attendus du contrat ». La rétraction de l'offre est efficace, mais fautive. La rétractation est efficace, car elle fait échec à la formation du contrat. Mais elle est une faute de nature à engager la responsabilité de son auteur si elle cause un dommage à autrui. Cette solution présente le mérite de la simplicité et de la cohérence. Elle est conforme au principe de la liberté contractuelle.

---

1. J. Antippas, « De la bonne foi précontractuelle comme fondement de l'obligation de maintien de l'offre durant le délai indiqué », *RTDciv.* 2103, p. 27.
2. V. not. Civ. 3, 20 mai 2009, Bull. civ. III, n° 118 ; *RTDciv.* 2009, p. 524, obs. B. Fages ; *RDC.* 2009, p. 1235, obs. Y.-M. Laithier ; *Cont. Conc. cons.* 2009, 214, obs. L. Leveneur.
3. Civ. 3, 25 mai 2005, *Bull. civ.* III, n° 117 ; *JCP E* 2005, 1776 ; *RTDciv.* 2005, p. 772, obs. J. Mestre et B. Fages.
4. La solution était préconisée par les avant-projets Catala (art. 1105-4) et Terré (art. 18 al. 2). V. ég. en ce sens, s'agissant de l'offre à personne déterminée et avec un délai express : J.-L. Aubert, *Notions et rôles de l'offre et de l'acceptation dans la formation du contrat*, préf. J. Flour, LGDJ, 1970, spéc. p. 123 s. ; J. Flour, J.-L. Aubert et É. Savaux, n° 143.
5. Cette conception trouve application dans certaines dispositions spéciales qui imposent une obligation de maintien à l'auteur de l'offre et prévoient expressément que *la révocation anticipée ne fait pas obstacle à la formation du contrat en cas d'acceptation* (par ex. art. L. 311-8 C. cons. concernant les offres de crédit à la consommation ; art. L. 312-10 alinéa 1er pour l'offre de crédit immobilier ; art. 23 L. 13 juill. 1984, concernant l'offre de location-accession).
6. V. not. P. Malaurie, L. Aynès et P. Stoffel-Munck, n° 470.

B. La caducité

218. Notion de caducité. La caducité peut être définie comme la disparition d'un acte régulièrement conclu, en raison de la perte d'un élément essentiel ou de la non-survenance d'un événement auquel était suspendue sa pleine efficacité. L'offre devient caduque lorsqu'elle n'est pas fécondée en temps utile par une acceptation. En pratique, deux situations peuvent conduire à une telle issue.

219. Expiration du délai. Lorsqu'un délai a été prévu par l'offrant, son expiration entraîne la caducité de l'offre. En l'absence de délai prévu, l'offre est caduque à l'expiration d'un délai raisonnable. Ces solutions sont désormais prévues à l'article 1117 alinéa 1er : « L'offre est caduque à l'expiration du délai fixé par son auteur ou, à défaut, à l'issue d'un délai raisonnable ».

220. Disparition de la volonté. L'offre étant un simple fait juridique, elle reste dépendante de la volonté de son auteur. Elle est donc caduque lorsque la volonté qui la sous-tend disparaît : lorsque l'offrant devient incapable ou lorsqu'il décède[1]. La solution est désormais clairement énoncée à l'article 1117 alinéa 2 du Code civil.

II. L'acceptation

221. Il convient d'envisager la notion (1), puis la forme (2) et enfin l'effet (3) de l'acceptation.

1. La notion d'acceptation

222. Un « oui », sans condition. L'acceptation est « la manifestation de volonté de son auteur d'être lié dans les termes de l'offre » (Code civil, art. 1118). Pour le dire simplement, elle est le « oui » donné en réponse à l'offre. Elle a pour effet de former le contrat aux conditions prévues dans l'offre. Si la déclaration de volonté du destinataire de l'offre s'accompagne de certaines réserves ou de conditions nouvelles, il ne s'agit pas d'une acceptation. Il s'agit d'une contre-offre ou d'une simple invitation à entrer en pourparlers.

1. La Cour de cassation était hésitante sur cette question : elle admettait traditionnellement la caducité de l'offre en cas de décès de son auteur (V. not. Soc. 14 avr. 1961, *D.* 1961, p. 535 ; *JCP* 1961, II, 12260 ; *RTD civ.* 1962, p. 349, obs. G. Cornu), mais la troisième Chambre civile avait décidé le contraire (Civ. 3, 9 nov. 1983, *Bull. civ.* III, n° 222 ; *RTD civ.* 1985, p. 154, obs. J. Mestre), avant de revenir à la caducité (Civ. 3, 10 mai 1989, *Bull. civ.* III, n° 109 ; *D.* 1990, p. 365, note G. Virassamy), puis d'écarter à nouveau la caducité (Civ. 3, 10 déc. 1997, *Bull. civ.* III, n° 223 ; *Def.*, 1998, p. 336, obs. D. Mazeaud ; *D.* 1999, somm. p. 9, obs. P. Brun).

2. La forme de l'acceptation

223. Consensualisme. L'acceptation n'est en principe soumise à aucune exigence de forme (A), sauf exception (B).

A. Le principe : absence d'exigence de forme

224. Si l'acceptation ne suppose en principe aucune forme particulière, elle doit au moins être exprimée (a) le silence ayant en droit des contrats une valeur incertaine (b).

a. L'exigence d'une acceptation exprimée

225. Une manifestation de volonté. Comme l'offre, l'acceptation peut être exprimée de façon expresse ou tacite. L'acceptation *expresse* résulte d'un acte accompli spécifiquement pour marquer le consentement de l'acceptant : une lettre de confirmation, une parole ou un geste (par exemple lever la main dans une vente aux enchères). L'acceptation *tacite* résulte d'un comportement dont on peut raisonnablement déduire la volonté de conclure le contrat (par exemple, lorsque le destinataire de l'offre commence à exécuter le contrat, on peut raisonnablement penser qu'il manifeste la volonté de le conclure).

b. La question de la valeur du silence

226. Définition. En droit des contrats, le silence correspond à l'absence totale de volonté, expresse ou tacite. Le silence est « un vide[1] ». La question qui se pose est celle de savoir quels sont les effets qu'il convient d'attacher au silence.

227. Principe. L'article 1120 du Code civil prévoit que, en principe, « le silence ne vaut pas acceptation ». Le principe est donc que *le silence vaut refus* : *qui ne dit mot ne consent pas*. Cette règle, qui est admise depuis longtemps par la jurisprudence[2], est une conséquence de l'autonomie de la volonté qui interdit qu'une personne soit liée à un contrat sans l'avoir voulu. Cette règle supporte cependant certaines dérogations.

228. Exceptions. Après avoir énoncé que le silence ne vaut pas acceptation, l'article 1120 ajoute : « à moins qu'il n'en résulte autrement de la loi, des usages,

1. J. Carbonnier, « Le silence et la gloire », *D.* 1951, chr. p. 119 et s., spéc. p. 121.
2. Civ. 25 mai 1870, *DP* 1870, 1, 257 ; S. 1870, 1, 241 ; *G.A.*, t. 2, n° 147, « le silence de celui qu'on prétend obligé ne peut suffire, en l'absence de toute autre circonstance, pour faire preuve contre lui de l'obligation alléguée ». Civ. 1, 16 avr. 1996, *Bull. civ.* I, n° 181, « le silence ne vaut pas, *à lui seul*, acceptation ».

des relations d'affaires ou de circonstances particulières». Les exceptions qui sont ainsi prévues par le texte sont celles qui avaient été admises par la jurisprudence : la loi, les usages, les relations d'affaires et les circonstances particulières.

La *loi*. Pour certains contrats, la loi présume irréfragablement que le silence gardé à la suite d'une offre de renouvellement vaut acceptation : v. par ex. les articles 1738 C. civ. ou L. 112-2 alinéa 5 du Code des assurances[1].

Les *usages*. Certains usages professionnels confèrent au silence la valeur d'acceptation[2].

Les *relations d'affaires*. Lorsqu'il existe entre les parties des relations d'affaires antérieures qui ont donné lieu à la formation répétée de contrats de même nature, le silence peut valoir acceptation[3].

Les *circonstances particulières*. L'article 1120 prévoit *in fine* que le silence peut valoir acceptation dans des «circonstances particulières». Cette notion de «circonstances particulières», qui était déjà admise par la jurisprudence[4], englobe différentes hypothèses. Par exemple, le silence vaut acceptation lorsque l'offre a été faite dans l'intérêt exclusif de son destinataire[5], ou encore lorsque les parties sont convenues que le silence de l'une d'elles vaudra acceptation[6].

---

1. C. ass. art. L. 112-2 al. 5 : «Est considérée comme acceptée la proposition, faite par lettre recommandée, de prolonger ou de modifier un contrat ou de remettre en vigueur un contrat suspendu, si l'assureur ne refuse pas cette proposition dans les dix jours après qu'elle lui est parvenue».
2. V. Com. 13 mai 2003, *Bull. civ.* III, n° 82; *Cont. conc. cons.*, 124, obs. L. Leveneur, «l'envoi, par le courtier au vendeur et à l'acheteur de la «lettre de confirmation» sans qu'il y ait de leur part un accord formel équivalait suivant l'usage ancien et constant en Bordelais, à une vente parfaite, sauf protestation dans un très bref délai fixé par les usages loyaux et constants de la profession à 48 heures de la réception de cette lettre». Com., 9 janv. 1956, *Bull. civ.*, n° 17, l'arrêt se fonde sur un usage de la Bourse de commerce de Paris.
3. Aix, 13 août 1873, *DP* 1877, 5, 456; Civ. 2, 21 mai 1951, *Bull. civ.* II, n° 128. V. ég., en droit des assurances, Civ. 1, 18 juin 2002, *Bull. civ.* I, n° 167.
4. «Si le silence ne vaut pas à lui seul acceptation, il n'en est pas de même lorsque les circonstances permettent de donner à ce silence la signification d'une acceptation» : Civ. 1, 24 mai 2005, n° 02-15188, *RDC* 2005, p. 1007, obs. D. Mazeaud; *RTD civ.* 2005, p. 588, obs. J. Mestre et B. Fages. V. ég. Com. 18 janv. 2011, n° 09-69831; *Cont. Conc. Cons.*, comm. n° 88, obs. L. Leveneur.
5. Req., 29 mars 1938, *DP* 1939, 1, 5, note P. Voirin, «si en principe le silence gardé par le destinataire d'une offre ne vaut pas acceptation, il est permis cependant aux juges du fait, dans leur appréciation souveraine des faits et de l'intention des parties et lorsque l'offre a été faite dans l'intérêt exclusif de celui à qui elle est adressée, de décider que son silence emporte acceptation». V. ég. Com. 18 janv. 2011, n° 09-69831; *Cont. Conc. Cons.*, 2011, n° 88, obs. L. Leveneur, l'arrêt n'est cependant pas très clair.
6. Civ. 1, 12 janv. 1988, *Bull. civ.* I, n° 8.

B. L'exception : formalisme

229. Contrats non consensuels. Dans les contrats solennels, l'acceptation doit être faite selon les conditions de formes exigées. Pour les contrats réels, l'acceptation suppose la remise de la chose. Par exemple, le don manuel d'un meuble corporel est formé par la remise de la chose entre les mains du donataire.

230. Contrat conclu par voie électronique. L'acceptation du contrat conclu sous forme électronique relève des règles générales qui précèdent, à une réserve près : le système du « double clic » qui permet de décomposer en deux temps l'acceptation. Dans un premier temps le client élabore sa commande puis la valide (premier clic). Il a ensuite la possibilité de vérifier la commande (le contenu, le prix) et de corriger d'éventuels erreurs avant de la confirmer (second « clic »). L'article 1127-2 alinéa 3 prévoit que la commande, la confirmation de l'acceptation de l'offre et l'accusé de réception sont considérés comme reçus lorsque les parties auxquelles ils sont adressés peuvent y avoir accès. Cette règle est conforme au régime des contrats à distance (article 1121 C. civ., v. *infra*, n° 237). Une fois le contrat formé, le professionnel « doit accuser réception sans délai injustifié et par voie électronique de la commande qui lui a été ainsi adressée » (article 1127-2 alinéa 2). Ce dispositif ne s'applique pas aux contrats conclus par échange de mails qui sont considérés comme des contrats à distance classiques (art. 1127-3 alinéa 1 C. civ.).

3. L'effet de l'acceptation

231. La rencontre de l'offre et de l'acceptation entraîne la formation du contrat. Deux questions sont à envisager : d'une part le moment et le lieu de formation du contrat (A) ; d'autre part la présence éventuelle de délais de réflexion ou de rétractation ou bien d'une faculté de dédit (B).

A. Moment et lieu de formation du contrat

232. Contrats à distance. Le contrat est formé au moment et au lieu de l'acceptation lorsque les parties sont à cet instant en présence l'une de l'autre, en personne ou par représentation. En revanche les choses sont plus complexes lorsque les parties ne sont pas en présence l'une de l'autre au moment de l'acceptation, et que la rencontre des volontés s'opère *via* un procédé de communication (courrier, messages électroniques…). On parle de contrat « à distance » (on dit aussi « entre absents »). *À quel moment* et en *quel lieu* s'opère la formation du contrat ? On exposera les enjeux pratiques qui s'attachent à cette question (a) avant de présenter les systèmes qui ont été proposés (b) puis la solution retenue par le droit positif (c).

a. Les enjeux pratiques

233. Lieu. La détermination du lieu de formation du contrat a perdu beaucoup de son intérêt. En droit interne, la compétence juridictionnelle territoriale n'est plus déterminée par le lieu de formation du contrat depuis 1975[1]. En droit international privé, la maxime *locus regit actum*, selon laquelle le contrat est soumis aux exigences de forme requises par la loi du lieu où il a été conclu, a vu sa portée fortement atténuée par la Convention de Rome du 17 juin 1980, qui est aujourd'hui remplacée par le Règlement « Rome I » du 27 juin 2008.

234. Date. La date de formation du contrat est une donnée importante à bien des égards. Tant que le contrat n'est pas formé, les parties ne sont pas liées : le pollicitant peut revenir sur son offre[2], et l'acceptant sur son acceptation. La législation applicable au contrat est, en principe, celle en vigueur au jour où le contrat est conclu. La date de formation du contrat fixe le point de départ de nombreux délais (tels que les délais de prescription de l'action en nullité). Seuls les créanciers justifiant d'un droit antérieur à la formation du contrat peuvent attaquer celui-ci au moyen de l'action paulienne.

b. Les systèmes proposés

235. Théorie de l'émission. Suivant cette théorie, le contrat est conclu aussitôt que la volonté d'accepter est émise. L'idée qui sous-tend cette théorie est que le contrat est formé dès que les *volontés ont coexisté*, ce qui est conforme au principe du consensualisme. La jurisprudence a, un temps, fait application de cette théorie[3]. L'inconvénient de cette théorie est qu'elle conduit nécessairement à admettre que le contrat est conclu avant que l'auteur de l'offre n'en soit informé. Il y a là une source de difficultés.

236. Théorie de la réception. Cherchant à corriger les inconvénients de la théorie précédente, on a proposé que le contrat ne soit formé que lorsque les deux *volontés concordantes se sont véritablement rencontrées*. Prise à la lettre, cette théorie revient à exiger que l'offrant ait effectivement pris connaissance de l'acceptation pour que le contrat soit formé. Mais comment savoir si l'auteur de l'offre a bien pris connaissance de l'acceptation ? Il est donc proposé de recourir à une présomption :

1. V. article 46 CPC, qui se réfère au lieu d'exécution de la prestation de service ou de la livraison de la chose objet du contrat. Cependant, en matière de contrat de travail, le critère du lieu de formation du contrat permet de déterminer le conseil de prud'hommes compétent (art. R. 517-1 al. 3 C. trav.).
2. Dans les conditions exposées plus haut, *supra* n° 214 s.
3. V. not. Com., 7 janv. 1981, *Bull.* IV, n° 14; *RTD civ.* 1981, p. 849, obs. F. Chabas; *G.A.*, vol. 2, n° 145.

l'auteur de l'offre serait présumé avoir pris connaissance de l'acceptation lorsqu'il l'a reçue. C'est la théorie dite de la réception. La jurisprudence avait fini par se rallier à cette théorie[1]. Le législateur l'a consacrée.

c. Consécration de la théorie de la réception

237. L'ordonnance portant réforme du droit des contrats a tranché la question de façon claire. L'article 1121 du Code civil prévoit que le contrat est conclu « dès que l'acceptation parvient à l'offrant » et « au lieu où l'acceptation est parvenue ». Consacrant la théorie de la réception, notre droit s'aligne ainsi sur les solutions retenues par les projets européens (notamment les Principes du droit européen des contrats) ainsi que par la Convention de Vienne sur la vente internationale de marchandises (art. 18).

B. Délais de réflexion et de rétractation, faculté de dédit

238. Présentation. L'article 1122 du Code civil présente le mécanisme des délais de réflexion et de rétractation ainsi que de la faculté dédit. Il décrit le fonctionnement général de ces mécanismes, mais sans fixer leur régime.

239. Les délais de réflexion et de rétractation. Des textes spéciaux destinés à protéger le contractant réputé faible ont pour effet de retarder le moment de la formation définitive du contrat. Il existe deux techniques, dont le principe est exposé à l'article 1122 du Code civil. Les délais de réflexions, d'une part, qui opèrent en amont du consentement : le contractant protégé ne peut consentir valablement avant l'écoulement d'un délai. Les délais de rétractation, d'autre part, qui opèrent en aval du consentement : le contractant protégé peut reprendre son consentement et donc anéantir le contrat, sans avoir à fournir de motif, pendant un certain délai qui court à compter du moment où le consentement a été exprimé[2]. Ces délais de réflexion et de rétractation se sont développés d'abord dans les contrats de consommation. On les trouve aujourd'hui en dehors du droit de la consommation (v. par ex. art. L. 271-1 CCH).

240. Faculté de dédit. En dehors des mécanismes légaux, les parties peuvent prévoir une faculté de dédit. La clause de dédit permet à l'une des parties de revenir

1. V. faisant application de la théorie de la réception dans le contexte des droits de préemption : Civ. 3, 16 juin 2011, *Bull. civ.* III, n° 103 ; *JCP G* 2011, I, 1141, n° 5, obs. G. Loiseau ; *JCP G* 2011, 1016, obs. Y.-M. Serinet ; *D.* 2012, pan. 459, obs. S. Amrani-Mekki et M. Mekki ; Civ. 3, 17 sept. 2014, *Bull. civ.* III, n° 108 ; *RTDciv.* 2014, p. 879, note H. Barbier.
2. Le contrat étant anéanti, il est alors impossible de rétracter la rétractation : Civ. 3, 12 mars 2012, *Bull. civ.* III, n° 41.

sur son engagement avant l'exécution du contrat. La rétractation est généralement subordonnée au paiement d'une indemnité. Ainsi dans la vente avec arrhes, celui qui verse les arrhes peut se désengager en les perdant, et l'autre partie peut se désengager en restituant le double (art. 1590 C. civ.). Dans les contrats de consommation, il est présumé que toute somme versée d'avance est qualifiée d'arrhes (art. L. 131-1 C. cons.). Cette présomption (simple) est favorable au consommateur, car à la différence des arrhes, l'acompte n'ouvre pas une faculté de dédit.

Titre 2

Les conditions de validité du contrat

253. Présentation. L'article 1128 du Code civil, qui ouvre la section 2 consacrée à « La validité du contrat », énonce :

« Sont nécessaires à la validité d'un contrat :

1° Le consentement des parties ;

2° Leur capacité de contracter ;

3° Un contenu licite et certain ».

Il ressort de ce texte que trois conditions sont requises pour la validité du contrat. Il faut d'abord que chacune des parties soit apte à contracter, ce qui suppose non seulement qu'elle soit capable comme le prévoit l'article 1128 du Code civil mais également qu'elle ait le pouvoir de passer l'acte. Il faut ensuite que chaque contractant exprime un consentement libre et éclairé. Il faut enfin que le contrat ait un contenu licite et certain.

254. Plan. Nous envisagerons successivement l'aptitude à contracter (Chap. 1), le consentement (Chap. 2) et enfin le contenu du contrat qui doit être licite et certain (Chap. 3).

Chapitre 1

L'aptitude à contracter : la capacité et le pouvoir

255. Pour que le contrat soit valable, il faut que chacune des parties ait la capacité (I) et le pouvoir (II) de contracter.

I. La capacité

256. Principe de capacité des personnes physiques. Toute personne physique dispose en principe de la capacité pour conclure des contrats, comme le prévoit l'article 1145, alinéa 1er, du Code civil : « Toute personne physique peut contracter, si elle n'en est pas déclarée incapable par la loi ». Par exception, certaines personnes physiques sont incapables de contracter, comme l'indique l'article 1146 du Code civil : « Sont incapables de contracter, dans la mesure définie par la loi : 1° Les mineurs non émancipés ; 2° Les majeurs protégés au sens de l'article 488 du présent Code ».

Au contraire les personnes morales ne disposent pas de la capacité générale de contracter. La capacité des personnes morales est « limitée aux actes utiles à la réalisation de leur objet tel que défini par leurs statuts et aux actes qui leur sont accessoires, dans le respect des règles applicables à chacune d'entre elles » (art. 1145 C. civ.). La capacité des personnes morales est finalisée. La personne morale est une technique permettant de défendre un intérêt collectif ; la capacité juridique qui lui est attribuée est déterminée en fonction de cet intérêt collectif[1].

257. Sanction du défaut de capacité. La sanction du défaut de capacité est la nullité relative (art. 1147 C. civ.). S'agissant des mineurs, l'article 1149 du Code civil reprend les solutions qui étaient admises auparavant. Les actes courants ne peuvent être annulés que s'ils sont lésionnaires. La déclaration de majorité qui aurait été faite par le mineur lors de la conclusion du contrat n'a aucun effet.

1. V. J. Rochfeld, *Les grandes notions du droit privé*, PUF 2011, n° 2.6.

Par ailleurs, le mineur ne peut se soustraire aux engagements qu'il a pris dans l'exercice de sa profession. S'agissant des majeurs, l'article 1150 renvoie aux textes spécifiques du Livre Premier du Code civil (art. 435, 465 et 494-9).

La partie qui a bénéficié du contrat peut faire échec à la nullité « en établissant que l'acte était utile à la personne protégée et exempt de lésion, ou qu'il a profité à celle-ci » (art. 1151 C. civ.). La nullité est écartée également en cas de confirmation de l'acte par le contractant devenu ou redevenu capable. La question de la capacité relève du droit des incapacités.

II. Le pouvoir

258. La technique de la représentation. La question du pouvoir se pose dans l'hypothèse d'un contrat conclu par *représentation*. La représentation est le mécanisme par lequel une personne (le représentant) accomplit un acte juridique pour le compte de quelqu'un d'autre (le représenté). Le mécanisme repose sur *un pouvoir conféré au représentant*. Le Code civil ne prévoyait auparavant aucune disposition générale pour la représentation, mais seulement des règles particulières au mandat. Depuis la réforme du droit des contrats, le Code civil comporte des règles générales applicables à tous les types de représentation (art. 1153 à 1161). Ces dispositions constituent un droit commun de la représentation. L'articulation entre ces règles générales qui forment le droit commun de la représentation et les règles spéciales s'opère en application du principe posé à l'art. 1105 C. civ. : les règles spéciales dérogent, en cas d'incompatibilité, à la règle générale. Ces règles générales concernent les sources (1) et les effets (2) de la représentation.

1. Les sources de la représentation

259. Source légale ou judiciaire. Le pouvoir de représentation peut trouver sa source dans la loi. Ainsi, en application des règles de l'administration légale, les parents ont le pouvoir de représenter leur enfant mineur ; pour les sociétés, les personnes physiques qui sont les organes sociaux des personnes morales exercent des pouvoirs déterminés par la loi. Le pouvoir de représentation peut être conféré par le juge (par exemple, l'article 219 du Code civil prévoit que le juge peut habiliter un époux à représenter l'autre).

260. Source conventionnelle. Le pouvoir de représentation peut trouver sa source dans un contrat : le contrat de mandat, par lequel le mandant donne pouvoir à un mandataire pour le représenter[1] (art. 1984 et suivants du Code civil). Le contrat de mandat est consensuel, mais ce principe connaît certaines dérogations. D'une part, la loi exige parfois que le mandat soit donné par écrit : c'est le cas notamment pour les agents immobiliers (L. 2 janv. 1970, art. 6). D'autre part, la jurisprudence décide que le mandat doit emprunter la même forme que l'acte à accomplir : le mandat de conclure un acte obligatoirement notarié (pour lequel la forme authentique est requise *ad validitatem*) doit lui-même être notarié[2]. C'est la règle du parallélisme des formes.

2. Les effets de la représentation

261. Présentation générale. La représentation permet à une personne (le représentant) de passer des actes en lieu et place d'une autre personne (le représenté). Les articles 1154 à 1159 du Code civil règlent la question des effets de la représentation.

262. Représentation parfaite ou imparfaite. L'article 1154 du Code civil rappelle, en ses deux alinéas, la distinction classique entre la représentation parfaite et la représentation imparfaite.

Représentation parfaite (al. 1er). « Lorsque le représentant agit dans la limite de ses pouvoirs au nom et pour le compte du représenté, celui-ci est seul tenu de l'engagement ainsi contracté ». Le représentant est « transparent ». Le représentant déclare qu'il agit au nom et pour le compte d'autrui et il ne dépasse pas ses pouvoirs. Le contrat est réputé conclu par le représenté, qui a donc dès l'origine la qualité de partie même s'il n'était pas physiquement présent lors de la conclusion de l'acte (c'est une fiction juridique). L'exemple le plus courant est celui de la représentation mise en place par un mandat (1984 C. civ.).

Représentation imparfaite (al. 2). « Lorsque le représentant déclare agir pour le compte d'autrui mais contracte en son propre nom, il est seul engagé à l'égard du cocontractant ». Le représentant est un « intermédiaire opaque[3] ». Le mécanisme opère en deux temps. Dans un premier temps, le représentant est seul engagé envers le cocontractant et, dans un second temps, il transfère au représenté le profit ou la charge du contrat (la propriété des biens qu'il a acquis ou l'argent provenant de la vente des biens qu'il était chargé de vendre). On reconnaît là la figure du contrat de commission.

---

1. L'écrit qui constate le mandat est dénommé « procuration ».
2 .V. pour l'acceptation d'une donation : Civ. 1, 17 mai 1993, *Bull. civ.* I, n° 176.
3. P. Pétel, *Les obligations du mandataire*, préf. M. Cabrillac, Litec, 1988, n° 173.

263. Mandat spécial ou général. L'article 1155 indique quels sont les actes que le représentant peut accomplir selon que le pouvoir est général ou spécial. Lorsque le pouvoir est défini en termes généraux, il ne couvre que les actes conservatoires et d'administration. Lorsque le pouvoir est spécialement déterminé, le représentant ne peut accomplir que les actes pour lesquels il est habilité, et ceux qui en sont l'accessoire.

264. Dépassement ou absence de pouvoir. L'article 1156 du Code civil prévoit les sanctions applicables en cas de dépassement de pouvoir.

Le pseudo représenté n'est pas engagé par le contrat conclu en dépassement de pouvoir. Ce contrat lui est inopposable (art. 1156 al.1). Ce contrat est donc efficace, mais seulement dans les rapports entre le pseudo représentant et le tiers contractant. Cette solution est étonnante car le pseudo représentant est engagé alors qu'il n'en avait pas la volonté ; le contrat ainsi conclu ne repose pas sur un véritable accord de volontés et l'efficacité du contrat fait figure de sanction pour le pseudo représentant. Toutefois, par application de la théorie de l'apparence, le pseudo représenté ne peut pas se prévaloir de l'inopposabilité du contrat à son égard, et il se trouve donc engagé par cet acte, dans l'hypothèse où le tiers contractant a légitimement cru que le représentant agissait en vertu d'un pouvoir « notamment en raison du comportement ou des déclarations du représenté » (art. 1156 al. 1er).

Le tiers contractant, quant à lui, dispose d'une *action en nullité* du contrat lorsqu'il ne savait pas que celui-ci était accompli par un représentant sans pouvoir (art. 1156 alinéa 2).

Ces deux sanctions ne sont plus applicables si l'acte a été ratifié par le représenté (art. 1156 alinéa 3).

265. Détournement de pouvoir. Il y a détournement de pouvoir lorsque le représentant agit dans la limite de ses pouvoirs, mais qu'il utilise ceux-ci dans un but autre que celui qui est convenu ou prévu par la loi. Le représenté peut invoquer la nullité de l'acte si le tiers « avait connaissance du détournement ou ne pouvait l'ignorer (C. civ. art. 1157). Il peut dans tous les cas rechercher la responsabilité du représentant.

266. Action interrogatoire. L'article 1158 du Code civil instaure une action interrogatoire, afin de permettre au tiers de lever les doutes qu'il peut avoir sur « l'étendue du pouvoir du représentant conventionnel ». Le tiers qui doute peut demander « par écrit au représenté de lui confirmer, dans un délai raisonnable, que le représentant est habilité à conclure cet acte » (art. 1158 al. 1er). L'écrit mentionne

« en termes apparents » que « à défaut de réponse dans ce délai le représentant est habilité à conclure cet acte » (art. 1158 al. 2).

267. Effet de la représentation à l'égard du représenté. L'article 1159 alinéa 1er prévoit que « l'établissement d'une représentation légale ou judiciaire dessaisit pendant sa durée le représenté des pouvoirs transférés au représentant ». Au contraire, la représentation conventionnelle « laisse au représenté l'exercice de ses droits » (article 1159 alinéa 2).

268. Conflit d'intérêts. Dans le but d'éviter un conflit d'intérêts, l'article 1161 du Code civil prévoit qu'un représentant ne peut en principe agir pour le compte des deux parties au contrat ni contracter pour son propre compte avec le représenté. L'acte accompli en violation de cette règle « est nul à moins que la loi ne l'autorise ou que le représenté ne l'ait autorisé ou ratifié ». La pratique contractuelle consistant à investir certains professionnels d'un double mandat peut donc être maintenue, avec l'accord des intéressés. Ainsi en matière immobilière, il est admis qu'un agent immobilier puisse être investit d'un double mandat[1]. De même les agents de voyages qui délivrent des billets de vols au nom et pour le compte des compagnies aériennes agissent en qualité de mandataire de la compagnie aérienne et du voyageur qui achète le billet[2].

---

1. Civ. 1, 13 mai 1998, *Bull. civ.* I, n° 169 ; *RTDciv.* 1998, p. 927, note P.-Y. Gautier.
2. C. Lachièze, *Droit du tourisme*, Lexis-Nexis 2014, n° 413.

Chapitre 2

Le consentement

271. Premières vues. Dans une Sous-Section 1 intitulée « Le consentement » et composée de deux paragraphes[1], le Code civil prévoit deux exigences relatives au consentement : il ne doit pas faire défaut, d'une part ; il ne doit pas être vicié, d'autre part.

272. Défaut de consentement. Le contrat ne peut être formé si le consentement de l'une des parties fait défaut. Le Code civil prévoit que le contrat est nul lorsqu'il a été conclu par une personne qui n'a pas été placée sous un régime de protection mais qui souffre « d'un trouble mental au moment de l'acte » (art. 414-1 C. civ., auquel renvoie l'art. 1129 C. civ.). Cette action en nullité pour trouble mental est le plus souvent mise en œuvre pour remettre des actes passés par un individu qui a ensuite été placé sous un régime de protection. Elle est ainsi étroitement liée au droit des incapacités[2]. Outre le trouble mental, il existe une autre hypothèse, que le Code civil n'envisage pas, dans laquelle les juges admettent la nullité pour défaut de consentement : c'est l'hypothèse d'une personne qui conclut un contrat dans une langue qu'elle ne comprend pas[3].

273. Vice du consentement. Pour que le contrat soit valablement formé, il ne suffit pas que le consentement existe ; encore faut-il qu'il soit *libre et éclairé*. Afin d'assurer le respect de cette exigence le Code civil sanctionne trois vices du consentement : l'erreur, le dol et la violence (art. 1130 à 1144 C. civ.)[4]. Ces trois vices du consentement sont complémentaires ; ils forment un corps de règles

1. Paragraphe 1 : « L'existence du consentement » ; Paragraphe 2 : « Les vices du consentement ».
2. Cette action en nullité pour trouble mental est généralement étudiée dans les ouvrages de droit des personnes, v. not. P. Malaurie et L. Aynès, *Droit des personnes*, 8e éd., 2016, n° 714 et s.
3. Par ex. Civ. 3, 15 déc. 1998, *Defrénois* 1998, p. 1038, note D. Talon ; Paris, 30 nov. 2006, *JCP* 2007, II, 10065, note H. Kenfack ; Civ. 1, 2 oct. 2013, n° 12-21246. V. H. Claret « L'illettré et l'acte juridique, l'impossible adéquation ? », *RRJ* 2002, p. 1777.
4. Sur ces disposions, v. not. Y.-M. Serinet, obs. in *Observations sur le projet de réforme du droit des contrats et des obligations* (dir. J. Ghestin), *Pet. Aff.*, numéro spécial 3-4 sept. 2015, n° 176 et 177, p. 59. G. Loiseau, « Les vices du consentement », *Cont, Conc. Cons.* 2016, Dossier 3.

cohérent qui obéit à une logique d'ensemble. Aussi on parle volontiers de *théorie des vices du consentement.*

La théorie des vices du consentement établit un équilibre entre la protection du consentement, qui tend à faire admettre largement la nullité, et la sécurité juridique, qui tend au contraire à restreindre la nullité. Pour établir cet équilibre, la théorie des vices du consentement repose sur un double fondement.

Un *fondement psychologique*. L'erreur, le dol ou la violence ne vicient le consentement que s'ils ont été déterminants, ce qui suppose que, sans eux, la victime « n'aurait pas contracté ou aurait contracté à des conditions substantiellement différentes » (art. 1130 al. 1er). En l'absence de caractère déterminant, l'erreur, le dol ou la violence ne justifient pas la nullité. Le caractère doit s'apprécier *in concreto* : « le caractère déterminant s'apprécie eu égard aux personnes et aux circonstances dans lesquelles le consentement a été donné » (art. 1130 al. 2).

Un *fondement moral*. Il s'agit d'apprécier le comportement de chacune des parties. Est examiné, d'une part, le comportement de la victime de l'erreur. A-t-elle fait preuve de suffisamment de prudence ? Dans la négative la nullité lui sera parfois refusée alors que son consentement a pourtant été vicié. Cette considération est particulièrement prégnante dans le régime de l'erreur, puisque la nullité est refusée si l'erreur est inexcusable. Est examiné, d'autre part, le comportement du cocontractant : a-t-il été de bonne ou de mauvaise foi ? Cette considération est particulièrement forte dans le dol, puisque la nullité est refusée lorsque le cocontractant est innocent.

274. Plan. On étudiera successivement l'erreur (I) le dol (II) et la violence (III).

I. L'erreur

275. L'erreur est une fausse perception de la réalité. Elle est une discordance entre la réalité et la représentation que s'en faisait le demandeur à la nullité. La difficulté consiste à déterminer quelles sont les erreurs qui peuvent entraîner la nullité du contrat. Pour assurer un équilibre entre la protection du consentement et la sécurité juridique, le Code civil définit de façon précise les erreurs qui sont susceptibles d'être prises en compte. L'article 1132 prévoit que « l'erreur de droit ou de fait, à moins qu'elle ne soit inexcusable, est une cause de nullité du contrat lorsqu'elle porte sur les qualités essentielles de la prestation due ou sur celles du cocontractant ». Suivant cette disposition, seules certaines erreurs sélectionnées en fonction de leur objet (1) et présentant en outre certains caractères (2) sont sanctionnées (3).

1. L'objet de l'erreur

276. On présentera les erreurs retenues (A) puis celles qui sont écartées (B).

A. Les erreurs susceptibles d'entraîner la nullité

277. L'article 1132 retient deux erreurs susceptibles d'entraîner la nullité : l'erreur sur les qualités essentielles de la prestation (a) et l'erreur sur les qualités essentielles du cocontractant (b). Il convient d'ajouter l'erreur-obstacle (c).

a. L'erreur sur les qualités essentielles de la prestation

278. Notion de qualités essentielles de la prestation. L'article 1133, alinéa 1er, du Code civil énonce : « Les qualités essentielles de la prestation sont celles qui ont été expressément ou tacitement convenues et en considération desquelles les parties ont contracté ». Cette définition paraît suffisamment précise pour éviter le risque d'une trop grande subjectivité. Il ne suffit pas qu'une qualité ait été déterminante pour une partie ; il faut que la qualité ait été définie comme essentielle par les parties. Pour le dire simplement, est essentielle « la qualité convenue[1] ».

279. Diversité des erreurs sur les qualités essentielles. Les hypothèses d'erreur sur les qualités substantielles sont diverses. L'erreur peut porter sur les qualités matérielles de la chose, ou bien sur ses qualités juridiques : par exemple la constructibilité d'un terrain[2] ou la conformité d'un immeuble aux règles d'urbanisme[3]. Pour les meubles et objets anciens, c'est généralement l'époque ou la provenance géographique qui présente un caractère substantiel. Il y a erreur substantielle lorsque des sièges, présentés comme des « marquises » Louis XV, ne sont en fait que des « bergères » élargies constituées d'éléments d'époque et d'éléments plus récents[4]. L'erreur est également constituée si la statuette présentée comme étant contemporaine du règne d'un pharaon n'a en réalité pas été réalisée

1. J. Ghestin, G. Loiseau et Y.-M. Serinet, n° 1244 s. ; J. Ghestin, *La notion d'erreur dans le droit positif actuel*, LGDJ 1971, réimp. Lextenso 2014, n° 26 et s.
2. Civ. 3, 13 juill. 1999, *Bull. civ.* III, n° 178.
3. Civ. 3, 12 mars 2003, *Bull. civ.* III, n° 63 ; *D.* 2003, p. 2522, note Y.-M. Serinet.
4. Civ. 1, 23 fév. 1970, *Bull. civ.* I, n° 66 ; *D.* 1970, p. 604, note J.-M. Étesse ; *JCP* 1970, II, 16347, note P.A. ; *RTD civ.* 1970, p. 751, obs. Y. Loussouarn. V. ég., admettant l'erreur en raison des transformations subies par un meuble d'époque : Civ. 1, 20 oct. 2011, *Bull. civ.* I, n° 173 ; *JCP G* 2011, p. 1350, note Y.-M. Serinet ; *D.* 2012, p. 76, note F. Labarthe ; *D.* 2012, p ; 463 obs. S. Amrani-Mekki et M. Mekki ; RDC 2012, p. 47, obs. T. Génicon.

à cette époque[1]. Pour les œuvres d'art, la qualité essentielle est l'authenticité[2]. Il y a donc erreur substantielle lorsque, dans le catalogue de la vente[3], un tableau a été présenté comme étant l'œuvre d'un peintre connu alors qu'il s'agit d'une œuvre anonyme[4] ; ou bien dans l'hypothèse inverse, lorsque le tableau a été présenté comme une œuvre anonyme alors qu'il s'agit en réalité de l'œuvre d'un peintre célèbre.

280. Erreur de fait ou de droit. L'article 1132 du Code civil prévoit que l'erreur de droit, c'est-à-dire celle qui résulte de l'ignorance de la loi, est une cause de nullité comme l'erreur de fait. La prise en compte de l'erreur de droit n'est pas contraire à l'adage selon lequel « nul ne peut ignorer la loi ». En effet, cet adage ne signifie pas que chacun est tenu de connaître la loi, mais seulement que nul ne peut se prévaloir de sa propre ignorance de la loi pour échapper à celle-ci.

281. Erreur sur sa propre prestation. Le contractant peut-il invoquer une erreur sur sa propre prestation ? Par exemple le vendeur peut-il demander la nullité de la vente en invoquant une erreur sur la chose vendue ? On pourrait *a priori* hésiter. En effet, il est le mieux placé pour connaître la chose[5]. Cependant la jurisprudence a toujours admis que le contractant puisse invoquer l'erreur sur sa propre prestation[6]. L'article 1133, alinéa 2, du Code civil consacre cette solution : « L'erreur est une cause de nullité qu'elle porte sur la prestation de l'une ou de l'autre partie ».

282. L'aléa chasse l'erreur. L'article 1133, alinéa 3, du Code civil prévoit que « l'acceptation d'un aléa sur une qualité de la prestation due exclut l'erreur relative

---

1. Civ. 1, 27 févr. 2007, *Bull. civ.* I, n° 90 ; *D.* 2007, p. 1632, note P.-Y. Gautier ; *JCP G* 2007, I, 195, obs. F. Labarthe ; *D.* 2007, p. 2968, obs. S. Amrani-Mekki.
2. Pour une définition de l'authenticité, v. S. Lequette de Kervenoaël, *L'authenticité des œuvres d'art*, LGDJ 2006, préf. J. Ghestin, spéc. n° 99 : « une œuvre d'art est dite authentique lorsqu'elle est le produit du travail de l'artiste auquel elle est attribuée ».
3. Un décret fixe le sens des termes utilisés pour la description des œuvres d'art dans les ventes publiques : « de... » ; « école de... » ; « attribué à... » (Décret n° 81-355 du 3 mars 1981). L'inexactitude des mentions du catalogue permet de caractériser l'erreur : Civ. 1, 27 fév. 2007, *D.* 2007, p. 1632, note P.-Y. Gautier ; *Cont. Conc. Cons.*, 2007, n° 146, obs. L. Leveneur.
4. V. l'affaire dite du « tableau piège » : l'œuvre, présentée au catalogue comme étant d'un artiste connu, avait en réalité été réalisée « sous licence » par un enfant de onze ans ; les juges décident que l'œuvre n'est pas authentique et prononcent la nullité de la vente (Civ. 1, 5 fév. 2002, *Bull. civ.* I, n° 46 ; *JCP* 2002, II, 10193 note S. Crevel ; *Def.*, 2002, p. 761 obs. É. Savaux et Civ. 1, 15 nov. 2005, *Bull. civ.* I, n° 412 ; *D.* 2006, p. 1116, note A. Tricoire).
5. V. les réflexions de J. Carbonnier, n° 48.
6. V. not. l'affaire dite du Poussin (cité *infra*). V. ég. Civ. 3, 21 mai 2008 *Bull. civ.* III, n° 92.

à cette qualité ». On dit que « l'aléa chasse l'erreur[1] ». Ainsi, l'acheteur d'un terrain qui, informé des procédures en cours, a déclaré « faire son affaire personnelle de ces procédures et s'obliger à en supporter toutes les conséquences quelles qu'elles soient, sans recours contre les vendeurs » ne peut demander la nullité de la vente en cas d'annulation du permis de construire : dans une telle hypothèse, l'acheteur s'engage « à ses risques et périls[2] ». Les ventes d'œuvres d'art donnent souvent lieu à une définition aléatoire des qualités essentielles. Ainsi, le tableau intitulé « Le Verrou » ayant été présenté comme « attribué à Fragonard », les parties à la vente ont accepté un aléa sur l'origine de l'œuvre ; le vendeur ou ses ayants cause ne pouvaient donc prétendre que la vente était nulle au motif que l'authenticité de l'œuvre a par la suite été établie[3].

283. De la certitude au doute. Dans l'hypothèse où les qualités essentielles ont été définies de façon certaine, sans aucun aléa, la survenance d'un doute peut parfois suffire à justifier la nullité du contrat[4]. Cette situation se rencontre dans les ventes d'œuvre d'art, qui sont un véritable laboratoire de la théorie de l'erreur en raison des incertitudes quasi inévitables sur l'authenticité des œuvres d'art. La preuve de l'authenticité d'un tableau est en effet difficile à établir de façon certaine (le seul moyen étant de reconstituer les transmissions de l'œuvre depuis sa création jusqu'à nos jours). L'attribution d'une œuvre d'art relève de l'opinion des personnes qualifiées (professeurs d'histoire de l'art, conservateurs des musées, experts...). Or il arrive que l'authenticité d'un tableau célèbre soit mise en doute... ou, à l'inverse, qu'une œuvre considérée comme anonyme vienne à être attribuée à un peintre célèbre.

La célèbre affaire dite du *Poussin* illustre cette seconde hypothèse. Les propriétaires avaient vendu le tableau dans la conviction qu'il s'agissait d'une œuvre anonyme (le catalogue indiquait « École des Carrache[5] ») pour une somme modeste. Par la suite il fut établi qu'il s'agissait probablement d'un tableau de Nicolas Poussin mais sans qu'on puisse l'affirmer avec certitude. La discordance entre la qualité convenue (œuvre anonyme) et la réalité (œuvre probable de Poussin) permet d'éta-

1. J. Mestre, *RTD civ.* 1987, p. 743.
2. Civ. 3, 9 juin 2010, n° 08-13969, *Cont. Conc. Cons.*, 2010, n° 222, obs. L. Leveneur ; *RDC* 2011, p. 40, obs. E. Savaux.
3. Civ. 1, 24 mars 1987, *Bull. civ.* I, n° 105 ; *D.* 1987, p. 489, note J.-L. Aubert ; *RTD civ.* 1987, p. 743, obs. J. Mestre, rejet du pourvoi contre l'arrêt de la cour d'appel de Paris qui avait rejeté la demande en nullité. V. ég., Civ. 1, 20 mars 2001, *JCP* 2003, II, 10090 note J.-F. Césaro, une société avait acquis auprès d'un antiquaire des lettres présentées comme « pouvant être attribuées à Picasso ».
4. V. J.-F. Cesaro, *Le doute en droit privé*, éd. Panthéon-Assas, 2003, préf. B. Teyssié.
5. L'école des Carrache est une école de peinture de la renaissance italienne qui inspira Nicolas Poussin.

blir une erreur des vendeurs sur leur propre prestation[1]. Plus récemment, la vente d'un pastel sur contre-épreuve présenté comme étant « de Marry Cassatt » a pu être annulée du fait de la révélation ultérieure d'un doute sérieux sur l'authenticité de cette œuvre[2]. En sens inverse, la mise en doute de l'authenticité d'un tableau célèbre peut justifier la nullité de la vente, cette fois à la demande de l'acheteur. Mais encore faut-il que celui-ci parvienne à établir l'existence d'un doute sérieux[3].

b. L'erreur sur les qualités essentielles du cocontractant

284. Considération de la personne. L'article 1134 du Code civil énonce : « L'erreur sur les qualités essentielles du contractant n'est une cause de nullité que dans les contrats conclus en considération de la personne » (*intuitu personae*). Cette disposition reprend, dans une formulation plus claire, la règle de l'ancien article 1110 alinéa 2. Les « qualités essentielles du contractant » sont celles qui ont été convenues, expressément ou tacitement, par les parties. L'erreur peut porter sur l'identité civile du contractant ou bien sur une qualité essentielle, notamment son expérience professionnelle[4] ou son indépendance[5].

c. L'erreur-obstacle

285. Notion. Notion d'origine doctrinale, l'erreur-obstacle désigne une erreur d'une telle gravité qu'elle fait échec à la rencontre des volontés[6]. Les hypothèses

1. Civ. 1, 22 fév. 1978 (affaire du « Poussin »), *Bull. civ.* I, n° 74 ; *D.* 1978, p. 601, note P. Malinvaud ; puis Civ. 1, 13 déc. 1983, *Bull. civ.* IV, n° 293 ; *D.* 1984, p. 340, note J.-L. Aubert ; *JCP* 1984, II, 20186, concl. Gulphe ; *RTD civ.* 1989, p. 104, obs. F. Chabas ; *G.A.*, n° 147-148, l'arrêt précise que le demandeur peut se prévaloir d'éléments d'appréciation postérieurs à la vente pour établir l'existence d'une erreur au moment de la vente. V. pour une affaire similaire, concernant un autre Poussin : Civ. 1, 17 sept. 2003, *Bull. civ.* I, n° 183 ; *JCP* 2004, I, 123, n° 1, obs. Y.-M. Serinet ; *Cont. Conc. Cons.*, 2004, n° 2, obs. L. Leveneur ; *RTD civ.* 2005, p. 123, obs. J. Mestre et B. Fages.
2. Civ. 1, 13 janv. 1998, *Bull. civ.* I, n° 17 ; *D.* 1999, somm. p. 13, obs. P. Brun ; *D.* 2000, p. 54, note C. Laplanche ; *Cont. Conc. Cons.*, 1998, note L. Leveneur, cassation pour manque de base légale de l'arrêt qui avait rejeté la demande en nullité se bornant à relever que les conclusions dubitatives de l'expert ne permettent pas d'affirmer que la contre-épreuve n'était pas authentique. V. ég. Civ. 1, 28 oct. 2015, n° 14-17893, *Cont. Conc. Cons.*, 2016, 1, obs. L. Leveneur.
3. V. Paris, 7 mai 2001, *D.* 2001, IR p. 1852 ; *Pet. Aff.* 4 avr. 2002, note C. Lachièze, estimant qu'il n'existe pas un doute sérieux, les juges rejettent la demande en nullité. Le pourvoi est rejeté par : Civ. 1, 25 mai 2004, *Bull. civ.* I, n° 152 ; *RTD civ.* 2005, p. 123, obs. J. Mestre et B. Fages.
4. Saint-Denis de la Réunion, 6 oct. 1989, *JCP* 1990, II, 21504, note E. Putman ; *RTD civ.* 1990, p. 647, obs. J. Mestre, le contrat de création et rédaction d'un magazine est annulé, le demandeur ayant établi qu'il avait l'intention de contracter avec une agence commerciale d'expérience et non avec une personne physique qui en était dépourvue.
5. Civ. 2, 13 avr. 1972, *Bull. civ.* II, n° 91 ; *JCP* 1972, II, 17189, note P. Level, l'indépendance à l'égard des parties est une qualité essentielle pour un arbitre.
6. J. Carbonnier, n° 41 ; H.L.J. Mazeaud, n° 161 ; F. Terré, P. Simler et Y. Lequette, n° 210.

d'erreur-obstacle avancées par les auteurs sont l'erreur sur la *nature du contrat* (par exemple, l'un pense vendre son bien alors que l'autre pense le prendre en location) et l'erreur sur *l'objet du contrat*. Le Code civil ne reconnaît pas l'erreur-obstacle. La distinction entre l'erreur vice du consentement et l'erreur obstacle ne paraît pas évidente : dans les deux situations le consentement n'a pas été donné en connaissance de cause. On ne voit pas de raison de traiter différemment ces deux sortes d'erreur[1].

286. Rareté. La jurisprudence applique avec parcimonie l'erreur-obstacle. Celle-ci est mise en œuvre, dans certaines hypothèses particulières, pour sanctionner des erreurs qui ne sont pas considérées comme des vices du consentement par le Code civil. Une erreur monétaire, qui est en principe indifférente (entre anciens et nouveaux francs[2] ou entre francs et euros[3]), permet de prononcer l'annulation du contrat en application de la théorie de l'erreur obstacle. Dans la même idée une erreur inexcusable, qui ne conduit pas à l'annulation du contrat en application de la théorie des vices du consentement, permet de prononcer l'annulation du contrat lorsqu'elle est considérée comme une erreur-obstacle[4].

B. Les erreurs indifférentes

287. Présentation. Deux types d'erreur sont sans effets sur la validité du contrat : l'erreur sur un motif (a) et l'erreur sur la valeur (b).

a. L'erreur sur un motif

289. Principe. Les motifs sont les raisons personnelles qui incitent un contractant à s'engager. Ils ne sont pas en principe un élément essentiel du contrat, même s'ils sont connus du cocontractant. Partant, l'erreur du contractant sur un motif est

1. V. en ce sens C. Larroumet et S. Bros, n° 321.
2. Com., 14 janv. 1969, *D.* 1970, p. 458, note M. Pédamon ; *RTD civ.* 1969, p. 556, obs. Y. Loussouarn ; *Def.*, 1971, p. 111, obs. J.-L. Aubert.
3. Orléans, 13 mai 2004, *RTD civ.* 2005, p. 589, obs. J. Mestre et B. Fages ; Pau, 6 juin 2005, *JCP* 2005, IV, 3420.
4. Civ. 13, 16 déc. 2014, n° 14-14168, « en statuant ainsi, alors qu'elle avait constaté que l'erreur portait sur l'objet même de la vente et faisait obstacle à la rencontre des consentements de sorte que, fût-elle inexcusable, elle entraînait l'annulation de la vente, la cour d'appel a violé les textes susvisés » ; Civ. 3, 21 mai 2008, *Bull. civ.* III, n° 92 ; *D.* 2008, p. 2965 S. Amrani-Mekki ; *RDC* 2008, p. 716, obs. T. Génicon ; Civ. 3, 1er fév. 1995, *Bull. civ.* III, n° 36 ; *RTD civ.* 1995, p. 879, obs. J. Mestre, vente d'une propriété morcelée alors que l'acheteur la croyait d'un seul tenant : il n'y a pas à rechercher si l'erreur de l'acheteur n'est pas inexcusable car les parties « n'avaient pas accordé leur volonté sur le même objet ».

indifférente. La solution, admise autrefois par la jurisprudence[1], est désormais énoncée à l'article 1135 du Code civil : « l'erreur sur un simple motif, étranger aux qualités essentielles de la prestation due ou du cocontractant, n'est pas une cause de nullité ».

290. Exception. L'erreur sur les motifs est sanctionnée dans deux hypothèses (art. 1135). D'une part lorsque les parties ont intégré le motif dans le champ contractuel, en l'érigeant au rang de condition du contrat[2] (art. 1135 alinéa 1er). D'autre part dans les actes à titre onéreux, « l'erreur sur le motif d'une libéralité, en l'absence duquel son auteur n'aurait pas disposé, est une cause de nullité » (art. 1135 al. 2).

b. L'erreur sur la valeur

291. Lésion. L'erreur sur la valeur ne porte pas sur les qualités essentielles de la prestation, mais sur l'appréciation de la valeur de celle-ci. Elle se définit comme « une appréciation économique erronée effectuée à partir de données exactes[3] ». L'erreur sur la valeur (ou erreur monétaire) correspond à la lésion ; elle doit donc obéir au régime restrictif de celle-ci. Telle est la solution prévue à l'article 1136 du Code civil : « La simple erreur sur la valeur par laquelle, sans se tromper sur les qualités essentielles de la prestation due, un contractant fait seulement de celle-ci une appréciation économique inexacte n'est pas en soi une cause de nullité ».

2. Les caractères de l'erreur

292. Deux exigences. L'erreur sur les qualités essentielles de la prestation ou du cocontractant n'entraîne la nullité que si elle présente certains caractères. Elle doit être déterminante et excusable.

1 . Civ. 1, 13 fév. 2001, *Bull. civ.* I, n° 31 ; *RTD civ.* 2001, p. 352, obs. J. Meste et B. Fages ; *JCP* 2001, I, 330, n° 5 obs. J. Rochfeld ; *Def.*, 2002, p. 476, note D. Robine, « l'erreur sur un motif du contrat extérieur à l'objet de celui-ci [en l'occurrence, l'obtention d'avantages fiscaux] n'est pas une cause de nullité de la convention, quand bien même ce motif aurait été déterminant ». Dans le même sens : Civ. 3, 24 avr. 2003, *Bull. civ.* III, n° 82 ; *D.* 2004, p. 450, note S. Chassagnard ; *JCP* 2003, II, 10135, note R. Wintgen ; *RDC* 2003, p. 42, obs. D. Mazeaud ; *RTD civ.* 2003, p. 699, obs. J. Mestre et B. Fages ; p. 723, obs. P.-Y. Gautier ; Com. 11 avr. 2012, *Bull. civ.* IV, n° 77 ; *JCP* 2012, p. 1151, obs. Y.-M. Serinet.

2. V. en ce sens sous l'empire des textes anciens : Com., 11 avr. 2012, préc. « l'erreur sur un motif du contrat extérieur à l'objet de celui-ci n'est pas une cause de nullité de la convention, quand bien même ce motif aurait été déterminant, à moins qu'une stipulation expresse ne l'ait fait entrer dans le champ contractuel en l'érigeant en condition du contrat ».

3 . J. Ghestin, *La notion d'erreur dans le droit positif actuel*, préf. J. Boulanger, LGDJ, 1971, n° 69 et s. ; J. Ghestin, *La formation du contrat*, n° 511 s. ; J. Goubeaux, « À propos de l'erreur sur la valeur », *Études offertes à J. Ghestin*, LGDJ, 2001, p. 389 s.

293. Caractère déterminant. L'erreur, comme les autres vices du consentement, n'entraîne la nullité que si elle a été déterminante (art. 1130 C. civ.). La victime doit établir que sans cette erreur, elle n'aurait pas contracté ou aurait contracté à des conditions radicalement différentes. En pratique la preuve du caractère déterminant ne soulève généralement pas de difficulté. En effet, une qualité essentielle est une qualité définie comme telle par les parties (v. *supra* n° 278) ; or l'erreur sur une telle qualité est logiquement déterminante. Le caractère essentiel de la qualité établit le caractère déterminant de l'erreur.

294. Caractère excusable. L'erreur n'est une cause de nullité que si elle est « excusable » (art. 1132 C. civ.). Cette exigence conduit à refuser la nullité en cas d'erreur grossière. Il ne doit pas être tenu compte de la simple maladresse, à peine de paralyser la protection offerte par la théorie de l'erreur (toute erreur n'implique-t-elle pas au fond une certaine maladresse de la part de la victime ?). Pour apprécier le caractère excusable ou non de l'erreur, les juges du fond doivent tenir compte des circonstances de la formation du contrat et, surtout, des capacités et du comportement de l'intéressé[1]. L'erreur commise par un professionnel agissant dans son domaine de compétence sera plus facilement considérée comme inexcusable[2]. Cette exigence tenant au caractère excusable de l'erreur ne se justifie pas d'un point de vue psychologique : la faute de l'*errans* n'empêche pas que son consentement soit vicié. C'est une considération d'ordre moral qui impose cette exigence : il ne serait pas juste que la victime de l'erreur puisse tirer parti de sa propre négligence pour imposer à l'autre partie la remise en cause du contrat. *De non vigilantibus non cura prator* : des non vigilants le préteur (juge) n'a cure.

3. Preuve et sanction de l'erreur

295. Preuve. La preuve de l'erreur incombe à celui qui prétend que son consentement a été vicié. L'erreur étant un fait juridique, la preuve est libre. L'erreur est une donnée psychologique dont la preuve est souvent difficile. Le contenu du contrat joue un rôle essentiel, lorsque les parties ont pris soin d'indiquer quelles étaient les qualités qu'elles considéraient comme essentielles. À défaut de précision suffisante du contrat, différents indices peuvent être pris en compte

1. Civ. 1, 16 déc. 1964, *Bull. civ.* I, n° 575, est jugée inexcusable l'erreur d'un amateur d'art appartenant à un milieu social élevé.
2. Civ. 1, 2 mars 1964, *Bull. civ.* I, n° 122, est jugée inexcusable l'erreur d'un architecte sur la constructibilité du terrain qu'il achète; Soc., 3 juill. 1990, *Bull. civ.* V, n° 329, est jugée inexcusable l'erreur de l'employeur sur les compétences du salarié.

tels que le prix[1], les circonstances de la conclusion du contrat ou encore les compétences du demandeur.

296. Sanction. L'erreur repose sur des données psychologiques et morales qui s'apprécient dans la personne de la victime. Elle n'implique aucune faute de l'autre partie. Aussi la sanction de l'erreur consiste seulement en la nullité du contrat. L'erreur en elle-même ne peut justifier l'allocation de dommages et intérêts.

297. Erreur et garantie des vices cachés. Le droit spécial de la vente fait peser sur le vendeur une garantie pour les vices cachés de la chose vendue[2]. L'erreur et la garantie des vices cachés ont chacun leur domaine : l'erreur sanctionne un défaut de formation tandis que la garantie des vices cachés sanctionne un défaut d'exécution du contrat. Mais cette différence, bien réelle, n'empêche pas que certaines situations peuvent relever des deux mécanismes : bien souvent l'erreur de l'acheteur trouve sa source dans un défaut caché de la chose. Remplissant les conditions d'exercice des deux actions, l'acheteur devrait logiquement avoir le choix de se fonder sur l'une ou l'autre, en fonction de ses intérêts. Des intérêts pratiques sont attachés à ce choix[3].

La Cour de cassation a, un temps, reconnu à l'acheteur le bénéfice d'une option entre erreur et garantie des vices cachés[4]. Mais elle décide à présent que la présence d'un vice caché implique que l'action en nullité pour erreur soit fermée[5]. On ne voit pas les raisons qui justifient une telle solution. Le principe suivant lequel le droit

1. L'acheteur qui a payé un prix modique ne peut prétendre qu'il croyait acquérir le tableau d'un peintre réputé (Paris, 21 fév. 1950, *D.* 1950, p. 269).
2. C. civ., art. 1641 : « Le vendeur est tenu de la garantie à raison des défauts cachés de la chose vendue qui la rendent impropre à l'usage auquel on la destine, ou qui diminuent tellement cet usage, que l'acheteur ne l'aurait pas acquise, ou n'en aurait donné qu'un moindre prix s'il les avait connus ».
3. Par certains cotés, l'erreur est plus avantageuse (s'agissant du délai de prescription : cinq ans pour l'erreur, deux ans pour la garantie des vices cachés). Mais par d'autres cotés c'est la garantie qui est plus intéressante (le panel des sanctions est plus large : de l'anéantissement du contrat à une simple réfaction de celui-ci avec éventuellement une réduction du prix ou une indemnisation, alors que l'erreur ne permet que la nullité). V. Y.-M. Serinet, *Mélanges Ghestin*, 2001, p. 789.
4. V. Com., 8 mai 1978, *Bull. civ.* IV, n° 135 ; *JCP* 1982, II, 19758, note J. Ghestin ; Civ. 3, 18 mai 1988, *Bull. civ.* III, n° 96 ; *D.* 1989, somm. p 229, obs. J.- L. Aubert ; Civ. 1, 28 juin 1988, *Bull. civ.* I, n° 211 ; *D.* 1989, somm. p. 229, obs. J.-L. Aubert ; *RTD civ.* 1989, p. 342, obs. P. Rémy.
5. V. Civ. 1, 14 mai 1996, *Bull. civ.* I, n° 213 ; *D.* 1997, somm. p. 345, obs. O. Tournafond, *D.* 1998, p. 305, note F. Jault-Seseke ; *JCP* 1997, I, 4009, obs. C. Radé, décidant que la garantie des vices cachés constitue l'unique fondement possible de l'action intentée par l'acheteur de tuiles présentant un vieillissement anormal. V. ég. Civ. 3, 7 juin 2000, *Cont. Conc. Cons.*, 2000, n° 159, obs. L. Leveneur ; *D.* 2002, somm. p. 1002, obs. P. Brun ; *G.A.*, n° 268 ; Civ. 3, 30 mars 2011, n° 10-15309, « vu l'article 1641 du Code civil ; attendu que la garantie des vices cachés constitue l'unique fondement de l'action exercée pour défaut de la chose vendue la rendant impropre à sa destination normale ».

spécial évince le droit commun, qui est désormais consacré par la loi (art. 1105 al. 3 C. civ.), ne doit s'appliquer que lorsqu'il existe une antinomie entre les règles générales et les règles spéciales (v. *supra*, n° 14). Or ici le droit spécial (la garantie des vices cachés) et le droit commun (l'erreur) sont parfaitement complémentaires et ils poursuivent la même finalité (la protection de l'acheteur). Rien ne s'opposerait donc à ce que l'acheteur puisse bénéficier d'une option entre erreur et garantie des vices cachés, dès lors bien sûr que les conditions d'exercice des deux actions sont réunies.

II. Le dol

298. Consentement trompé. L'article 1137 du Code civil donne la définition du dol : « Le dol est le fait pour un contractant d'obtenir le consentement de l'autre partie par des manœuvres ou des mensonges. Constitue également un dol, la dissimulation intentionnelle par l'un des contractants d'une information dont il sait le caractère déterminant pour l'autre partie ». Il ressort de cette définition que le dol est un comportement malhonnête de l'une des parties, provoquant une erreur déterminante du consentement de l'autre. L'erreur qui résulte du dol n'est pas spontanée, mais provoquée. On examinera successivement la notion de dol (1) puis la preuve et la sanction du dol (2).

1. La notion de dol

299. Délit civil et vice du consentement. Le dol est un comportement malhonnête provoquant une erreur déterminante. Il présente un aspect délictuel (A) et un aspect psychologique (B).

A. L'aspect délictuel

300. Tromperie. Le dol suppose un élément matériel (a) et un élément intentionnel (b) et il émane du cocontractant (c).

a. L'élément matériel

301. Manœuvres. Le dol peut consister en des « manœuvres » (art. 1137 C. civ.), ce qui renvoie à des agissements positifs : mise en scène, emploi de certains artifices. Ces manœuvres peuvent être très diverses : « maquillage » d'un immeuble pour en dissimuler les défauts[1], trafic du compteur kilométrique d'un véhicule[2].

---

1. Civ. 3, 28 mai 2002, n° 00-22339 et 01-03166, *Dr. et Patr.* oct. 2002, p. 101, obs. P. Chauvel.
2. Civ. 1, 31 janv. 1979, *D.* 1973, IR, p. 288.

302. Mensonge. Aux manœuvres, l'article 1137 du Code civil assimile le mensonge. Le texte consacre ainsi une solution qui avait été posée par la jurisprudence : « un simple mensonge, non appuyé d'actes extérieurs, peut constituer un dol[1] ». Le mensonge doit être distingué de l'habileté, qui, elle, est permise par le droit : la séduction a sa part dans la conclusion du contrat. Le vendeur doit pouvoir vanter son produit avec une certaine exagération[2], le « sens des affaires » doit pouvoir s'exprimer. La ligne de partage entre l'habileté permise et le mensonge prohibé est toute relative (c'est la distinction entre le *dolus bonus* et le *dolus malus*). Mais en toute hypothèse le mensonge caractérisé est sanctionné : ainsi le fait de répondre mensongèrement à une question précise concernant une qualité essentielle du produit est un dol[3].

303. Dissimulation d'information. L'article 1137 alinéa 2 du Code civil prévoit que « constitue également un dol la dissimulation intentionnelle par l'un des contractants d'une information dont il sait le caractère déterminant pour l'autre partie ». Cette disposition consacre la notion de réticence dolosive qui était admise par la jurisprudence[4].

b. L'élément intentionnel

304. Volonté de tromper. Le dol est le fait d'obtenir le consentement par un comportement malhonnête. Il suppose un élément intentionnel, l'intention de tromper. En l'absence d'élément intentionnel, le dol n'est pas caractérisé. Cette exigence d'un élément intentionnel vaut pour toutes les formes de dol. Elle va de soi s'agissant des manœuvres et des mensonges car de tels procédés ne peuvent s'expliquer autrement que par la volonté de tromper. S'agissant de la dissimulation d'une information, l'article 1137 exige expressément qu'elle ait été « intentionnelle ». La dissimulation intentionnelle d'information, qui est un dol, est ainsi clairement distinguée du simple manquement non intentionnel à une obligation d'information, qui est visé à l'article 1112-1 du Code civil (v. *supra* n° 143 s.) et ne

1. Civ. 1, 6 nov. 1970, *JCP* 1971, II, 16942, note J. Ghestin.
2. V. pax ex. Paris, 12 avr. 1983, *Gaz. Pal.* 983; 1, jur. p. 341 : un film publicitaire montrait des bulldozers jouant au football avec des valises de la marque Samsonite en laissant penser qu'elles résistaient à ces traitements : l'arrêt écarte la qualification de publicité trompeuse au motif que cette publicité « ne peut, par son outrance et exagération, finalement tromper personne ». La décision est rendue sur le fondement de la publicité trompeuse, mais le raisonnement est le même : l'emphase ne doit pas être sanctionnée.
3. V. par ex. Civ., 27 avr. 1953, *D.* 1953, p. 440.
4. Civ. 3, 15 janv. 1971, *Bull. civ.* III, n° 38; *RTD civ.* 1971, p. 839, obs. Y. Loussouarn; Civ. 3, 2 oct. 1974 *Bull. civ.* III, n° 330; *G.A.*, n° 150, le vendeur avait dissimulé la prochaine installation d'une porcherie à proximité de la maison vendue.

peut justifier que des dommages et intérêts. La preuve de l'élément intentionnel de la dissimulation d'une information est généralement difficile à rapporter (v. *infra* n° 313).

c. L'auteur du dol

305. Principe : exclusion du dol d'un tiers. L'article 1137 alinéa 1er prévoit que « le dol est le fait *pour un contractant* d'obtenir le consentement de l'autre[1] ». Les manœuvres ou les mensonges d'un tiers ne constituent pas un dol au sens de l'article 1137 alinéa 1er. Par exemple, dans le cautionnement le dol du débiteur principal, qui n'est pas partie au contrat de cautionnement[2], n'est pas une cause de nullité de ce contrat conclu entre la caution et le créancier[3]. Cette exigence tenant à l'auteur du dol ne s'explique pas par des raisons psychologiques : les manœuvres du tiers peuvent avoir vicié le consentement de la victime aussi bien que celles du cocontractant. Cette exigence s'explique par le caractère délictuel du dol : la nullité du contrat pour dol est une sanction qui ne doit pas frapper le contractant innocent.

306. Exceptions. Par exception, la règle selon laquelle le dol ne peut émaner d'un tiers est écartée dans certaines hypothèses particulières.

D'une part, le dol est constitué s'il émane « du représentant, gérant d'affaires, préposé ou porte-fort du contractant » (art. 1138 al. 1er). Ce texte reprend les solutions admises par la jurisprudence, en ajoutant à la liste des auteurs potentiels du dol le préposé du cocontractant.

D'autre part, le dol est constitué « lorsqu'il émane d'un tiers de connivence » (art. 1138 al. 2). Là encore le texte reprend la solution qui était admise par la jurisprudence. Le simple fait d'avoir connu l'existence du dol et d'en avoir profité devrait suffire à établir la « connivence » exigée par le texte.

1. C'est nous qui soulignons.
2. Même s'il est le « pivot » de l'opération de cautionnement : c'est généralement à sa demande et afin de lui permettre d'obtenir du crédit que la caution s'engage envers le créancier.
3. Civ. 1, 27 juin 1973, *Bull. civ.* I, n° 219, *D.* 1973, p. 733, note crit. P. Malaurie ; *RTDciv.* 1974, p. 143, obs. Y. Loussouarn ; Civ. 1, 26 janv. 1977, *Bull. civ.* I n° 52 ; Civ. 1, 28 juin 1978, *Bull. civ.* I, n° 246. La solution est généralement critiquée : P. Simler, « Le juge et la caution. Excès de rigueur ou excès d'indulgence ? » *JCP N*, 1986, I, 169, spéc. n° 23 ; P. Malaurie et L. Aynès, *Les sûretés*, *Defrénois* 2004, n° 215.

B. L'aspect psychologique

307. Une erreur déterminante. Le dol n'est source de nullité que s'il a provoqué une erreur (a) et s'il a été déterminant (b).

a. L'erreur provoquée par le dol

308. Pas d'erreur, pas de dol. Pour que le dol soit constitué, il est nécessaire que les manœuvres, le mensonge ou le silence aient engendré une erreur, c'est-à-dire une fausse représentation de la réalité. Cette exigence résulte de la définition même du dol, qui est « le fait pour un contractant *d'obtenir le consentement de l'autre* ». Il n'y a pas dol lorsqu'un contractant s'engage en cédant à des pressions psychologiques mais sans avoir pour autant une fausse perception de la réalité[1].

309. Une erreur toujours excusable et jamais indifférente. Pour que le contrat puisse être annulé sur le fondement du dol, il faut donc que la tromperie, le comportement malhonnête de l'une des parties ait provoqué une erreur de l'autre partie. Cette exigence suscite une interrogation : à quoi sert le dol s'il est nécessaire de caractériser une erreur pour prononcer la nullité du contrat ? Le dol ferait-il double emploi avec l'erreur ? Une réponse négative s'impose car l'existence d'un dol a pour effet d'élargir les erreurs que le contractant peut invoquer pour demander la nullité. L'erreur qui résulte d'un dol peut justifier la nullité sans être une erreur sur les qualités essentielles de la prestation. Une erreur qui aurait été indifférente si elle avait été commise de façon spontanée pourra entraîner la nullité si elle résulte d'un dol. Par exemple, l'erreur sur la valeur et l'erreur sur les mobiles, qui sont indifférentes par elles-mêmes, peuvent être prises en compte si elles résultent d'un dol[2]. Dans la même idée, la Cour de cassation a jugé que « la réticence dolosive rend toujours excusable l'erreur provoquée[3] ». Le nouvel article 1139 du Code civil consacre ces solutions : « L'erreur qui résulte d'un dol

1. Une décision isolée et largement citée a admis à tort l'existence d'un dol dans une telle hypothèse : Colmar, 30 janv. 1970, *D.* 1970, p. 297 note E. Alfandari, une dame âgée avait été retenue de force dans sa chambre jusqu'à ce qu'elle consente à donner tous ses biens. Il n'y avait en réalité pas dol, mais violence.
2. Pour l'admission de l'erreur sur la valeur sous l'égide du dol, v. Civ. 3, 22 juin 2005, *Bull. civ.* III, n° 137 ; *RDC* 2005, p. 1025, obs. P. Stoffel-Munck ; Com. 17 juin 2008, *RTD civ.* 2008, p. 671, obs. B. Fages.
3. Civ. 3, 21 fév. 2001, *Bull. civ.* III, n° 20 ; *D.* 2001, p. 2720, note D. Mazeaud ; *JCP* 2002, II, 10027, note C. Jamin ; *RTD civ.* 2001, p. 353, obs. J. Mestre et B. Fages ; Com., 13 fév. 2007, n° 04-16520. Sur cette jurisprudence, v. J. Ghestin, « La réticence dolosive rend toujours excusable l'erreur provoquée », *JCP* 2011, 703 ; J. Mouly, « La réticence dolosive suppose, mais ne rend pas excusable l'erreur provoquée, *JCP* 2012, 981.

est toujours excusable ; elle est une cause de nullité alors même qu'elle porterait sur la valeur de la prestation ou sur un simple motif du contrat». Pour le dire simplement, l'erreur qui résulte d'un dol est toujours excusable et elle n'est jamais indifférente[1].

b. Le caractère déterminant du dol

310. Erreur déterminante. Comme les autres vices du consentement, le dol n'est une cause de nullité que s'il a été déterminant (art. 1130 C. civ.). Le demandeur doit donc établir qu'il a été induit en erreur par la tromperie de son cocontractant et que, sans cette erreur, il n'aurait pas contracté ou aurait contracté à des conditions substantiellement différentes[2].

Certains auteurs opèrent une distinction entre le *dol principal*, défini comme le dol sans lequel la victime n'aurait pas contracté, et le *dol incident*, entendu comme celui sans lequel la victime aurait contracté mais à des conditions plus avantageuses pour elle. Seul le dol principal serait sanctionné par la nullité du contrat, le dol incident ne pouvant être sanctionné que par des dommages et intérêts[3]. Cette distinction est contestable : on ne voit pas de raison de traiter différemment ces deux situations[4]. L'article 1130 du Code civil semble bien condamner cette distinction en prévoyant que le dol est déterminant lorsque, sans lui, la victime « n'aurait pas contracté ou aurait contracté à des conditions substantiellement différentes ». Ce texte place sur le même plan le dol principal et le dol incident.

2. La preuve et la sanction du dol

311. On examinera la preuve (A) et la sanction (B) du dol.

---

1. V. G. Chantepie et M. Latina, n° 329 s.
2. V. Soc., 5 oct. 1994, *D.* 1995, p. 282, note P. Mozas ; *RTDCiv.* 1995, p. 93, obs. J. Mestre ; *RTDCiv.* 1995, p. 143 obs. P.-Y. Gautier : un mari avait fait rédiger sa lettre manuscrite de candidature par son épouse : cette manœuvre ne constitue une cause de nullité que si l'employeur démontre que, sans cette manœuvre, il n'aurait pas contracté.
3. C. Aubry et C. Rau, *Cours de droit civil français*, t. IV, 4e éd. Paris, Marchal et Billard, 1902, § 343 bis.
4. V. not. J. Flour, J.-L. Aubert et É. Savaux, n° 214, les auteurs soulignent qu'il est « irréaliste de prétendre ainsi distinguer entre la volonté de contracter, abstraitement considérée, et la volonté concrète de contracter à telles ou telles conditions ». V. ég. critiquant cette distinction : M. Planiol et G. Ripert, *Obligations, Traité pratique de droit civil français*, par P. Esmein, t. VI, 2e éd. 1952, spéc. n° 207 ; J. Ghestin, n° 576 ; J. Flour, J.-L. Aubert et É. Savaux, n° 214 ; A. Bénabent, n° 106 ; M. Fabre-Magnan, n° 368.

A. La preuve

312. Charge et mode de preuve. Conformément au droit commun, la charge de la preuve incombe au demandeur et, s'agissant d'un fait juridique, elle peut être rapportée par tout moyen.

313. Difficultés de preuve du dol par dissimulation d'information. Dans le cas de manœuvres ou de mensonges, la preuve du dol est relativement aisée. Ces agissements permettent d'établir l'intention dolosive de l'auteur du dol et ils contribuent à faire la preuve de l'erreur déterminante de la victime du dol. En revanche, la preuve du dol par dissimulation d'information est difficile à rapporter. Le silence conservé par l'une des parties ne résulte pas nécessairement de l'intention de tromper (il peut s'expliquer par l'ignorance ou procéder d'une simple négligence). Il convient donc que le demandeur à la nullité prouve que son cocontractant a gardé le silence dans l'intention de le tromper. La Cour de cassation s'est parfois écartée de cette ligne pour décider que le simple manquement du professionnel à son obligation d'information permet de présumer le dol[1]. Une telle solution conduit à altérer profondément la notion de dol, dont l'élément intentionnel est ainsi éludé[2]. La Cour de cassation semble cependant revenir ces dernières années à une position plus orthodoxe, exigeant de nouveau la preuve du caractère intentionnel du dol. Elle décide que le simple manquement à une obligation d'information ne suffit pas à caractériser le dol ; il faut encore prouver spécifiquement le caractère intentionnel de ce manquement[3]. La formulation du nouvel article 1137 alinéa 2, qui parle de « dissimulation *intentionnelle*[4] », devrait inciter la jurisprudence à se montrer exigeante sur la preuve du caractère intentionnel du dol.

1. V. par ex. Civ. 1, 15 mai 2002, *Bull. civ.* I, n° 132 ; *JCP* 2002, I, 184, n° 1, obs. F. Labarthe ; *Cont. Conc. Cons.*, 2002, n° 135, obs. L. Leveneur. Civ. 3, 11 mai 2005, *RTD civ.* 2005, p. 590, obs. J. Mestre et B. Fages.
2. V. F. Terré, P. Simler et Y. Lequette, n° 233 ; J. Flour, J.-L. Aubert et É. Savaux, n° 213-1.
3. Com., 28 juin 2005, *Bull. civ.* IV, n° 140 ; *RTD civ.* 2005, p. 591, obs. J. Mestre et B. Fages ; *D.* 2005, p. 2838, obs. S. Amrani-Mekki ; *Dr. et pat.* 2005, n° 141, obs. L. Aynès et P. Stoffel-Munck, la Cour juge que « le manquement à une obligation d'information, à le supposer établi, ne peut suffire à caractériser le dol par réticence, si ne s'y ajoute la constatation du caractère intentionnel de ce manquement et d'une erreur déterminante provoquée par celui-ci ». Civ. 1, 28 mai et 25 juin 2008, *Bull. civ.* I, n° 132 et n° 184 ; Com., 7 juin 2011, n° 10-13622, *Cont. Conc. Cons.*, 208, obs. L. Leveneur ; *Dr. et pat.* 2012, p. 67 obs. P. Stoffel-Munck.
4. C'est nous qui soulignons.

B. La sanction

314. Délit civil et vice du consentement. Le double aspect du dol se retrouve logiquement au plan des sanctions. En tant que vice du consentement, le dol entraîne la nullité relative du contrat ; en tant que délit civil il peut justifier que soit recherchée la responsabilité de son auteur (responsabilité délictuelle, puisque la faute est antérieure à l'existence du contrat). La victime est en droit de demander seulement des dommages et intérêts : elle conserve ainsi le bénéfice du contrat.

315. Dol et vice caché. Nous avons vu plus haut que l'action en garantie des vices cachés est exclusive de l'action en nullité pour erreur (v. *supra*, n° 297). Il n'en va pas de même s'agissant du dol. La Cour de cassation décide en effet que « l'action en garantie des vices cachés n'est pas exclusive de l'action en nullité pour dol[1] ».

III. La violence

316. Consentement extorqué. La violence est définie à l'article 1140 du Code civil : « Il y a violence lorsqu'une partie s'engage sous la pression d'une contrainte qui lui inspire la crainte d'exposer sa personne, sa fortune ou celles de ses proches à un mal considérable ». Il ressort de cette définition que la violence est une contrainte exercée sur un individu en vue de le forcer à conclure un contrat. Ce vice du consentement est tout différent de l'erreur et du dol. Alors que dans l'erreur ou le dol le consentement est vicié parce qu'il n'est pas éclairé (la victime s'est trompée ou a été trompée), en cas de violence le consentement est vicié parce qu'il n'a pas été libre. Le consentement de la victime est forcé, « extorqué » pour reprendre le terme qui était utilisé par l'ancien art. 1109 C. civ. On présentera successivement la notion de violence (1) puis la preuve et la sanction de la violence (2).

1. La notion de violence

317. Délit civil et vice du consentement. Comme le dol, la violence est une notion ambivalente. Elle présente un aspect délictuel (A) et un aspect psychologique (B).

1. Civ. 1, 6 nov. 2002, *Bull. Civ.* IV, n° 260 ; *Cont. Conc. Cons.*, 2003, n° 38, obs. L. Leveneur.

A. Aspect délictuel

318. Contrainte. La violence peut prendre des formes diverses (a). Elle doit être illégitime (b) et peut émaner d'une partie ou d'un tiers (c).

a. Les formes de violence

319. Violence physique. La violence physique consiste en des coups et autres mauvais traitements infligés à la personne afin d'extorquer son consentement. Constitue également une violence physique le fait de séquestrer une personne pour obtenir son consentement[1].

320. Violence morale. La violence morale consiste en des pressions psychologiques : chantage, menaces. Par exemple la menace de porter atteinte à l'honneur et à la réputation[2], la menace de « ruiner la société[3] » ou bien de priver de ressources une veuve et ses enfants[4]. Cette forme de violence n'est pas moins redoutable que la précédente.

321. Abus de dépendance. L'article 1143 du Code civil énonce : « Il y a également violence lorsqu'une partie, abusant de l'état de dépendance dans lequel se trouve son cocontractant, obtient de lui un engagement qu'il n'aurait pas souscrit en l'absence d'une telle contrainte et en tire un avantage manifestement excessif ». Ce texte assimile à la violence l'abus de la dépendance dans laquelle se trouve son cocontractant : c'est ce que l'on appelle généralement la « violence économique ». On relèvera cependant que le domaine d'application du texte n'est pas limité à la dépendance économique qui s'exerce entre entreprises. Il peut s'appliquer à toutes les hypothèses de dépendance et peut donc servir à la protection des personnes physiques vulnérables. Il pourrait s'appliquer à des situations de dépendance liées à l'âge, à l'état de santé ou à des situations de dépendance psychique (notamment dans les sectes). Mais il ne faut sans doute pas trop attendre de ce nouveau dispositif dont la mise en œuvre est étroitement encadrée.

---

1. Soc., 8 nov. 1984, *Bull. civ.* V, n° 83; *RTDciv.* 1985, p. 368, obs. J. Mestre; Civ. 3, 13 janv. 1999, *Bull. civ.* III, n° 11; *RTDciv.* 1999, p. 381, obs. J. Mestre; *D.* 2000 p. 76, obs C. Willmann; *Def.* 1999, p. 749, obs. P. Delebecque.
2. Soc. 23 mai 2013, *Bull. civ.* V n° 128; *D.* 2013 p. 1355, note B. Ines, l'employeur avait menacé le salarié de « ternir la poursuite de son parcours professionnel » ; Civ. 1, 30 juin 1954, *JCP G* 1954, II, 8325, menace de révéler de prétendus crimes commis sous l'occupation. Ce type de menaces peut constituer le délit pénal de chantage (Code pénal, art. L. 312-10).
3. Com. 18 févr. 1997, *Bull. civ.* IV n° 59; *D.* 1998, somm. p. 181, obs. J.-C. Hallouin, le vice de violence affecte une décision d'assemblée générale d'actionnaires.
4. Com., 4 jun 1973, *Bull. civ.* IV, n° 193.

322. Conditions d'application de l'abus de dépendance. Trois conditions sont requises pour que soit caractérisé l'abus de dépendance. Il faut d'abord que l'une des parties soit dans une situation de dépendance (économique, ou autre). Il faut ensuite que le cocontractant abuse de cette situation pour obtenir de la partie en situation de dépendance un « engagement qu'elle n'aurait pas souscrit en l'absence d'une telle contrainte ». Et il faut encore que l'auteur de l'abus « en tire un avantage manifestement excessif ». Comment comprendre cette dernière exigence, qui s'ajoute à celle d'un abus ? En subordonnant la sanction de l'abus de dépendance non seulement à la condition que l'engagement n'aurait pas été souscrit par la victime, mais encore à celle que l'auteur en retire un « avantage manifestement excessif », l'article 1143 du Code civil introduit « une condition obstacle, qui risque de priver largement d'effectivité cette nouvelle branche du vice de violence[1] ». Cette condition a été rajoutée dans le but de « répondre aux craintes des entreprises » et « d'objectiver » l'appréciation de l'abus[2]. On peut craindre qu'elle conduise à neutraliser purement et simplement la sanction du vice de violence[3].

b. Le caractère illégitime de la violence

323. Légitimité des voies de droit. Selon l'article 1141 du Code civil, la menace d'exercer un droit, et spécialement d'agir en justice, ne constitue pas une violence. Il en va autrement cependant lorsque la voie de droit est « détournée de son but ou lorsqu'elle est invoquée ou exercée pour obtenir un avantage manifestement excessif ». Cette disposition reprend une solution qui avait été admise par la jurisprudence[4].

c. L'auteur de la violence

324. Une partie ou un tiers. Reprenant en substance la solution antérieure, l'article 1142 du Code civil prévoit que « la violence est une cause de nullité qu'elle ait été exercée par une partie ou par un tiers ». Cette règle est contraire à

1. G. Loiseau, « Les vices du consentement », *Cont. Conc. Cons.* 2016, Dossier 3, spéc. n° 15.
2. *Rapport au Président de la République relatif à l'ordonnance*, préc. Sous-Section 1 « Le consentement », Paragraphe 2 « Les vices du consentement ».
3. Avant la réforme, la Cour de cassation avait admis dans le principe le vice de violence économique, mais elle l'avait soumis à des conditions très strictes qui le privaient de toute portée (v. Civ. 1, 3 avril 2002, *Bull. civ.* I, n° 108 ; *D.* 2002, p. 1860, note J.-P. Gridel ; p. 1862, note J.-P. Chazal ; *D.* 2002, somm. p. 2844, obs. D. Mazeaud ; *RTD civ.* 2002, p. 502, obs. J. Mestre et B. Fages ; cassant Paris, 12 janv. 2000, *JCP* 2000, II, 10433, note P. Pierre).
4. Civ. 3, 17 janv. 1984, *Bull. civ.* III, n° 13 ; *Def.*, 1985, p. 378, note J.-L. Aubert. Pour un exemple burlesque : Req. 6 avr. 1903, S. 1904, 1, 505, note Naquet.

celle que prévoit l'article 1137 pour le dol. La considération d'ordre moral qui sous-tend l'article 1137 concernant le dol (v. *supra*, n° 305) se retrouve pourtant dans la violence : il n'est pas juste que le cocontractant qui est étranger à la violence subisse la nullité de l'acte. Mais cette considération d'ordre moral est occultée par la dimension psychologique du vice de violence : l'atteinte portée au consentement par la violence justifie que le contrat soit annulé, même si le cocontractant est innocent.

B. Aspect psychologique

325. Crainte. Pour que la violence soit caractérisée, il faut que la menace ait inspiré «la crainte d'exposer sa personne, sa fortune ou celles de ses proches à un mal considérable». C'est dire que la crainte doit avoir eu une intensité forte. Comme tous les vices du consentement la violence doit être déterminante (art. 1130 C. civ.). La victime doit établir que sans cette crainte, elle n'aurait pas contracté ou aurait contracté à des conditions radicalement différentes.

2. La preuve et la sanction de la violence

326. Preuve. C'est à celui qui demande l'annulation du contrat qu'il appartient de rapporter la preuve de l'acte de violence et de son caractère déterminant. S'agissant d'un fait juridique, la preuve est libre. L'appréciation est faite *in concreto* c'est-à-dire en tenant compte des qualités de la personne : sa force de caractère, son expérience, son âge[1]...

327. Sanctions. Comme pour le dol, les deux aspects de la violence se retrouvent au plan de la sanction. En tant que vice du consentement, la violence entraîne la nullité du contrat et cette nullité est relative car il s'agit d'une nullité de protection (C. civ. art. 1131). En tant que délit civil, la violence peut engager la responsabilité civile de son auteur sur le fondement de l'article 1382 du Code civil.

---

1. V. not. Com., 30 janv. 1974, *D.* 1974, p. 382, l'arrêt tient compte de l'expérience des affaires et de l'âge de la personne pour décider qu'elle pouvait résister à la crainte irraisonnée de subir des poursuites pénales; Civ. 3, 13 janv. 1999, *Bull. civ.* III, n° 11 ; *D.* 2000, p. 76, note Willmann ; *JCP* 1999, I, 143, n° 1, obs. G. Loiseau; *RTD civ.* 1999, p. 381, obs. J. Mestre, l'arrêt tient compte de la situation de la personne pour admettre la nullité en raison des pressions psychologiques exercées par les membres d'une secte.

Chapitre 3

Un contenu licite et certain

328. Le consentement des parties est nécessaire pour former le contrat mais il n'est pas suffisant. Il faut encore savoir *à quoi* les parties s'engagent et *pourquoi* elles s'engagent. C'est pourquoi le Code civil exige que le contrat ait un « contenu licite et certain[1] ». Sous cette expression le Code civil désigne l'objet de l'obligation d'une part (I), la contrepartie et le but d'autre part (I).

I. L'objet de l'obligation

329. Qu'est-ce qui est dû ? L'objet de l'obligation est ce qui est dû par le débiteur. C'est la prestation[2] : « L'obligation a pour objet une prestation présente ou future » (art. 1163 C. civ.). La prestation a elle-même pour objet une chose, un service ou une abstention. La prestation doit satisfaire à quatre exigences : elle doit exister (1), être possible (2), déterminée (3) et licite (4).

1. L'existence

331. Chose présente ou future. L'article 1163 indique que la prestation doit être « présente ou future ». Cela signifie d'abord que le contrat est nul si la prestation n'existe pas. Par exemple la cession d'un brevet inexistant est nulle faute d'objet[3] ; la vente d'une chose périmée est nulle faute d'objet[4]. Mais l'obligation peut porter sur une *chose future*, c'est-à-dire *une chose qui n'existe pas lors de la conclusion du contrat mais qui existera lors de son exécution*. Le principe de validité des contrats portant sur une chose future ne connaît que de rares exceptions[5]. Les contrats

1. Sous-Section 3 : « Le contenu du contrat », art. 1162 à 1171.
2. La prestation est « l'action de fournir » (Dict. Le Petit Robert).
3. Com., 3 mai 1978, *Bull. civ.* IV, n° 127, *RTDcom.* 1978, p. 371, obs. A. Chavanne et J. Azéma.
4. Com., 16 mai 2006, *Bull. civ.* IV, n° 124.
5. V. article 722 C. civ. (prohibition des pactes sur succession future) ; art. L. 131-1 C. prop. int. (prohibition de toute cession globale par un auteur de ses droits sur ses œuvres futures).

portant sur une chose future sont fréquents en pratique : vente d'une chose à fabriquer, d'une récolte en culture… Que se passe-t-il si la chose n'existe pas au moment de l'exécution ? Sous réserve des règles particulières applicables à certains contrats[1], il faut distinguer selon l'intention des parties. Si les parties avaient introduit un aléa dans la définition de l'obligation, aucune sanction n'est envisageable : il en va ainsi par exemple dans la vente du « coup de filet du pêcheur », dont le résultat est par définition aléatoire. En revanche si les parties n'avaient pas accepté un aléa et qu'elles tenaient l'existence de la chose pour certaines, le contrat est nul.

332. Chose d'autrui. Le Code civil ne comporte aucune disposition générale concernant les contrats portant sur la chose d'autrui. La jurisprudence admet que le bail de la chose d'autrui n'est pas nul mais seulement inopposable au propriétaire, et qu'il produit effet entre le bailleur et le preneur tant que celui-ci a la jouissance paisible de la chose[2]. Pour la vente, l'article 1599 du Code civil prévoit une solution différente : « la vente de la chose d'autrui est nulle : elle peut donner lieu à des dommages-intérêts lorsque l'acheteur a ignoré que la chose fût à autrui ». Mais la jurisprudence fait preuve de souplesse : elle décide que la vente de la chose d'autrui est valable dès lors que les parties ont retardé le transfert de propriété. Les parties peuvent ainsi prévoir un terme suspensif accordant au vendeur un délai pour devenir propriétaire ; dans cette hypothèse la nullité de l'article 1599 du Code civil ne s'appliquera que si le vendeur ne parvient pas à devenir propriétaire au terme convenu.

2. La possibilité

333. « À l'impossible, nul n'est tenu ». L'article 1163 alinéa 2 prévoit que la prestation « doit être possible ». Cette exigence concerne plus particulièrement les prestations de service. Elle s'apprécie *au moment de la formation du contrat* : est nul le contrat prévoyant une prestation impossible dès l'origine. Au contraire, lorsque la prestation devient impossible après la formation du contrat, le contrat est valable ; la difficulté relève de l'exécution du contrat et doit être envisagée sur le terrain de la force majeure (v. infra, n° 643 et s.).

334. Exigence d'une impossibilité objective. La règle prévoyant la nullité du contrat portant sur une prestation impossible ne doit pas permettre à celui qui s'est

1. Par exemple, la vente d'immeuble à construire qui est spécifiquement réglementée aux art. 1601-1 à 1601-4 C. civ.
2. Civ. 3, 7 oct. 1998, *Bull. civ.* III, n° 187.

engagé trop légèrement d'échapper à toute responsabilité. Aussi opère-t-on une distinction. Le contrat est nul si la prestation convenue est *objectivement* impossible (par ex. décrocher la lune). Si au contraire la prestation est *subjectivement* impossible, c'est-à-dire impossible pour le débiteur (par ex. une petite entreprise s'engage à des travaux qui impliquent une technologie qu'elle ne maîtrise pas), le contrat est valable et la responsabilité du débiteur défaillant pourra être engagée.

3. La détermination

335. Déterminé ou déterminable. L'exigence de détermination se conçoit de façon souple : la prestation doit être déterminée ou déterminable (art. 1163, alinéa 2, C. civ.). L'article 1163, alinéa 3, du Code civil indique que « la prestation est déterminable lorsqu'elle peut être déduite du contrat ou par référence aux usages ou aux relations d'affaires antérieures des parties ». À l'inverse, la prestation n'est pas déterminable si un nouvel accord des parties est nécessaire pour la fixer, ou si l'une des parties dispose de la faculté d'en déterminer seule le contenu. L'exigence de détermination s'applique de façon différente selon que la prestation porte sur une chose autre que l'argent (A), sur une somme d'argent (B) ou bien sur un service ou une abstention (C).

A. Prestation portant sur une chose autre que l'argent

337. Distinction. Les parties doivent déterminer précisément quelle est la chose objet de la prestation. La détermination s'opère de façon différente selon que la chose est un corps certain ou une chose de genre.

339. Corps certain. Un corps certain est une chose qui présente une irréductible individualité et qui ne peut donc être remplacée par une autre (un bien immobilier, une œuvre d'art). Si la chose objet de l'obligation est un corps certain, elle doit être désignée individuellement. On ne vend pas « un immeuble », mais « tel immeuble ».

340. Chose de genre. Une chose de genre est une chose fongible, appréhendée sous le rapport de son espèce (par exemple du blé), qui se vend au poids, au compte ou à la mesure. Lorsque l'obligation a pour objet une chose de genre, celle-ci doit être déterminée ou déterminable dans son espèce (le genre : du blé, du riz…), dans sa quotité et dans sa qualité. S'agissant de la qualité, lorsqu'elle n'est pas déterminée ou déterminable en vertu du contrat, elle devra être « de qualité conforme aux attentes légitimes des parties en considération de sa nature, des usages et du montant de la contrepartie » (C. civ., art. 1166).

B. Prestation monétaire

341. La prestation monétaire[1] (le prix) doit en principe être déterminée par les parties lors de la conclusion du contrat (a) mais ce principe supporte de nombreuses exceptions (b).

a. Le principe

342. Exigence de détermination du prix. Sous l'empire des textes anciens la jurisprudence avait décidé, après bien des hésitations, que la détermination du prix n'était pas une condition générale de validité du contrat[2]. Cette jurisprudence pouvait s'expliquer par la formulation des textes. L'ancien article 1129 du Code civil énonçait : « il faut que l'obligation ait pour objet une chose au moins déterminée quant à son espèce... » ; or, on peut hésiter à qualifier la monnaie d'objet ou de chose. Désormais, la formulation de l'article 1163 alinéa 2 du Code civil ne justifie plus une telle distinction. Ce texte énonce en des termes généraux que « la prestation [...] doit être déterminée ou déterminable ». Le texte n'opérant aucune distinction selon le type de prestation (en nature ou monétaire), il n'y a pas lieu de distinguer[3] : le prix doit en principe être déterminé ou déterminable[4].

343. Fondement du principe. L'exigence de détermination du prix s'inscrit parfaitement dans la logique du consensualisme, qui fait reposer la force obligatoire du contrat sur l'accord de volontés. La formation du contrat implique un accord des parties sur les éléments essentiels, or le prix est à n'en pas douter un élément essentiel ; partant, la détermination du prix doit en principe (sauf disposition particulière contraire) être une condition de formation du contrat[5]. Il n'en reste pas

1. Sur l'obligation monétaire, v. R. Libchaber, *La monnaie en droit privé*, préf. P. Mayer, LGDJ 1992 ; R. Libchaber, « La pensée économique de Jean Carbonnier : l'exemple de la monnaie », *in Hommage à Jean Carbonnier*, Dalloz, 2007, p. 61 et s. F. Grua, *Jur. Cl. Civ.*, App. Art. 1235 à 1270, Fascicule 40 : Monnaie.
2. La Cour de cassation décidait que l'article 1129 du Code civil, qui prévoyait que l'objet de l'obligation doit être déterminé, « n'est pas applicable à la détermination du prix » : Ass. plén., 1er déc. 1995, *Bull. A.P.*, n° 9 ; *D.* 1996, p. 13, concl. M. Jéol, note L. Aynès ; *JCP* 1996, II, 22565, note J. Ghestin ; *Pet. Aff.*, 27 déc. 1995, p. 11, note D. Bureau et N. Molfessis ; *RTD civ.* 1996, p. 153, note J. Mestre ; *Def.*, 1996, p. 747, obs. P. Delebecque ; *G.A.*, n° 151-154.
3. *Ubi lex non distinguit, nec nos distinguere debemus* (quand la loi ne distingue pas, nous non plus ne devons pas distinguer).
4. V. ég. en ce sens : F. Labarthe, « La fixation unilatérale du prix dans les contrats cadre et prestations de service. Regard interrogatifs sr les articles 1164 et 6615 du Code », *JCP* 2016, 642.
5. V. en ce sens : F. Terré, P. Simler et Y. Lequette, préc., n° 291 : les auteurs observent que le libre accord des volontés individuelles constitue, pour la plupart des contrats, « le moins mauvais moyen de s'approcher du juste prix ». J. Flour, J.-L. Aubert et E. Savaux, préc., n° 237-1.

moins vrai que cette exigence de détermination du prix est parfois embarrassante, aussi supporte-t-elle de nombreuses exceptions.

b. Les exceptions

344. Fixation unilatérale du prix. Dérogeant au principe selon lequel le prix doit être fixé par les parties lors de la conclusion du contrat, le Code civil autorise une fixation unilatérale du prix dans deux catégories de contrats : les contrats cadre et les contrats de prestation de service[1].

345. Contrats cadre. Le contrat cadre est un contrat dont l'objet est de définir les conditions dans lesquelles de futurs contrats, dénommés contrats d'application, seront conclus entre les parties (art. 1111 C. civ.). Les parties conviennent généralement dans le contrat cadre que le prix des contrats d'application sera fixé par l'une d'elles unilatéralement (le plus souvent le prix est fixé par référence aux tarifs du fournisseur). L'article 1164 du Code civil valide cette pratique : « Dans les contrats cadre, il peut être convenu que le prix sera fixé unilatéralement par l'une des parties, à charge pour elle d'en justifier le montant en cas de contestation » (art. 1164 al. 1er). En cas d'abus, l'autre partie peut saisir le juge pour obtenir des dommages et intérêts ou la résolution du contrat (art. 1164 al. 2).

346. Contrats de prestation de service. L'article 1165 du Code civil prévoit que « dans les contrats de prestation de service, à défaut d'accord des parties avant leur exécution, le prix peut être fixé par le créancier, à charge pour lui d'en motiver le montant en cas de contestation ». La notion de contrats de prestation de service ne reçoit pas de définition précise. Cette notion, qui est plus économique que juridique[2], englobe de nombreux contrats[3]. Il reviendra à la jurisprudence de délimiter les contours de cette catégorie de contrats. À la différence de ce qui est prévu pour les contrats cadre, le mécanisme de fixation unilatérale du prix n'a pas à être convenu : il intervient automatiquement dès lors que les parties ne se sont pas accordées sur le prix avant l'exécution de la prestation et c'est le créancier qui se voit attribuer ce pouvoir unilatéral. Le débiteur pourra saisir le juge s'il estime que le créancier a abusé de son pouvoir unilatéral.

---

1. V. F. Labarthe, « La fixation unilatérale du prix dans les contrats cadre et prestations de service. Regard interrogatifs sur les articles 1164 et 1665 du Code civil », *JCP* 2016, 642.
2. P. Puig, *La qualification du contrat d'entreprise*, préf. B. Teyssié, éd. Panthéon-Assas, 2002, n° 14.
3. Voc. Jur. Capitant, V° Prestation de service : la prestation de service est définie comme « une notion générique englobant, à l'exclusion de la fourniture de produits (en pleine propriété), celle de tout avantage appréciable en argent (ouvrage, travaux, gestion, conseil, etc.) en vertu des contrats les plus divers (mandat, entreprise, contrat de travail, bail, assurance, prêt à usage, etc.) ».

L'article 1165 du Code civil confère au créancier une prérogative très forte, comme cela a été relevé par plusieurs auteurs[1]. Cependant, la portée de cette disposition doit être nuancée. En effet il est de nombreux contrats spéciaux pour lesquels un texte particulier exige la fixation du prix par les parties ; par exemple : le bail (art. 1709 C. civ.), le prêt à intérêt (art. 1907 C. civ.) ou encore le contrat d'assurance (art. L. 122-4 C. ass.). Ces textes spéciaux évincent, dans leur domaine particulier, la règle générale de l'article 1165 du Code civil. Pour ces contrats, il y a donc exception à l'exception et retour au principe de l'exigence de détermination du prix.

C. *Prestation portant sur un service ou une abstention*

347. Les parties doivent définir précisément ce à quoi s'engage le débiteur : par exemple, peindre une fresque, réparer une automobile ou bien ne pas faire de concurrence. À défaut de précision suffisante, le contrat n'est pas valablement formé. Ainsi l'engagement d'un créancier de « faire un geste » envers son débiteur[2] est nul car insuffisamment déterminé.

4. La licéité

348. L'exigence de licéité de la prestation découle de l'article 1162 du Code civil qui prévoit que le contrat « ne peut déroger à l'ordre public ni par ses stipulations, ni par son but » et de l'article 6 du Code civil qui interdit de « déroger, par des conventions particulières, aux lois qui intéressent l'ordre public et les bonnes mœurs ». Cette exigence se manifeste de façon différente selon que la prestation porte sur une chose autre que l'argent (A), sur une somme d'argent (B) ou bien sur un service ou une abstention (C).

A. *Prestation portant sur une chose autre que l'argent*

350. Choses « hors du commerce ». L'ancien article 1128 du Code civil énonçait : « Il n'y a que les choses qui sont dans le commerce qui puissent être l'objet

1. V. F. Labarthe, « La fixation unilatérale du prix dans les contrats cadre et prestations de service. Regards interrogatifs sur les articles 1164 et 1665 du Code civil » préc. ; L. Leveneur, « Présentation générale de la réforme du droit des contrats, du régime général et de la preuve des obligations », *Cont. Conc. Cons.* 2016, Dossier 2, spéc. n° 32.
2. Com., 28 fév. 1983, *Bull. civ.* IV, n° 86; *RTD civ.* 1983, p. 746, obs. F. Chabas; *Def.*, 1984, p. 294, obs. J.-L. Aubert. V. ég. Civ. 1, 18 oct. 1994, *Bull. civ.* I, n° 291 ; *Def.* 1995, p. 737, note P. Delebecque, est nul car insuffisamment déterminé l'engagement de l'acquéreur des parts d'une société à responsabilité limitée de « prendre à son compte toutes les cautions ayant pu être consenties ».

des conventions. » Cette disposition a été supprimée par la réforme du droit des contrats et elle n'a pas d'équivalent dans les textes actuels[1]. Il n'en demeure pas moins que, aujourd'hui comme hier, certaines choses ne peuvent faire l'objet de contrats et l'on continuera de les dénommer « choses hors du commerce ». Le principe est que toute chose est « dans le commerce », c'est-à-dire qu'elle peut faire l'objet d'un contrat. Mais, par exception, certaines choses sont soustraites au commerce juridique ou bien voient leur commercialité réduite, encadrée. La catégorie des choses hors du commerce ou bien dont la commercialité est réduite forme un « bric-à-brac[2] » dont le contenu est incertain et changeant. On donnera quelques exemples.

351. Choses inappropriables. Sont naturellement hors du commerce les choses qui ne peuvent être appropriées (*res comunis*), « qui n'appartiennent à personne et qui sont communes à tous » (C. civ. art. 714) : l'air, la mer... C'est en raison de leur utilité pour tous que ces choses sont inappropriables et qu'elles sont donc hors du commerce.

352. Marchandises contrefaites. Les marchandises contrefaites[3] sont hors du commerce, de même qu'un fichier de clients contenant des données personnelles et n'ayant pas fait l'objet d'une déclaration auprès de la CNIL[4]. Dans la même idée, est nul le contrat portant sur une activité non agréée[5].

353. Choses dangereuses. Sont également hors du commerce les choses dangereuses. Certaines sont totalement hors du commerce (on pense notamment aux substances illicites : stupéfiants...). D'autres voient leur commercialité limitée : armes à feu[6], produits pharmaceutiques[7] par exemple.

1. La notion de chose hors du commerce demeure dans des dispositions propres aux contrats spéciaux, par ex. : art. 1598 C. civ. (concernant la vente), art. 1878 C. civ. (concernant le prêt à usage) ou encore art. 2260 (concernant le régime de la prescription).
2. J. Mestre et B. Fages, *RTDciv.* 2003, p. 703.
3. Com., 26 oct. 2003, *Bull. civ.* IV, n° 147; *D.* 2003 somm. p. 2762, obs. P. Sirinelli; *D.* 2004, p. 2863, note C. Caron; *RDC* 2004, p. 261, obs. P. Stoffel-Munck.
4. Com., 25 juin 2013, *Bull. civ.* IV, n° 108; *JCP* G 2013, 930, note A. Debet; *JCP* G 2014, p. 115, obs. J. Ghestin; *RTDciv.* 2013, p. 595, note H. Barbier; *D.* 2013, p. 1867, note G. Beaussonie; *D.* 2013, p. 1844, note P. Storer, un tel fichier porte atteinte aux droits fondamentaux des personnes qui y sont mentionnées.
5. Com., 4 nov. 2008, *Bull. civ.* IV, n° 187; *RTDciv.* 2009, p. 115, obs. B. Fages, nullité du contrat qui avait pour objet de permettre à une personne d'exercer de manière autonome une activité (gestion de portefeuille) pour laquelle elle ne disposait pas de l'agrément requis.
6. C. de la sécu. int., art. L. 312-1 et s.
7. C. santé pub., art. L. 5111-1 et s.

354. Corps humain. Depuis la loi bioéthique du 29 juillet 1994, l'article 16-1, alinéa 3, énonce : « Le corps humain, ses éléments et ses produits ne peuvent faire l'objet d'un droit patrimonial ». Et l'article 16-5 indique : « Les conventions ayant pour effet de conférer une valeur patrimoniale au corps humain, à ses éléments ou à ses produits sont nulles ». Le corps humain est par principe hors du commerce juridique mais, par exception, certaines conventions portant sur ses produits (sang, sperme, lait) ou éléments (organes, tissus) sont permises sous certaines conditions : la gratuité (art. 16-6 C. civ. ; art. L. 1211-4 C. santé publique) ; l'anonymat (art. 16-8 al. 1 C. civ. ; art. L. 1211-5 C. santé publique) et la non-brevetabilité (art. L. 611-17 C. propr. intell.).

355. Choses affectées à une personne. Certaines choses sont hors du commerce car elles sont affectées spécialement à une personne par l'autorité publique. Il s'agit notamment : des fonctions et des investitures politiques[1], de l'attribution du nom[2], du droit de vote, des autorisations délivrées à une personne par l'autorité publique, ou encore des titres d'officier ministériel.

356. Clientèles civiles. La jurisprudence a longtemps décidé que les clientèles civiles (les clientèles des professions libérales : avocats, médecins...) étaient exclues du commerce juridique. Mais cette exclusion était peu réaliste, et elle était facilement contournée puisque la jurisprudence admettait la validité des « contrats de présentation », par lesquels un professionnel s'engage à présenter son successeur à la clientèle et à ne pas se réinstaller à proximité. La jurisprudence admet désormais la cession des clientèles civiles[3].

B. Prestation monétaire

357. Monnaie nationale. Dans les contrats internes, il est impératif d'utiliser la monnaie nationale pour fixer l'obligation monétaire. La solution, qui était autrefois

1. Civ. 1, 3 nov. 2004, *Bull. civ.* I, n° 237.
2. Com., 12 mars 1985, *Bull. civ.* IV, n° 95, p. 84 ; *D.* 1985.471, note J. Ghestin ; *JCP* 1985, II, 20400, concl. M. Montanier, note G. Bonet ; *Gaz. Pal.* 1985.1.246, note G. Le Tallec ; *Rev. sociétés*, 1985.607, note G. Parléani ; *Ann. propr. ind.* 1985.3, note P. Mathély; *RTD com.* 1986.245, obs. A. Chavanne et J. Azéma ; *GA*, n° 20.
3. Civ. 1, 7 nov. 2000, *Bull. civ.* I, n° 283 ; *D.* 2001, p. 2400, note Y. Auguet ; *JCP* 2001, II, 10452, note Vialla ; *JCP* 2001, I, 301, n° 16, obs. J. Rochfeld ; *D.* 2002, somm. p. 930, obs. O. Tournafond ; *Def.*, 2001, p. 431, obs. R. Libchaber. Sur cette jurisprudence, v. Y. Serra, « L'opération de cession de clientèle civile après l'arrêt du 7 novembre 2000 : dorénavant on fera comme d'habitude », *D.* 2001, chron. p. 2295.

posée par la jurisprudence[1], est désormais énoncée à l'article 1343-3 du Code civil : « Le paiement, en France, d'une obligation de somme d'argent s'effectue en euros. Toutefois, le paiement peut avoir lieu en une autre devise si l'obligation ainsi libellée procède d'un contrat international ou d'un jugement étranger ».

C. Prestation portant sur un service ou une abstention

358. Ordre public. La prestation prévue au contrat doit être licite. Ainsi, est nul le contrat par lequel un individu s'engage à commettre un délit, ou encore le contrat de prostitution[2]. De même la jurisprudence a annulé un contrat par lequel une personne s'engageait à réaliser un « strip-tease[3] ». L'ordre public est une notion évolutive. Ainsi la jurisprudence a longtemps considéré que les libéralités consenties en vue de perpétuer une relation adultère étaient immorales et donc nulles ; elle admet aujourd'hui la validité de tels actes[4]. De même le courtage matrimonial était autrefois considéré comme une prestation immorale, et donc illicite[5]. Il est aujourd'hui licite, même lorsqu'il est réalisé au profit d'une personne mariée[6]. Le contrôle de la licéité de la prestation ne se limite pas à la morale sexuelle ; il concerne aussi la vie des affaires. Ainsi les contrats de corruption ou de trafic d'influence sont nuls pour immoralité[7]. De même, est nulle la convention d'arbitrage portant sur un objet illicite[8].

---

1. Dans les contrats internes, « la fixation de la créance en monnaie étrangère constitue une indexation déguisée » : Civ. 1, 12 janv. 1988, n° 86-11966; *D* 1989, p. 80, note P. Malaurie; *RTDciv.* 1988, p. 740, obs. J. Mestre; *G.A.* n° 247; Civ. 3, 18 oct. 2005, *Bull civ.* III, n° 196; Civ. 3, 2 oct. 2007, n° 06-14.725, *Cont. Conc. Cons.* 2008, comm. 35.
2. Colmar, 9 janv. 1958, *D.* 1958, p. 163.
3. TGI Paris, 8 nov. 1973, *D.* 1975, p. 402, note M. Puech, « annule d'office la convention de strip-tease du 16 février 1971, contraire aux bonnes mœurs dans le sens entendu par l'article 6 du Code civil; constate dès lors que l'acte n'a pu être source d'aucune obligation juridique de part et d'autre... ». Toutefois il n'est pas certain que cette jurisprudence soit encore d'actualité, v. Soc., 12 juin 1991, n° 88-44396, une personne avait été engagée en qualité d'« artiste de strip-tease », par contrat de travail à durée déterminée; victime d'une rupture de contrat avant terme, elle a obtenu une indemnisation pour rupture abusive de son contrat. En sanctionnant la rupture abusive du contrat, la Cour de cassation admet implicitement la validité de celui-ci.
4. Civ. 1, 3 févr. 1999, *Bull. civ.* I, n° 43; *D.* 1999, somm. p. 307, obs. M. Grimaldi; *RTD civ.* 1999, p. 364, obs. J. Hauser; *Def.* 1999, p. 738, obs. D. Mazeaud; *JCP* 1999, II, n° 10083, note M. Billiau et G. Loiseau; *D.* 1999, p. 267, note J.-P. Langlade-O'Sughrue; *Cont. Conc. Cons.* 1999, n° 105, obs. L. Leveneur. V. ég. Cass. ass. plén., 29 oct. 2004, n° 03-11238, *Defr.* 2006, p. 78, note P. Malaurie.
5. Civ. 1, 1er mai 1855, *DP* 1856, 1, p. 147, obs. Laborie.
6. Civ. 1, 4 nov. 2011, *Bull. civ.* I, n° 191 ; *D.* 2012, p. 59 obs. R. Libchaber.
7. Com., 7 mars 1961, *Bull. civ.* III, n° 125.
8. *. Paris, 20 janv. 1989 : Rev. arb. 1989, p. 280, note L. Idot, « l'arbitrage est exclu [...] lorsque l'objet de la contestation, mettant en jeu des règles impératives, fait apparaître une violation de l'ordre public ».*

359. Respect des droits fondamentaux. La prestation ne doit pas porter atteinte aux droits et libertés fondamentaux. Ainsi est nulle comme contraire à l'article 8, paragraphe 1er, de la Conv. EDH protégeant la vie privée, la clause interdisant au locataire d'héberger ses proches[1].

II. La contrepartie et le but

363. Pourquoi ? Pour que le contrat soit valablement formé, il faut encore que la volonté des parties soit fondée sur des raisons valables. C'est pour imposer cette exigence que les rédacteurs du Code civil de 1804, inspirés une fois encore des travaux de Domat et de Pothier, avaient prévu parmi les conditions de validité du contrat « une cause licite dans l'obligation ». Mais le Code civil n'a jamais défini la notion de cause. En dépit des nombreux travaux qu'elle a suscités[2], la notion de cause était devenue excessivement complexe, « difficilement intelligible[3] » pour ne pas dire incompréhensible. De nombreux auteurs militaient pour la suppression de la cause[4].

364. Succédanés de la cause. L'ordonnance du 10 février 2016 a supprimé la notion de cause en transférant les fonctions qui lui étaient dévolues à deux notions nouvelles : le but et la contrepartie. Ces notions sont censées être plus précises, mieux définies que celles de cause, et donc assurer une plus grande sécurité juridique[5]. Il convient d'envisager successivement la contrepartie (1) et le but (2).

1. La contrepartie

365. La contrepartie est la contreprestation, l'équivalent voulu. Elle correspond, peu ou prou, à la notion de cause objective et elle est censée assumer les fonctions

1. Civ. 3, 6 mars 1996, *Bull. civ.* III, n° 60 ; *JCP G* 1996, I, 3958, n° 1 obs. C. Jamin ; *Def.* 1996, p. 1432, obs. A. Bénabent ; *RTDciv.* 1996, p. 580, obs. J. Hauser, p. 889, obs. J. Mestre, p. 1024, obs. J.-P. Marguénaud ; Civ. 3, 22 mars 2006, *Bull. civ.* III, n° 73 ; *RTDciv.* 2006, p. 722 ; *RDC* 2006, p. 1149, obs. J.-B. Seube.
2. Sur lesquels, v. not. J. Ghestin, *Cause de l'engagement et validité du contrat*, LGDJ 2006.
3. F. Terré, P. Simler et Y. Lequette, n° 331.
4. V. en ce sens L. Aynès, « La cause, inutile et dangereuse », *Dr. et pat.*, 2014, n° 24, « la théorie de la cause est inutile si elle est appliquée avec rigueur. Elle est dangereuse lorsqu'elle ne l'est pas ». V. déjà M. Planiol, *Traité élémentaire de droit civil français*, t. II, 9e éd., LGDJ, 1923, n° 1037 s.
5. Rapport au Président de la République relatif à l'ordonnance, préc. Comp., plus réservés sur l'utilité réelle du changement, G. Wicker, « La suppression de la cause par le projet d'ordonnance : la chose sans le mot ? », *D.* 2015, p. 1557 ; F. Chénedé, « La cause est morte… vive la cause ? », *Cont. Conc. Cons.* 2016, dossier 4.

qui étaient autrefois dévolues à celle-ci mais dans un cadre juridique mieux défini. Le contrat dépourvu de contrepartie est nul (A). Les clauses portant atteinte à la contrepartie sont réputées non écrites (B).

A. Nullité du contrat

366. Le défaut d'équivalence entre les prestations est indifférent à la validité du contrat (a). Le défaut de contrepartie est sanctionné par la nullité du contrat (b).

a. Indifférence du défaut d'équivalence des prestations

367. Absence de contrôle de la lésion. L'article 1168 du Code civil prévoit que « Dans les contrats synallagmatiques, le défaut d'équivalence entre les prestations n'est pas une cause de nullité, à moins que la loi n'en dispose autrement ». L'équivalence entre les prestations n'est pas une condition de validité du contrat. Le défaut d'équivalence entre les prestations correspond à la lésion et celle-ci n'est sanctionnée que par des dispositions particulières propres à certains contrats (par ex. art. 1148 et suivants pour les actes courants passés pour les incapables ; art. 1674 C. civ. dans les ventes d'immeubles). L'article 1168 du Code civil condamne la jurisprudence qui sanctionnait, sur le fondement de l'absence de cause, le simple défaut d'équilibre du contrat[1].

b. Sanction du défaut de contrepartie

368. Contrats à titre onéreux. L'article 1169 du Code civil énonce : « Un contrat à titre onéreux est nul lorsque, au moment de sa formation, la contrepartie convenue au profit de celui qui s'engage est illusoire ou dérisoire ». Cette disposition concerne tous les contrats à titre onéreux : les contrats commutatifs, mais aussi les contrats aléatoires (par exemple le contrat d'assurance), dans lesquels l'aléa constitue la contrepartie de l'engagement de l'une des parties.

369. Contrepartie « illusoire ou dérisoire ». La contrepartie ne doit pas être « illusoire ou dérisoire[2] ». La contrepartie « illusoire » est une erreur sur l'existence de la contrepartie : le contractant croyait en l'existence de la contrepartie alors que

1. V. not. Civ. 1, 3 juill. 1996, *Bull. civ.* I, n° 286 ; *D.* 1996, p. 500, note P. Reigné. Cette décision a annulé une convention de location de cassettes vidéo destiné à être reloué par un exploitant dans une commune de 1314 habitants au motif que « l'exécution du contrat selon l'économie voulue par les parties était impossible ». En appréciant l'« économie voulue par les parties », les juges ont sanctionné non pas un défaut total de contrepartie lors de la conclusion du contrat, mais une *disproportion* des prestations réciproques. V. ég. dans la même idée : V. Com. 8 févr. 2005, *Bull. civ.* IV, n° 21, *D.* 2005, p. 512, note D. Ferrier ; *D.* 2005, p. 2836, obs. B. Fauvarque-Cosson et S. Amrani-Mekki.
2. L'expression est empruntée à J. Ghestin, *Cause de l'engagement et validité du contrat*, préc., n° 240 et s.

celle-ci n'existait pas. La contrepartie « dérisoire » est celle qui confine au néant : elle équivaut à l'absence de contrepartie. Par exemple, la vente à vil prix caractérise le défaut de contrepartie[1]. La vente à vil prix ne doit pas être confondue avec la vente à prix symbolique, dans laquelle l'engagement du vendeur trouve une contrepartie ailleurs que dans le prix. La contrepartie « illusoire ou dérisoire » correspond au défaut de contrepartie réelle. L'exigence d'une contrepartie qui ne soit pas illusoire ou dérisoire s'apprécie au moment de la formation du contrat. La disparition de la contrepartie en cours d'exécution du contrat ne remet pas en cause sa validité.

370. Nullité relative. La nullité du contrat pour absence de contrepartie est une nullité d'intérêt privé, donc relative. Elle ne peut être invoquée que par le contractant qu'elle protège. Il incombe donc à celui qui demande la nullité de démontrer que son engagement est dépouvu de contrepartie. La preuve est libre.

B. Clauses réputées non écrites

371. Les articles 1170 et 1171 du Code civil permettent de supprimer certaines clauses qui portent atteinte indirectement à l'existence de la contrepartie. Ces clauses sont « réputées non écrites » (sur cette sanction, v. *infra*, n° 404). Il s'agit d'une part des clauses qui privent de sa substance l'obligation essentielle (a) et, d'autre part, des clauses qui créent un déséquilibre significatif dans les droits et obligations des parties (b).

a. Clauses privant de sa substance l'obligation essentielle

372. Présentation générale. Selon l'article 1170 du Code civil : « Toute clause qui prive de sa substance l'obligation essentielle du contrat doit être réputée non écrite ». Cette disposition est inspirée de la jurisprudence inaugurée par le fameux arrêt *Chronopost*[2]. Pour apprécier la portée de cette disposition, il convient d'expliciter la notion d'obligation essentielle puis de déterminer quelles sont les clauses qui sont visées.

1. V. en ce sens, sur le fondement de la cause : Civ. 3, 18 juill. 2001, *Bull. civ.* III, n° 101, décidant que l'action nullité pour vil prix est indépendante de l'action en rescision pour lésion.
2. Com., 22 oct. 1996, *Bull. civ.* IV, n° 261 : « Attendu qu'en statuant ainsi alors que, spécialiste du transport rapide garantissant la fiabilité et la célérité de son service, la société Chronopost s'était engagée à livrer les plis de la société Banchereau dans un délai déterminé, et qu'en raison du manquement à cette obligation essentielle la clause limitative de responsabilité du contrat, qui contredisait la portée de l'engagement pris, devait être réputée non écrite » ; sur cet arrêt, voir : *G.A.* n° 157 ; *D.* 1997, p. 121, note A. Sériaux ; *Def.*, 1997, p. 333, obs. D. Mazeaud ; *D.* 1997, somm. p. 175, obs. P. Delebecque ; *Cont. Conc. Cons.*, 1997, n° 24, obs. L. Leveneur ; *JCP* 1997, II, 22881, note D. Cohen ; *JCP* 1997, I, 4027, n° 17 obs. G. Viney ; *JCP* 1997, I, 4002, n° 1, obs. M. Fabre-Magnan ; *RTD civ.* 1997, p. 418, obs. J. Mestre. V. ég. dans la même idée : Com., 30 mai 2006, *Bull. civ.* IV, n° 132.

373. Notion d'obligation essentielle. Il n'est pas évident de définir la notion d'obligation essentielle[1]. On peut dire que l'obligation essentielle est celle qui permet la réalisation de l'opération projetée[2]. Elle est l'obligation sans laquelle le contrat perdrait tout intérêt pour les parties, ou à tout le moins serait disqualifié. Les juges doivent tenir compte à la fois de la nature du contrat et de l'intention des parties[3].

374. Clauses privant de substance l'obligation essentielle. Est réputée non écrite la clause qui « prive de sa substance » l'obligation essentielle (art. 1170 C. civ.). Le critère est assez strict ; il n'est rempli que si la clause contredit l'obligation essentielle au point de priver celle-ci de toute portée[4]. Ainsi, en application de ce critère, une clause limitative de responsabilité concernant une obligation essentielle n'est pas nécessairement réputée non écrite. Elle est réputée non écrite lorsque le plafond est dérisoire[5] ; elle est au contraire valable dès lors que le plafond de dommages et intérêts prévus n'est pas dérisoire[6].

b. Clauses créant un déséquilibre significatif dans les droits et obligations des parties

375. Présentation générale. L'article 1171, alinéa 1er, du Code civil énonce : « Dans un contrat d'adhésion, toute clause qui crée un déséquilibre significatif entre les droits et obligations des parties au contrat est réputée non écrite[7] ». Ce

1. T. Génicon, « Le régime des clauses limitatives de réparation », *RDC* 2008, p. 982, l'auteur critique la notion d'obligation essentielle qui est selon lui « difficilement saisissable ».
2. P. Delebecque, *Les clauses allégeant les obligations dans les contrats,* thèse Aix-Marseille III, 1981, spéc. n° 132 et s., spéc. n° 175. V. ég. sur l'obligation essentielle dite également obligation fondamentale : P. Jestaz, « L'obligation et la sanction : à la recherche de l'obligation fondamentale », *Études Pierre Raynaud,* Dalloz-Sirey 1985, spéc. p. 279 ; R. Sefton-Green, *La notion d'obligation fondamentale : comparaison franco-anglais,* thèse Paris I, 1997. C. Grimaldi, « Les clauses portant sur une obligation essentielle », *RDC* 2008, p. 1095.
3. Dans l'affaire *Chronopost* (préc.) les juges ont décidé que le prestataire ne s'engageait pas seulement à livrer le pli mais également à respecter les délais prévus.
4. Une telle clause a pour effet de « ruiner l'opération que le contrat doit réaliser » : P. Delebecque, thèse préc., n° 145 s.
5. Dans l'affaire *Chronopost* (préc.) la clause stipulait que l'indemnisation était limitée au remboursement des frais d'envoi : la Cour de cassation décide qu'elle « contredisait la portée de l'engagement pris ».
6. V. en ce sens : Com., 29 juin 2010 (arrêt « Faurecia II »), *Bull. civ.* IV, n° 115 ; *JCP E* 2010, 1790, note P. Stoffel-Munck ; *JCP G 2010, note 787,* note D. Houtcieff ; *D. 2010, p. 1832, note D. Mazeaud ; Contr. Conc. Cons. 2010, comm. n° 220, obs. L. Leveneur* ; *RDC* 2010, p. 1220 obs. Y.-M. Laithier, et p. 1253, obs. O. Deshayes.
7. Sur ce texte, v. not. S. Gaudemet, « Quand la clause abusive fait son entrée dans le Code civil », *Contrats, Conc. Consom.* 2016, Dossier 5 ; M. Mekki, « La réforme du droit des obligations : questions pratiques », *Gaz. Pal.* 2016, n° 17 p. 11 et s. V. ég. sur le projet d'ordonnance de 2015 : F. Chénedé, « Le contrat d'adhésion dans le projet de réforme », *D.* 2015, p. 1226.

texte introduit en droit commun des contrats la notion de clause abusive qui existe depuis plusieurs années en droit de la consommation[1] et en droit de la concurrence dans les « pratiques restrictives[2] ». Il convient d'examiner quels sont les contrats concernés et quelles sont les clauses visées.

376. Contrats d'adhésion. L'article 1171 alinéa 1er du Code civil s'applique uniquement aux « contrats d'adhésion » (ceux qui n'ont pas été précédés d'une négociation). C'est là une différence importante entre ce dispositif et celui prévu à l'article 1170, qui est applicable aussi bien aux contrats de gré à gré qu'aux contrats d'adhésion. L'interprétation qui sera faite de la notion de contrat d'adhésion[3] déterminera le domaine d'application de l'article 1171 du Code civil et la façon dont il s'articule avec l'article 1170 du même code.

377. Les clauses concernées. Les clauses visées à l'article 1171 du Code civil sont celles créant un « déséquilibre significatif entre les droits et obligations des parties au contrat ». C'est le critère des clauses abusives en droit de la consommation qui est ainsi repris. On peut penser que le juge raisonnera par analogie avec les règles du droit de la consommation[4]. Des clauses diverses pourraient tomber sous le coup de ce nouveau dispositif[5] (par exemple les clauses résolutoires lorsqu'elles sont trop générales ; sur les clauses résolutoires, v. *infra*, n° 596 et s.). L'article 1171 du Code civil dispose à l'évidence d'un fort potentiel d'expansion.

378. Absence de contrôle des clauses définissant l'objet principal et le prix. L'article 1171 alinéa 2 indique que l'appréciation du déséquilibre significatif « ne porte ni sur l'objet principal du contrat ni sur l'adéquation du prix à la prestation ». Le contrôle des clauses créant un déséquilibre significatif ne permet donc pas

1. Art. L. 132-1 C. consomm. : « Dans les contrats conclus entre professionnels et non-professionnels ou consommateurs, sont abusives les clauses qui ont pour objet ou pour effet de créer, au détriment du non-professionnel ou du consommateur, un déséquilibre significatif entre les droits et obligations des parties au contrat ».
2. Art. L. 442-6 I : « Engage la responsabilité de son auteur et l'oblige à réparer le préjudice causé le fait, par tout producteur, commerçant ou industriel, de [...] soumettre ou de tenter de soumettre un partenaire commercial à des obligations créant un déséquilibre significatif dans les droits et obligations des parties ».
3. Sur la notion de contrat d'adhésion, v. *supra*, n° 100 et s.
4. Ce mode d'interprétation est suggéré par le Rapport au Président de la République relatif à l'ordonnance, préc., Sous-Section 3 « Le contenu du contrat ». V. cep. les questions soulevées par S. Gaudemet, « Quand la clause abusive fait son entrée dans le Code civil », préc., spéc. n° 9.
5. V. not. M. Mekki, « La réforme du droit des obligations : questions pratiques », *Gaz. Pal.* 2016, n° 17 p. 11 et s.

au juge de contrôler l'équivalence des prestations[1]. Le défaut d'équivalence de prestations, que l'on appelle la lésion, n'est sanctionné que par exception, dans certains contrats (par ex. art. 1148 et suivants pour les actes courants passés pour les incapables; art. 1674 C. civ. dans les ventes d'immeubles).

2. Le but

380. Notion de but. L'article 1162 du Code civil énonce : « le contrat ne peut déroger à l'ordre public, ni par ses stipulations, ni par son but ». Le but du contrat c'est la raison lointaine qui a poussé le contractant à s'engager, au-delà de la contrepartie. Ce sont les mobiles, les motifs personnels du contractant. Cette notion correspond à celle de cause subjective. La notion de but permet, comme autrefois la cause subjective, de contrôler la licéité du contrat.

381. Nécessité d'un contrôle du but. La protection de la société contre les actes illicites serait insuffisamment assurée si le juge ne contrôlait que les stipulations contractuelles. Il faudrait que l'illicéité ou l'immoralité apparût dans les stipulations contractuelles pour que le contrat soit déclaré illicite et annulé. Or l'intérêt social justifie que le juge puisse pousser plus loin son contrôle, et qu'il examine le but de chaque contractant, c'est-à-dire les mobiles qui ont poussé chacun des contractants à s'engager. Cet examen pourra permettre au juge de découvrir que le contrat porte atteinte à l'ordre public, alors que la seule analyse des stipulations n'en laissait rien transparaître. Ainsi, l'examen du but permet de sanctionner l'achat d'une maison dans le but dessein d'abriter une activité illicite, ou bien encore le contrat de prêt d'argent conclu dans le but de financer une opération illicite.

382. Sanction du but illicite. L'illicéité du contrat porte atteinte à l'intérêt général. La sanction est donc la nullité absolue. Reprenant la solution qui avait été dégagée par la jurisprudence[2], l'article 1162 précise *in fine* qu'il est indifférent que le but contraire à l'ordre public ait été ou non connu de l'autre partie. Cette solution est logique : la nullité de l'acte contraire à l'ordre public étant une nullité absolue qui répond à un impératif d'intérêt général, elle ne saurait être subordonnée à une exigence concernant l'une des parties.

---

1. Le contrôle de la lésion est écarté également en droit de la consommation, mais celle limitation ne joue qu'à condition que les clauses soient rédigées de façon claire et compréhensible. À défaut, le contrôle de la lésion devient possible (C. consomm. art. L. 13216 al. 7). V C. Lachièze, « Clauses abusives et lésion : la légalisation d'une relation controversée », *Pet. Aff.* 2 juill. 2002, p. 4 s.
2. V. en ce sens, décidant qu'il n'est pas nécessaire que le mobile illicite ait été connu de l'autre partie : Civ. 1, 7 oct. 1998, *Bull. civ.* I, n° 285; *D.* 1998, p. 563, conc. J. Sainte-Rose, *JCP* 1998, éd. G., II, 10202, note M.-H. Maleville; *G.A.*, n° 158.

383. Charge de la preuve et modes de preuve. Tout contrat est présumé avoir un but licite. Il incombe donc à celui qui demande la nullité de démontrer que le but de l'engagement de l'un des contractants était illicite ou immoral. S'agissant d'un fait juridique (le mobile de l'une des parties) la preuve peut être rapportée par tous moyens y compris par présomptions ou indices.

Titre III

Les sanctions des conditions de formation du contrat

399. Définition. La nullité est la principale sanction des conditions de formation du contrat. On peut définir la nullité comme la « sanction prononcée par le juge et consistant dans la disparition rétroactive du contrat qui ne remplit pas les conditions requises pour sa formation[1] ». L'annulation du contrat est le prononcé de la nullité.

400. Plan. On distinguera la nullité de notions voisines (Chap. préliminaire), avant d'envisager successivement la mise en œuvre de la nullité (Chap. 1) puis ses effets (Chap. 2).

1. *Lexique des termes juridiques*, Dalloz, 2013, V° Nullité.

Chapitre préliminaire

Distinction de la nullité et des notions voisines

401. La nullité se caractérise par sa cause (elle sanctionne une condition de formation de l'acte) et par ses effets (elle anéantit rétroactivement l'acte). La nullité doit être distinguée de cinq autres sanctions.

402. Caducité. La caducité[1] est la sanction qui frappe un contrat régulièrement formé « lorsque l'un de ses éléments essentiels vient à disparaître » (art. 1186 al. 1er). Comme la nullité, elle touche aux éléments essentiels de l'acte. Mais alors que la nullité sanctionne la formation de l'acte, la caducité frappe un acte régulièrement formé mais qui perd, après sa formation, un élément essentiel. À la différence de la nullité, la caducité n'a en principe pas d'effet rétroactif; elle peut cependant donner lieu à restitution dans certaines circonstances[2] (art. 1187 al. 1er). Les applications de la notion de caducité sont diverses. Ainsi, la promesse unilatérale de vente est caduque en cas de non-levée de l'option par le bénéficiaire (v. *supra*, n° 173), le contrat sous condition suspensive est caduc lorsque celle-ci défaille (v. *supra*, n° 192), le testament est caduc si le bénéficiaire décède avant le testateur (art. 1039 C. civ.), le contrat *intuitu personae* est caduc au décès du contractant dont la personnalité était déterminante du contrat (v. par ex. art 2003 C. civ., le mandat est caduc en cas de décès du mandataire ou du mandant). La caducité s'applique aussi lorsque des contrats sont interdépendants : si l'un des contrats disparaît, les autres contrats sont caducs (v. *infra*, n° 775 s.).

1. Sur la notion de caducité, v. Y. Buffelan-Lanore, *Essai sur la notion de caducité des actes juridiques en droit civil*, préf. P. Hébraud, LGDJ, 1963; F. Garron, *La caducité du contrat*, préf. J. Mestre PUAM 2000; C. Pelletier, *La caducité des actes juridiques en droit privé français*, préf. P. Jestaz, L'Harmattan, 2004; R. Chaaban, *La caducité des actes juridiques, Étude de droit civil*, préf. Y. Lequette, LGDJ, 2006. V. ég. C. Brenner, *Rép. Civ. Dalloz*, v° Acte, 2006, n° 158 et 159; V. Wester-Ouisse, « La caducité en matière contractuelle : une notion à réinventer », *JCP* 2001, I, 290.
2. Il convient d'appliquer les mêmes règles que pour la résolution (v. *infra*, n° 615 et s.).

403. Résolution. La résolution[1] se distingue de la nullité par sa cause : la résolution trouve sa cause dans une circonstance postérieure à la formation du contrat (la réalisation d'un événement incertain qui avait été érigé en condition résolutoire, ou bien, dans les contrats synallagmatiques, l'inexécution par l'une des parties de ses obligations). La résolution provoquée par une condition résolutoire a en principe un effet rétroactif (art. 1304-7 C. civ.) comme la nullité. En revanche, depuis la réforme du droit des contrats, la résolution pour inexécution n'opère plus en principe avec effet rétroactif (v. *infra*, n° 615 et s.).

404. Clause réputée non écrite. La méthode de la « clause réputée non écrite[2] » est bien autre chose qu'une nullité partielle. À la différence de la nullité, la sanction de la « clause réputée non écrite » ne suppose pas une décision de justice. La clause réputée non écrite est considérée, par l'effet d'une fiction, comme n'ayant jamais figuré au contrat[3]. C'est une application de l'idée d'inexistence, mais limitée à une clause contractuelle seulement. La sanction de la clause réputée non écrite tient en échec la prescription quinquennale qui frappe l'action en nullité. La sanction consistant en la « clause réputée non écrite » a connu un fort développement en législation ces dernières années. Les exemples les plus remarquables sont l'article L. 132-1 du Code de la consommation, ou encore l'article 4 de la loi du 6 juillet 1989. Cette sanction se développe également dans le droit commun des contrats (v. art 1170 et 1171 C. civ.).

405. Inopposabilité. L'inopposabilité trouve sa cause dans une irrégularité contemporaine de la formation du contrat, comme la nullité, mais elle ne produit pas le même effet. La nullité produit l'anéantissement rétroactif du contrat, à l'égard de tous. L'inopposabilité ne remet pas en cause la validité du contrat entre les parties ; elle concerne exclusivement les relations entre les parties et les tiers.

406. Inexistence. L'inexistence est selon certains auteurs la sanction frappant un acte qui est atteint d'un défaut si grave qu'il ne peut avoir aucune reconnaissance juridique[4]. À la différence de la nullité, l'inexistence n'a pas besoin d'être

---

1. C. civ. art. 1224 à 1230.
2. V. J. Kullmann, « Remarques sur les clauses réputées non écrites », *D.* 1993, chron. p. 59 ; V. Cottereau, « La clause réputée non écrite », *JCP* G 1993, I, 3691. S. Gaudemet, *La clause réputée non écrite, Economica 2006.*
3. V. concernant les clauses réputées non écrites en droit de la consommation : CJCE, 4 juin 2009, *JCP E* 2009, 1970, comm. L. Raschel, « une clause contractuelle abusive ne lie pas le consommateur, et [...] il n'est pas nécessaire [...] que celui-ci ait préalablement contesté avec succès une telle clause ».
4. V. M. Fabre-Magnan, n° 441. La plupart des auteurs sont hostiles à la théorie de l'inexistence : F. Terré, P. Simler et Y. Lequette, n° 87 et n° 390 ; C. Larroumet, préc., n° 532 ; J. Flour, J.-L. Aubert et É. Savaux, n° 326.

prononcée par le juge. La théorie de l'inexistence trouve son fondement dans la théorie classique des nullités, qui est aujourd'hui largement abandonnée (v. *infra*, n° 410 et s.). On trouve encore cependant en jurisprudence quelques décisions qui font application de la théorie de l'inexistence[1].

1. Sur la place de l'inexistence dans la jurisprudence, V. H. Adida-Canac, « Actualité de l'inexistence des actes juridiques », in *La vérité, Rapport annuel 2004 de la Cour de cassation*, p. 103 s.

Chapitre I

La mise en œuvre de la nullité

407. Le rôle du juge. Le juge occupe un rôle central dans la mise en œuvre des nullités. L'article 1178 énonce : « La nullité doit être prononcée par le juge, à moins que les parties ne la constatent d'un commun accord ». Ce texte indique que la nullité a en principe un *caractère judiciaire*; par exception, la nullité est *conventionnelle* lorsque les parties s'accordent pour la constater.

Le juge saisi d'une demande en annulation doit en principe prononcer la nullité dès lors que les conditions en sont réunies : on dit que la nullité est *de droit* (ce qui signifie qu'elle a un caractère obligatoire pour le juge). Par exception cependant, le juge a parfois le pouvoir d'apprécier s'il y a lieu ou non de prononcer la nullité dont les conditions sont réunies : la nullité est dite facultative. Par exemple, l'article 503 du Code civil prévoit que les actes passés par un majeur dans la période qui a précédé son placement sous tutelle « pourront être annulés ».

Le juge a la possibilité de soulever d'office un cas de nullité, qu'il s'agisse de nullité relative ou de nullité absolue, en raison du rôle dynamique que lui confère le Code de procédure civile[1]. Le juge en effet est tenu de trancher le litige « conformément aux règles de droit qui lui sont applicables » et de « restituer aux faits leur exacte qualification » (art. 12 al. 1 et 2 CPC). Cependant le rôle dynamique du juge n'est pas sans limites. Le juge ne doit se fonder que sur des faits qui sont dans le débat (art. 7 al. 1er CPC) et il doit laisser aux parties la possibilité d'en débattre contradictoirement (art. 16 al. 2 CPC).

1. Civ. 1, 22 mai 1985, *Bull. civ.* I, n° 159; *RTD civ.* 1986, p. 148, obs. J. Mestre, un mandat avait été donné à un agent immobilier sans limitation de durée, en violation de l'art. 7 de la loi du 2 janvier 1970; l'agent immobilier réclamait sa rémunération; la Cour de cassation décide que « la Cour d'appel était fondée à relever d'office le moyen tiré de l'article 7 de la loi du 2 janvier 1970 ». Civ. 3, 20 nov. 1985, *Bull. civ.* III, n° 153, le juge peut soulever d'office une nullité pour vice du consentement. S'agissant du droit de la consommation, une loi du 3 janvier 2008 a reconnu au juge le pouvoir de relever d'office la violation des dispositions d'ordre public contenues dans le Code de la consommation (art. L. 141-4 C. cons.).

408. Plan. La mise en œuvre de la nullité est gouvernée par la distinction des nullités relatives et des nullités absolues. Il convient d'exposer le critère de la distinction entre nullité relative et nullité absolue (I) avant de montrer la portée de cette distinction (II).

I. Le critère de distinction entre nullité relative et nullité absolue

409. La distinction entre nullité relative et nullité absolue ne figurait pas expressément dans le Code civil de 1804. Elle a été élaborée par la doctrine. Deux théories ont été proposées : une théorie dite « classique » qui est désormais peu utilisée (1) et une théorie dite « moderne » qui a été consacrée par la réforme du droit des contrats (2).

1. La théorie classique

410. Nullité relative, nullité absolue, inexistence. La théorie classique, élaborée par la doctrine civiliste du XIXe siècle, propose une distinction fondée sur la gravité de l'imperfection dont l'acte est atteint. La nullité est relative si un élément essentiel de l'acte (par exemple le consentement) est vicié. La nullité est absolue si un élément essentiel de l'acte fait défaut. Enfin l'acte est inexistant lorsqu'il est atteint d'un défaut si grave que l'on ne peut même pas concevoir qu'il puisse bénéficier d'une quelconque reconnaissance juridique. À la différence de la nullité, l'inexistence n'a pas besoin d'être prononcée par le juge; celui-ci se borne à la *constater*. L'inexistence échappe ainsi à toutes les règles du régime des nullités (notamment à la prescription).

411. Critique. Cette théorie fut vivement critiquée dès le début du XXe siècle[1] et elle est aujourd'hui rejetée par la plupart des auteurs[2]. La différence entre le vice et l'absence totale d'un élément essentiel est difficile à saisir. Par exemple, comment déterminer si le consentement est vicié ou s'il fait totalement défaut ? Les distinctions établies suivant cette théorie sont incertaines et fluctuantes. Cette théorie n'est plus utilisée aujourd'hui pour faire le départ entre nullité relative et nullité

1. R. Japiot, *Des nullités en matière d'actes juridiques*, thèse, Dijon, 1909 ; J. Gaudemet, *Théorie générale des obligations*, Sirey 1937, réimp. Dalloz 2004.
2. V. not. F. Terré, P. Simler et Y. Lequette, n° 87 et n° 390; C. Larroumet, préc., n° 532, l'auteur qualifie la notion d'inexistence d'« inutile et illogique ». *Contra*, favorable à la théorie de l'inexistence : M. Fabre-Magnan, n° 441.

absolue. Cependant cette théorie n'est pas totalement tombée en désuétude : elle est le fondement de la notion d'inexistence qui est parfois mise en œuvre par la jurisprudence[1] ainsi que de la théorie de l'erreur-obstacle (v. *supra*, n° 285).

2. La théorie moderne

412. On présentera le critère sur lequel repose la théorie moderne (A) avant de montrer comment elle est mise en œuvre (B).

A. Critère

413. Le but de la règle transgressée. La théorie moderne des nullités, à laquelle Japiot a apporté une contribution décisive, envisage la nullité comme un « droit de critique[2] » et s'attache aux intérêts que la nullité a pour but de protéger. Suivant cette théorie, le critère de distinction entre les nullités relative et absolue se trouve dans le but de la règle transgressée. La nullité est absolue si la règle transgressée poursuit un but de protection de l'intérêt général ; la nullité est relative si la règle transgressée poursuit un but de protection des intérêts privés. La théorie moderne s'était progressivement imposée dans la jurisprudence ; elle est pleinement consacrée par la réforme du droit des contrats. L'article 1179 du Code civil énonce : « La nullité est absolue lorsque la règle violée a pour objet la sauvegarde de l'intérêt général. Elle est relative lorsque la règle violée a pour seul objet la sauvegarde d'un intérêt privé ». On relève que tous les projets de réforme du droit français des contrats qui se sont succédés reprenaient, en des termes proches, cette distinction[3]. Cette belle unanimité illustre la supériorité de la théorie moderne, dont la mise en œuvre est particulièrement simple.

B. Mise en œuvre

414. Les nullités relatives. Les vices du consentement, l'incapacité d'exercice, la lésion sont sanctionnées par la nullité relative[4]. Il en est de même s'agissant de

1. V. en ce sens : Civ. 1, 5 mars 1991, *D.* 1993, p. 508, note L. Collet, l'arrêt décide que le contrat de prêt est « inexistant » en raison de l'absence totale de consentement. Civ. 1, 10 juin 1986, *Bull. civ.* I, n° 159, *RTD civ.* 1987, p. 535, obs. J. Mestre, l'arrêt se réfère implicitement à l'inexistence en décidant qu'« il ne pouvait y avoir prescription de l'action en nullité d'un acte auquel faisait défaut l'un de ses éléments essentiels ». V.H. Adida-Canac, « Actualité de l'inexistence des actes juridiques », in *La vérité, Rapport annuel 2004 de la Cour de cassation*, p. 103 s.
2. L'expression est de R. Japiot, *Des nullités en matière d'actes juridiques*, thèse, Dijon, 1909.
3. V. not. l'avant-projet Catala (art. 1129-1 et 1129-2) et le projet Terré (art. 79).
4. V. par ex. Civ. 1, 14 janv. 2009, *Bull. civ.* I, n° 6, la nullité pour incapacité est simplement relative.

la nullité pour absence d'un élément essentiel du contrat[1]. La transgression d'une règle d'ordre public économique de protection[2], dont la finalité est la protection d'un intérêt privé, est également sanctionnée par la nullité relative[3].

415. Les nullités absolues. L'illicéité de l'objet ou du but est sanctionnée par la nullité absolue, car il est alors porté atteinte à une règle d'intérêt général, qui relève de l'ordre public classique (v. *supra*, n° 45 et s.). La transgression d'une règle d'ordre public économique de direction[4] est également sanctionnée par la nullité absolue[5].

II. La portée de la distinction entre nullité relative et nullité absolue

416. La distinction entre les nullités relative et absolue commande l'attribution (1) et l'extinction (2) du droit de critique.

1. L'attribution du droit de critique

417. L'attribution du droit de critique est différente selon que la nullité est relative (A) ou absolue (B).

A. Nullité relative

418. La personne protégée. La nullité relative étant instituée dans un but de protection d'un intérêt particulier, seule la personne protégée par la règle transgressée peut exercer le droit de critique. L'article 1181 du Code civil prévoit en

1. Com., 22 mars 2016, n° 14-14218.
2. L'ordre public économique de protection correspond aux règles spéciales visant à compenser une inégalité naturelle entre les parties en protégeant le contractant supposé « faible » (le salarié face à l'employeur, le consommateur face au professionnel). En droit du travail, cet ordre public de protection prend le nom d'ordre public social et ses dispositions peuvent être écartées par une clause d'une convention collective ou d'un contrat de travail plus favorable au salarié.
3. V. par ex. Civ. 1, 15 janv. 2000, *Bull. civ.* I, n° 49 ; *JCP*, II, 10477, note O. Gout ; *D.* 2000, p. 275, note C. Rondey (violation des art. L. 311-2, L. 311-8 et L. 311-10 du Code de la consommation).
4. L'ordre public économique de direction correspond aux règles par lesquelles l'État cherche à réglementer la pratique contractuelle dans l'intérêt général (par exemple : la réglementation de la concurrence). Les règles de forme d'un contrat solennel sont généralement considérées comme relevant de l'ordre public de direction (même lorsqu'il s'agit d'un formalisme protecteur, ce qui est contestable).
5. V. par ex. Com., 24 oct. 2000, *Bull. civ.* IV, n° 163 ; *RTD com.* 2001, p. 427, obs. E. Claudel, nullité absolue des actes se rapportant à des pratiques prohibées par les articles L. 420-1 (ententes) et L. 420-2 (abus de position dominante ou de dépendance économique).

ce sens que « la nullité relative ne peut être demandée que par la partie que la loi entend protéger. » Par exemple, seule la victime de l'erreur ou du dol peut agir en nullité ; seul l'incapable ou son représentant peuvent faire sanctionner le défaut de capacité.

419. Autres personnes. Par exception, la nullité peut être invoquée par d'autres que la personne protégée. Il s'agit d'une part des ayants cause à titre universel (par ex. les héritiers) qui deviennent partie aux contrats conclus par leur auteur (v. *infra*, n° 730). Et il s'agit d'autre part des créanciers agissant par la voie de l'action oblique (v. *infra*, n° 752).

B. Nullité absolue

420. La nullité absolue étant instituée dans un but de protection de l'intérêt général, il est souhaitable qu'elle puisse être invoquée par le plus grand nombre de personnes. Cette règle est désormais énoncée dans le Code civil, à l'article 1180 : « La nullité absolue peut être demandée par toute personne justifiant d'un intérêt, ainsi que par le ministère public ». Le droit de critique est donc ouvert à *tout intéressé* : les particuliers justifiant d'un intérêt à agir (a), mais aussi le ministère public (b).

a. Les particuliers ayant un intérêt à agir

421. Chacune des parties. Chacune des parties peut invoquer la nullité absolue, y compris celle qui est à l'origine de la cause de nullité. Ainsi, le contractant qui était animé de mobiles illicites pourra demander la nullité. On peut *a priori* s'étonner de cette solution : ne faudrait-il pas fermer l'action en nullité au contractant qui a agi dans un but illicite ? Une appréciation morale conduirait sans doute à répondre par l'affirmative, surtout si l'autre partie ignorait les mobiles illicites. Mais, à y bien réfléchir, une réponse négative s'impose, car *l'intérêt général* exige que le contrat entaché d'un cas de nullité absolue soit anéanti.

422. Tout intéressé. Toute autre personne justifiant d'un intérêt à agir peut invoquer la nullité. La nullité absolue peut même être invoquée par les tiers absolus, qui n'ont aucun lien avec les parties, dès lors qu'ils ont intérêt à ce que le contrat ne leur soit pas opposable[1].

1. Com., 24 oct. 2000, *Bull. civ.* IV, n° 163 ; *RTD com.* 2001, p. 427, obs. E. Claudel, la nullité absolue de tout acte se rapportant à des ententes (art. L. 420-1) ou des abus de position dominante ou de dépendance économique (art. L. 420-2) peut être demandée par les concurrents.

b. Le ministère public

423. Le ministère public peut saisir le juge d'une demande en nullité « pour la défense de l'ordre public » (art 423 CPC). Il peut donc intenter une action en nullité absolue, mais non une action en nullité relative. En pratique, il est rare que le ministère public use de ce pouvoir.

2. L'extinction du droit de critique

424. Le droit de critique peut s'éteindre par la confirmation (A) ou par la prescription (B).

A. La confirmation

425. La confirmation est l'acte unilatéral par lequel la personne titulaire du droit de critique *renonce à invoquer ce droit*[1]. Il convient de préciser le domaine (a) les conditions (b) et les effets (c) de la confirmation, puis de la distinguer de notions voisines (d).

a. Le domaine de la confirmation

426. Nullité relative seulement. La nullité relative peut être couverte par la confirmation (art. 1181 alinéa 2), car la personne protégée a la maîtrise de l'action en nullité. En revanche la nullité absolue ne peut être couverte par la conformation (art. 1180 alinéa 2) car il ne serait pas admissible que la volonté d'un contractant paralysât une nullité édictée dans un but de protection de l'intérêt général[2].

b. Les conditions de la confirmation

427. Moment de la confirmation. Consacrant une solution qui était admise par la jurisprudence, l'article 1182 alinéa 2 prévoit que la confirmation « ne peut intervenir qu'après la conclusion du contrat ». Cette règle permet d'éviter qu'un contractant ne profite de sa supériorité pour obtenir de l'autre, au moment de la conclusion du contrat, la renonciation à agir en nullité. Une fois le contrat conclu, la renonciation est possible sous réserve du respect des conditions que l'on va exposer ci-après.

---

1. C. civ., art. 1182.
2. V. par ex. Civ. 3, 7 juill. 1982, *Bull. civ.* III, n° 176, la nullité absolue d'une promesse unilatérale non enregistrée conformément à l'article 1840 A CGI (aujourd'hui art. 1589-2 C. civ.) n'est pas susceptible de confirmation.

428. Volonté certaine. La confirmation suppose une *volonté certaine* de renoncer à invoquer la nullité. Il faut donc que le contractant ait *connaissance* du vice (par exemple, que la victime de l'erreur ait pris connaissance de la réalité) et qu'il manifeste la *volonté* d'opérer la confirmation. Cette volonté doit être libre ; aussi, lorsque le contrat est nul en raison du vice de violence, la confirmation ne peut intervenir qu'après que la violence a cessé (art. 1182 al. 3).

429. Tacite ou expresse. Le principe de la liberté contractuelle conduit à admettre la confirmation tacite, résultant du comportement des parties. L'article 1182 al. 3 prévoit en ce sens que « l'exécution volontaire du contrat, en connaissance de la cause de nullité, vaut confirmation ». Cependant, en cas de contestation, la confirmation tacite soulève de redoutables problèmes de preuve. Il convient autant que possible de privilégier la confirmation expresse : celle-ci suppose la rédaction d'un acte écrit mentionnant « l'objet de l'obligation et le vice affectant le contrat » (art. 1182 C. civ.).

430. Action interrogatoire. La nullité relative confère à la partie protégée le pouvoir de faire disparaître le contrat par sa seule volonté, faisant ainsi planer une incertitude sur le sort du contrat. Le législateur a donné au cocontractant un moyen de faire cesser cette incertitude. L'article 1183 du Code civil permet au cocontractant de demander par écrit à la partie protégée par la nullité relative « soit de confirmer le contrat soit d'agir en nullité dans un délai de six mois à peine de forclusion ». L'écrit « mentionne expressément qu'à défaut d'action en nullité exercée avant l'expiration du délai de six mois, le contrat sera réputé confirmé » (art. 1183 al. 2).

L'article 1183 prévoit que « la cause de la nullité doit avoir cessé » pour que l'action interrogatoire puisse être mise en œuvre. Cette exigence se comprend difficilement. Prise à la lettre, elle semble indiquer que l'acte doit avoir été régularisé… et dans ce cas l'action interrogatoire n'a plus d'intérêt. Il faut comprendre, sans doute, que la personne protégée ne doit plus être sous l'emprise de la cause de nullité : en cas d'erreur ou de dol, l'action ne peut être mise en œuvre que lorsqu'ils ont été découverts et en cas de violence que lorsqu'elle a cessé.

c. Les effets de la confirmation

431. Effet relatif. Les effets de la confirmation sont indiqués de façon précise à l'article 1182, al. 4, du Code civil : « La confirmation emporte renonciation aux moyens et exceptions qui pouvaient être opposés, sans préjudice néanmoins des droits des tiers ». La confirmation ne produit effet *qu'à l'égard du confirmant*, celui-ci *s'interdisant de faire valoir la cause de nullité*[1]. Le vice qui infecte

1. V. not. G. Couturier, *La confirmation des actes nuls*, LGDJ 1972, préf. J. Flour.

l'acte demeure, mais il ne peut simplement plus être invoqué par l'auteur de la confirmation, que ce soit par voie d'action ou par voie d'exception. Des effets de la confirmation on peut déduire l'analyse de celle-ci : elle est un acte abdicatif qui fait obstacle à l'exercice du droit de critique.

d. La distinction de la confirmation et des notions voisines

432. La régularisation. La régularisation consiste à valider un acte nul en lui apportant l'élément qui manquait à sa validité. Elle rend l'acte rétroactivement valable à l'égard de tous. Elle possède un effet beaucoup plus radical que la confirmation. En revanche son domaine est plus restreint car elle ne permet pas de corriger le défaut de l'une des conditions générales prévues aux articles 1128 et suivants ; elle n'est admise que pour des causes de nullité spécifiques. Par exemple, la vente de la chose d'autrui qui est frappée de nullité (art. 1599 C. civ.) peut être régularisée si le vendeur acquiert la propriété de la chose avant que la nullité ait été prononcée. De même, la rescision (nullité) pour lésion dans la vente d'immeuble ou le partage peut être évitée : l'acheteur pourra payer au vendeur le juste prix, diminué d'un dixième (art. 1681 C. civ.) ; le copartageant pourra fournir le supplément de part nécessaire pour que le contrat soit équilibré (art. 891 C. civ.).

433. La réfection. La réfection consiste tout simplement en la conclusion d'un contrat nouveau et autonome, purgé du vice qui infectait le contrat initial. Elle se distingue de la confirmation et de la régularisation qui n'engendrent pas un contrat nouveau.

B. La prescription

434. La nullité peut être demandée par voie d'action en justice. Elle peut aussi être invoquée par voie d'exception (comme un moyen de défense) pour résister à une demande en exécution du contrat. L'action en nullité (a) et l'exception de nullité (b) n'obéissent pas au même régime en matière de prescription.

a. L'action en nullité

435. Prescription de l'action. Comme toute action en justice, l'action en nullité est soumise à la prescription extinctive : elle s'éteint en cas de non-usage pendant un laps de temps déterminé. C'est le besoin de sécurité qui justifie la prescription extinctive. La sécurité juridique commande en effet de ne pas remettre en cause les situations de fait (ici, le non-exercice du droit de demander la nullité) qui ont duré pendant un certain temps de façon paisible. *Quieta non movere* : ne pas déranger ce qui est paisible. Comme pour toute prescription, deux questions se posent : celle de la durée du délai et celle du point de départ du délai.

436. La durée du délai. Depuis la loi du 17 juin 2008 portant réforme de la prescription[1], nullité relative et nullité absolue sont soumises au même délai de prescription de droit commun, qui est de cinq ans (art. 2224 C. civ.). Ce délai de droit commun subit de très nombreuses exceptions. Par exemple, l'action en rescision pour lésion d'une vente d'immeuble est enfermée dans un délai *préfix* (à la différence du délai de prescription, le délai *préfix* n'est susceptible ni d'interruption ni de suspension) qui est de deux ans (art. 1676 C. civ.).

437. Le point de départ du délai. Depuis la loi du 17 juin 2008, le point de départ de la prescription extinctive est en principe « le jour où le titulaire d'un droit a connu ou aurait dû connaître les faits lui permettant de l'exercer » (C. civ., art. 2224). Mais cette règle est écartée pour les nullités les nullités les plus fréquentes.

S'agissant spécialement des vices du consentement, l'article 1144 du Code civil prévoit que « le délai de l'action en nullité ne court, en cas d'erreur ou de dol, que du jour où ils ont été découverts et, en cas de violence, que du jour où elle a cessé ». Cette disposition reprend le contenu de l'ancien article 1304 alinéa 2 du Code civil.

S'agissant des règles gouvernant la capacité, l'article 1152 du Code civil distingue trois hypothèses. En premier lieu, à l'égard des actes faits par un mineur, la prescription de l'action ne court que du jour de sa majorité ou de son émancipation. En deuxième lieu, à l'égard des actes faits par un majeur protégé, la prescription de l'action ne court que du jour où il en a eu connaissance alors qu'il était en situation de les refaire valablement. En troisième lieu, à l'égard des héritiers de la personne sous tutelle ou sous curatelle ou de la personne faisant l'objet d'une habilitation familiale, le délai de prescription de l'action ne commence à courir que du jour du décès, s'il n'a commencé à courir auparavant.

b. L'exception de nullité

438. Perpétuité de l'exception. L'article 1185 du Code civil prévoit que « l'exception de nullité ne se prescrit pas si elle se rapporte à un contrat qui n'a reçu aucune exécution ». La solution est admise en jurisprudence depuis longtemps[2]. Elle est exprimée par un adage : *quae temporalia sun ad agendum, perpetua sunt ad excipiendum* (ce qui est temporaire par voie d'action, est perpétuel par voie d'exception). Cette règle permet de maintenir le *statu quo* : le contrat qui n'a fait

1. L. n° 2008-561 du 17 juin 2008 portant réforme de la prescription en matière civile, *JO* 18 juin 2008.
2. V. par ex. Civ. 3, 4 oct. 2000, *Bull. civ.* III, n° 156 : « Vu le principe selon lequel l'exception de nullité est perpétuelle ». V. M. Storck, « L'exception de nullité en droit privé », *D.* 1987, chron. p. 67.

l'objet d'aucun commencement d'exécution restera inexécuté. La finalité de cette règle rejoint celle de la prescription : ne pas remettre en cause les situations de fait qui ont duré de façon paisible pendant un certain temps. *Quieta non movere.* La perpétuité de l'exception de nullité n'est pas contradictoire avec la prescription de l'action, mais complémentaire de celle-ci[1].

439. Domaine. Cette règle de la perpétuité de l'exception possède un domaine d'application étroitement encadré. D'abord, comme l'indique l'article 1185 du Code civil, elle ne s'applique pas lorsque le contrat a été exécuté, même partiellement[2]. Si le contrat a fait l'objet d'une exécution, totale ou partielle, le *statu quo* a été rompu : la règle n'a plus lieu de s'appliquer. Ensuite, elle ne concerne que les prescriptions et non les délais *préfix*, que rien ne peut allonger[3]. Enfin elle ne s'applique pas lorsque la nullité est demandée par voie de demande reconventionnelle[4].

1. V. en ce sens not. J. Flour, J.-L. Aubert et É. Savaux, n° 356.
2. V. en ce sens : Civ. 3, 10 mai 2001, *Bull. civ.* III, n° 61 ; *D.* 2001, p. 3156, note P. Lipinski; Civ. 1, 15 janv. 2015, n° 13-25512 et 13-25513.
3. V. par ex. Com., 31 mars 2004, *Bull. civ.* IV, n° 67, délai de trois ans de l'action en nullité de la vente d'un fonds de commerce.
4. Com., 19 nov. 1998, 96-20288; *RTD civ.* 1999, p. 618, obs. J. Mestre.

Chapitre 2

Les effets de la nullité

440. Qu'elle soit relative ou absolue, la nullité est sanctionnée par la disparition rétroactive du contrat, ou de certaines clauses seulement. Deux questions doivent être envisagées : l'étendue de la nullité (I) et la rétroactivité de la nullité (II).

I. L'étendue de la nullité

441. La nullité est en principe totale (1). Mais il arrive qu'elle n'affecte qu'une partie du contrat (2).

1. Nullité totale

442. Anéantissement total. Le contrat qui ne remplit pas les conditions de validité prévues à l'article 1128 du Code civil[1] est nul en son entier. Toutes les clauses du contrat disparaissent, y compris les clauses accessoires telles qu'une clause pénale. Disparaissent également les accessoires telles que les sûretés. Cependant certaines clauses subsistent dans la mesure où elles peuvent être considérées comme des conventions autonomes, distinctes de l'acte annulé. Cela concerne essentiellement la clause compromissoire[2] ou la clause de compétence[3].

2. Nullité partielle

443. Il arrive, et cela est de plus en plus fréquent, que la nullité n'affecte qu'une partie du contrat seulement. La question se pose alors de savoir si le contrat peut

1. Le consentement des parties, leur capacité et un contenu licite.
2. La solution a d'abord été admise en droit international privé : Civ. 1, 7 mai 1963, *Bull. civ.* I, n° 246; *JCP* 1963, II, 13405, note B. Goldman. Elle est désormais admise en doit interne : Civ. 2, 4 avr. 2002, *Bull. civ.* II, n° 68; Com. 9 avr. 2002, *Bull. civ.* IV, n° 69.
3. Ci v. 1, 8 juill. 2010, *Bull. civ.* I, n° 161 ; *D.* 2010, p. 2323, note L. D'Avout; *RTDciv.* 2010, p. 780, obs. J. B. Fages.

être amputé de cette clause ou s'il doit être totalement anéanti. La réponse est complexe ; elle se décline en un principe (A) et une exception (B).

A. Principe

444. Caractère déterminant ou non de la clause. La règle de principe est formulée à l'article 1184 alinéa 1er du Code civil : « Lorsque la cause de nullité n'affecte qu'une ou plusieurs clauses du contrat, elle n'emporte nullité de l'acte tout entier que si cette ou ces clauses ont constitué un élément déterminant de l'engagement des parties ou de l'une d'elles ». Le critère retenu est le caractère déterminant ou non de la clause illicite, mais le texte pose une présomption en faveur de la nullité partielle, invitant les juges à sauver le contrat lorsque cela est possible[1]. L'annulation se limite donc en principe à la seule clause illicite, mais elle s'étend à l'acte tout entier s'il est établi que cette clause était dans l'esprit des parties un élément essentiel de leur accord.

B. Exceptions

445. Clauses d'indivisibilité. Les parties peuvent préciser dans leur contrat quelles étaient les clauses déterminantes de leur volonté. Par exemple, elles peuvent indiquer dans une « clause d'indivisibilité » que toutes les clauses du contrat sont déterminantes de leur consentement, et ainsi lier le sort du contrat à celui de chacune des clauses qu'il comporte.

Le juge est-il lié par ces clauses ? En principe oui, et la Cour de cassation censure, pour dénaturation des termes du contrat, les décisions des juges du fond qui prononcent la nullité partielle au mépris d'une telle clause[2].

446. Dérogations légales. L'article 1184 alinéa 2 énonce : « Le contrat est maintenu lorsque la loi répute la clause non écrite, ou lorsque les fins de la règle méconnue exigent son maintien ». Ce texte envisage deux hypothèses différentes, qui appellent chacune un régime particulier. La première hypothèse ne soulève pas de difficultés : lorsque la loi prévoit qu'une clause est « réputée non écrite » (par ex. art L. 132-1 C. consomm., art. 1170 C. civ.), il va de soi que le reste du contrat est maintenu, amputé de ladite clause. Le juge n'a aucun pouvoir d'appréciation. La seconde hypothèse est celle où « les fins de la règle méconnue exigent

1. Présomption que l'on trouve notamment dans les Principes Unidroit (art. 3-1-16) ainsi que dans les Principes du droit européen des contrats (art. 4 : 116).
2. Com., 27 mars 1990, *Bull. civ.* IV, n° 93 ; *D.* 1991, p. 291, note F.-X. Testu ; *RTD civ.* 1990, p. 112, obs. J. Mestre.

son maintien». Le juge retrouve ici son pouvoir d'appréciation : il lui appartient d'apprécier quelle est la sanction la mieux appropriée, entre la nullité partielle et la nullité totale, au vu de la finalité de la règle transgressée.

II. La rétroactivité de la nullité

447. Une fiction juridique. L'article 1178, alinéa 2, du Code civil énonce : «Le contrat annulé est censé n'avoir jamais existé». Il faut faire comme si le contrat n'avait jamais existé et donc revenir à la situation antérieure (*statu quo ante*). L'application de cette règle ne soulève pas de difficulté lorsque le contrat n'a fait l'objet d'aucune exécution : chacune des parties est libérée de ses obligations. En revanche, lorsque le contrat a déjà été exécuté, totalement ou partiellement, la rétroactivité implique que chacune des parties restitue ce qu'elle a reçu de l'autre[1]. Cela soulève bien des difficultés, non seulement dans les rapports entre les parties (1) mais aussi à l'égard des tiers (2). En outre, la rétroactivité peut être à l'origine d'un préjudice qui devra être réparé (3).

1. La rétroactivité dans les rapports entre les parties

448. Restitutions. Le Code civil consacre un chapitre entier à la question des restitutions[2]. Ce chapitre n'est pas propre aux restitutions consécutives à l'annulation ; il est applicable également à toutes les autres causes de disparition rétroactive du contrat (résolution ou caducité notamment). Le régime des restitutions s'organise selon un principe et des exceptions. Consécutivement à l'anéantissement du contrat, chacune des parties est en principe tenue de restituer ce qu'elle a reçu (A), mais parfois la restitution se heurte à certains obstacles (B).

A. L'obligation de restitution

449. La mise en œuvre de l'obligation de restitution s'opère de façon différente selon qu'elle porte sur une somme d'argent (a), sur une chose autre qu'une somme d'argent (c) ou sur une prestation de service (c).

1. V. certains auteurs proposent de renoncer à la fiction de la rétroactivité, et de régler la situation passée sur le terrain de la responsabilité : C. Guelfucci, *Nullité, restitution et responsabilité*, LGDJ 1992, spéc. n° 725 et s.
2. Chapitre V : «Les restitutions», art. 1352 à 1352-9 C. civ.

a. Restitution d'une somme d'argent

450. Intérêts et principal. Du fait de la fongibilité de la monnaie, la restitution d'une somme d'argent ne soulève guère de difficulté. Le contractant tenu de restituer une somme d'argent (le débiteur de la restitution) doit restituer la somme qu'il a reçue, éventuellement augmentée des intérêts au taux légal et des taxes acquittées (art. 1352-6 C. civ.). L'article 1352-7 C. civ. détermine à partir de quel moment sont dus les intérêts, en distinguant selon que le débiteur de la restitution a reçu la somme d'argent de bonne ou de mauvaise foi : « Celui qui a reçu de mauvaise foi doit les intérêts [...] à compter du paiement. Celui qui a reçu de bonne foi ne les doit qu'à compter du jour de la demande » (art. 1352-7 C. civ.). Par ailleurs, les garanties constituées pour l'exécution des obligations contractuelles « sont reportées de plein droit sur les obligations de restitution » (art. 1352-9 C. civ.).

b. Restitution d'une chose autre qu'une somme d'argent

451. Restitution en nature. La restitution d'une chose autre qu'une somme d'argent s'effectue en principe en nature : chacun restitue à l'autre la chose qu'il a reçue. Par exception, si la restitution en nature est impossible (si la chose a été perdue ou revendue), la restitution s'opère en valeur. Dans ce cas la valeur est estimée « au jour de la restitution ». Mais la mise en œuvre de cette règle soulève des difficultés car certains événements ont pu survenir durant ce laps de temps où le contrat est censé n'avoir jamais existé : entre la conclusion du contrat et le jour des restitutions.

452. Dégradations de la chose. Entre la conclusion du contrat et le jour des restitutions, la chose a pu subir des dégradations. Le débiteur de la restitution (par exemple l'acheteur tenu de restituer la chose) est-il tenu de supporter le coût de la remise en état ? La jurisprudence répondait par l'affirmative, sans distinguer selon l'origine des dégradations[1]. L'article 1252-1 du Code civil donne une réponse plus nuancée : « Celui qui restitue la chose répond des dégradations et détériorations qui en ont diminué la valeur, à moins qu'il ne soit de bonne foi et que celles-ci ne soient pas dues à sa faute ». Le débiteur de la restitution n'est donc pas tenu de supporter le coût de la remise en état s'il est de bonne foi et si les dégradations sont dues simplement à l'écoulement du temps ou bien à un cas fortuit.

453. Chose revendue. L'article 1352-2 traite de la question de la restitution d'une chose qui a été revendue. La restitution ne pouvant s'opérer en nature, elle s'opère

---

1. Civ. 1, 2 juin 1987, *Bull. civ.* I, n° 183.

en valeur. L'article 1352-2 du Code civil distingue selon que le débiteur de la restitution était, ou non, de bonne foi lorsqu'il a reçu la chose : « Celui qui l'ayant reçue de bonne foi a vendu la chose ne doit restituer que le prix de la vente. S'il l'a reçue de mauvaise foi, il en doit la valeur au jour de la restitution lorsqu'elle est supérieure au prix ». La bonne foi consiste dans l'ignorance du vice affectant le contrat.

454. Dépenses d'amélioration et de conservation. Lorsque le débiteur de la restitution (par exemple l'acheteur tenu de restituer la chose) a engagé des dépenses qui étaient nécessaires pour la conservation du bien ou qui ont permis l'amélioration du bien, le bénéficiaire de la restitution (par exemple le vendeur) doit l'indemniser : à défaut, il tirerait profit de la situation ce qui est incompatible avec l'idée que le contrat est censé n'avoir jamais existé. L'indemnité est égale à la plus faible des deux sommes entre les frais effectués et la plus-value apportée. Tel est le sens de la règle posée par le nouvel article 1352-5 : « Pour fixer le montant des restitutions, il est tenu compte à celui qui doit restituer des dépenses nécessaires à la conservation de la chose et de celles qui en ont augmenté la valeur, dans la limite de la plus-value estimée au jour de la restitution ».

455. Jouissance et fruits de la chose. L'article 1352-3 alinéa 1er du Code civil énonce : « La restitution inclut les fruits et la valeur de la jouissance que la chose a procurée ». L'alinéa 2 prévoit que « la valeur de la jouissance est évaluée par le juge au jour où il se prononce ». L'alinéa 3 indique comment s'opère la restitution des fruits : « Sauf stipulation contraire, la restitution des fruits, s'ils ne se retrouvent pas en nature, a lieu selon une valeur estimée à la date du remboursement, suivant l'état de la chose au jour du paiement de l'obligation ». Il est tenu compte de la bonne ou de la mauvaise foi du débiteur de la restitution pour déterminer la date à compter de laquelle la jouissance ou les fruits doivent être restitués : « Celui qui a reçu de mauvaise foi doit les intérêts, les fruits qu'il a perçus ou la valeur de la jouissance à compter du paiement. Celui qui a reçu de bonne foi ne les doit qu'à compter du jour de la demande » (art. 1352-7 C. civ.).

c. Restitution d'une prestation de service

456. Impossible restitution en nature. La restitution d'une prestation de service ne peut généralement pas être opérée en nature. Ainsi, en cas d'annulation d'un contrat de bail[1], le preneur ne peut restituer la jouissance du bien ; en cas d'annulation d'un contrat de travail, l'employeur ne peut restituer la force de travail.

1. L'obligation du bailleur est une prestation de service : procurer au preneur la jouissance du bien loué.

Dans ces contrats, il serait plus simple de renoncer à la fiction de la rétroactivité : le passé resterait sous l'empire des clauses contractuelles, à l'exception de celles qui étaient illicites et qui seraient remplacées par les dispositions impératives transgressées. La solution est admise notamment pour les sociétés : « lorsque la nullité de la société est prononcée, elle met fin, sans rétroactivité, à l'exécution du contrat » (art. 1844-15 C. civ.). Mais en droit des contrats, l'effet rétroactif de la nullité s'applique. Il y a donc lieu à restitution.

457. Restitution en valeur. L'article 1352-8 du Code civil prévoit : « La restitution d'une prestation de service a lieu en valeur. Celle-ci est appréciée à la date à laquelle elle a été fournie ». Concrètement, lorsqu'il y a lieu à restitution d'une prestation de service, la somme à restituer est exactement du même montant que l'obligation monétaire corrélative : il s'opère une compensation entre ces deux créances (dès lors que chacun avait exécuté ses obligations). Par exemple, le preneur doit restituer la valeur de la jouissance qui est égale au montant des loyers, et le bailleur doit restituer les loyers ; l'employeur doit restituer la valeur du travail fourni et le salarié doit restituer les salaires. Est ainsi condamnée la jurisprudence antérieure qui, faisant reposer le mécanisme des restitutions sur le fondement de l'enrichissement sans cause, permettait au juge d'apprécier souverainement la valeur des prestations[1].

B. *Les obstacles à la restitution*

458. Le mécanisme des restitutions est limité pour assurer la protection des incapables (a) et pour sanctionner l'immoralité d'un contractant (b).

a. La protection des incapables

459. Restituer ce qui reste. Lorsque la nullité du contrat est due à la minorité ou à la mise sous tutelle de l'un des contractants, les restitutions qui sont dues par celui-ci « sont réduites à proportion du profit qu'il a retiré de l'acte annulé » (art. 1352-4 C. civ.). Cette règle assure la protection des mineurs ainsi que des majeurs sous tutelle. Ainsi, lorsqu'un mineur vend un bien en violation des règles relatives à la capacité, l'annulation de la vente devrait lui imposer de restituer le prix qu'il a perçu. Or il se peut qu'il ait dépensé cet argent. L'article 1352-4 du Code civil le protège en prévoyant qu'il ne doit restituer que ce qui lui reste.

---

1. Par exemple, le locataire devait une indemnité correspondant à la valeur locative du bien et non au loyer contractuel : v. Civ. 1, 11 juin 1991, *Bull. civ.* I, n° 187 ; Com., 5 avr. 1994, *Bull. civ.* IV, n° 147.

b. La sanction de l'immoralité

460. ***Nemo auditur...*** Lorsque le contrat est immoral, le contractant qui était animé de l'intention immorale ne peut obtenir restitution de la prestation qu'il a versée à l'autre partie[1]. Cette règle d'origine coutumière est exprimée par un adage : *nemo auditur propriam turpitudinem allegans* (nul ne peut être entendu lorsqu'il invoque sa propre turpitude). Cet adage a été érigé en principe général du droit par la Cour de cassation[2]. Cet adage n'a pas été consacré par le législateur mais il est possible que la jurisprudence continue de l'appliquer.

461. Domaine. Le domaine d'application de l'exception d'indignité est strictement encadré. D'abord, l'exception d'indignité permet seulement de faire échec à la demande en restitution consécutive à l'annulation ; elle ne permet pas de tenir en échec la demande en nullité exposée par voie d'action ou par voie d'exception[3]. Ensuite, l'exception d'indignité ne concerne que les restitutions consécutives à l'annulation d'un contrat immoral, et non celles consécutives à l'annulation d'un contrat illicite[4] ou frauduleux[5]. Enfin, elle ne s'applique que dans les contrats onéreux ; elle est écartée dans les contrats à titre gratuit.

462. Fondement : établir l'insécurité dans les engagements immoraux. L'exception d'indignité est parfois critiquée car elle conduit à un résultat injuste. Ainsi celui qui a acheté une chose illicite peut en conserver la propriété sans avoir à payer le prix ; il tire profit de son immoralité. Mais cette règle trouve sa justification dans des considérations d'intérêt général. Elle affaiblit la sécurité des contrats immoraux : une fois le contrat conclu, aucun des contractants n'a intérêt à l'exécuter le premier. Cette règle inocule, dans les contrats entachés d'immoralité, le poison de l'insécurité juridique[6].

463. À égalité de turpitude... L'exception d'indignité peut conduire le juge à mesurer le degré d'immoralité respectif des contractants. Il peut rejeter la demande de restitution si l'immoralité des deux paraît également condamnable[7].

---

1. Sur ce mécanisme, v. not. P. Le Tourneau, *La règle nemo auditur*, préf. P. Raynaud, LGDJ, 1970 ; P. le Tourneau, *Jur. cl. Civ.*, art. 1131 à 1133.
2. Civ. 1, 22 juin 2004, *Bull. civ.* I, n° 182 ; *RTD civ.* 2004, p. 503, obs. J. Mestre et B. Fages.
3. V. par ex. Civ. 1, 17 juill. 1996, *Bull. civ.* I, n° 331.
4. Civ. 3, 25 fév. 2004, *Bull. civ.* III, n° 42 ; *JCP* 2004, I, 149, n° 9 ; obs. F. Labarthe ; *RDC* 2004, p. 635, note D. Mazeaud ; *RDC* 2004, p. 639, obs. P. Brun ; *RTD civ.* 2004, p. 279, note J. Mestre et B. Fages.
5. Soc., 10 nov. 2009, *JCP* 2010, 168, note J. Mouly.
6. J. Carbonnnier, n° 110 ; P. Malaurie, L. Aynès et P. Stoffel-Munck, n° 729.
7. Com., 27 avr. 1981, *D.* 1982, p. 51, note P. Le Tourneau.

Il peut aussi accepter l'action en répétition d'une partie dont l'immoralité lui paraît moins condamnable[1]. Ainsi, une prostituée a pu demander au proxénète la restitution des sommes qu'elle lui avait versées[2] ; l'acheteur au marché noir a pu demander au vendeur la restitution du prix des fausses pièces d'or[3].

2. La rétroactivité à l'égard des tiers

464. La nullité est en principe opposable aux tiers (A). Les conséquences parfois excessives de ce principe appellent des tempéraments (B).

A. Le principe

465. Opposabilité de la nullité. L'anéantissement rétroactif du contrat est opposable aux tiers. Cela signifie que les tiers doivent tenir compte de la situation nouvelle qui résulte de l'anéantissement du contrat. Par exemple, l'annulation de la vente d'un immeuble loué est opposable au locataire qui doit prendre en compte la situation nouvelle pour l'exécution de ses obligations, notamment le paiement des loyers.

B. Les tempéraments

466. Tiers ayants cause. L'annulation du contrat peut porter atteinte aux droits des tiers ayant cause de l'une des parties (sur la notion d'ayant cause, v. *infra*, n° 754 s.). Par exemple : une personne achète un bien et le revend à un tiers; en application du principe fondamental selon lequel nul ne peut transférer plus de droit qu'il n'en a lui-même (*nemo plus juris ad alium transferre potest quam ipse habet*) l'annulation de la première vente entraîne l'annulation de la seconde. Sans remettre en cause ce principe essentiel, le droit lui apporte certains correctifs.

467. Correctifs. En matière mobilière, la règle « en fait de meubles, possession vaut titre » (C. civ., art. 2276, al. 1) confère un droit à l'acquéreur de bonne foi qui a pris possession de la chose (réserve faite de l'hypothèse prévue à l'alinéa 2 de l'art. 2276, concernant la chose volée ou perdue).

En matière immobilière, le sous-acquéreur peut invoquer les règles de la prescription acquisitive de l'article 2272 du Code civil. Le délai de prescription est en

1. G. Ripert, *La règle morale dans les obligations civiles*, 4e éd., LGDJ, 1949, n° 108; P. Le Tourneau, *La règle nemo auditur*, préc., n° 162, et note ss. Com., 27 avr. 1981, *D.* 1982, p. 51.
2. Crim., 7 juin 1945, *D.* 1946, p. 149.
3. Crim., 3 juill. 1947, *JCP* 1948, II, 4474, note J. Carbonnier.

principe de 30 ans. Toutefois « celui qui acquiert de bonne foi et par juste titre un immeuble en prescrit la propriété par dix ans » (art. 2272 al. 2) ; le juste titre au sens de ce texte est celui qui aurait transféré la propriété s'il était émané du véritable propriétaire[1].

3. La responsabilité consécutive à l'annulation

468. Réparer les dommages causés par l'annulation. L'annulation du contrat peut causer à l'une des parties un préjudice qui ne sera pas réparé par le jeu des restitutions. Il en est ainsi, par exemple, si l'une des parties a engagé des frais pour réaliser une étude de marché ou si elle a renoncé à conclure un autre contrat qui lui aurait été profitable. La partie qui subit un préjudice du fait de l'annulation peut demander réparation, sur le fondement de la responsabilité délictuelle. En application du droit commun de la responsabilité, le demandeur doit prouver une faute, un dommage et un lien de causalité.

1. Civ. 3, 13 janv. 1999, *Bull. civ.* III, n° 13 ; *JCP* 1999, I, 175, n° 6, obs. H. Périnet-Marquet ; Civ. 3, 30 avr. 2002, *D.* 2002, p. 2510, obs. N. Reboul-Maupin.

Partie 2

Les effets du contrat

469. Parties et tiers. Une fois formé, le contrat produit des effets : il a force obligatoire. La question des effets du contrat implique de distinguer deux catégories de personnes : les parties et les tiers. Les parties sont soumises aux effets du contrat, en vertu du principe de l'effet obligatoire du contrat (titre 1). Les tiers sont protégés des effets du contrat, par le principe de l'effet relatif du contrat (titre 2).

Titre 1

L'effet obligatoire du contrat

470. Le contrat « tient lieu de loi ». Le fondement de l'effet obligatoire du contrat ayant été exposé plus haut, avec les principes directeurs du droit des contrats (v. *supra* n° 63 s.), il s'agira dans les pages qui suivent d'en présenter le contenu. Dans une formule énergique et concise empruntée à Domat[1], l'article 1103 du Code civil énonce : « Les contrats légalement formés tiennent lieu de loi à ceux qui les ont faits[2] ». Ce texte ne doit pas être lu comme érigeant le contrat au rang de la loi ; bien au contraire, ce texte rappelle que le contrat doit satisfaire aux exigences légales (le contrat doit être « légalement formé ») et qu'il ne possède pas le caractère général et abstrait de la loi (il ne s'applique qu'aux parties). L'article 1103 signifie simplement que le contrat légalement formé crée un lien juridique entre les parties. Il consacre ainsi avec force et majesté la plus évidente des conséquences de l'autonomie de la volonté[3].

471. Plan. Pour mesurer les effets du contrat, plusieurs questions doivent être envisagées : quel est le contenu du contrat ? (Sous-Titre I) ; comment produit-il ses effets ? (Sous-Titre II) ; peut-il être révisé ? (Sous-Titre III) ; enfin, quelle est sa durée ? (Sous-Titre IV).

1. J. Domat, *Les lois civiles dans leur ordre naturel*, 2e édition 1697, I, Sect. II, n° 7, p. 72 : « Les conventions étant formées, tout ce qui a été convenu tient lieu de loi à ceux qui les ont faites »,
2. Ce texte reprend l'ancien article 1134 alinéa 1er en remplaçant simplement le terme « convention » par celui de « contrat ».
3. V. not. C. Demolombe, *Traité des contrats ou des obligations conventionnelles en général*, Durand et Hachette, t. 1, 1re éd., 1868, n° 387 : l'auteur écrit que le sens de l'article 1134 alinéa 1er (auj. art. 1103) « n'est point, bien entendu, d'ériger la convention privée en une loi proprement dite, mais d'exprimer, d'une façon énergique, le lien qui en résulte entre les parties ». Sur les différentes interprétations de ce texte, v. C. Jamin, « Une brève histoire politique des interprétations de l'article 1134 du Code civil », *D.* 2002, chron. p. 901, spéc. p. 904 ; J.-P. Chazal, « De la signification du mot loi dans l'article 1134 du Code civil », *RTD civ.* 2001, p. 265 s.

Sous-titre 1

Détermination du contenu du contrat

472. La volonté des parties, interprétée et complétée. La liberté contractuelle permet aux parties de déterminer librement le contenu de leur contrat lors de sa conclusion, dans le respect des règles d'ordre public. Cependant il arrive que les parties se soient exprimées de façon maladroite, ou bien qu'elles n'aient pas envisagé certaines difficultés que le contrat peut soulever. La volonté des parties doit alors être interprétée (Chap. 1) ou complétée (Chap. 2).

Chapitre 1

L'interprétation de la volonté des parties

473. L'interprétation consiste à déterminer le sens d'une stipulation obscure ou ambiguë. En cas de désaccord entre les parties, c'est au juge qu'il appartient de déterminer le sens du contrat. Nous exposerons les règles d'interprétation (I) puis la question de la répartition des pouvoirs entre les juges du fond et la Cour de cassation (II).

I. Les règles d'interprétation

474. Les règles d'interprétation ont été réformées par l'ordonnance du 10 février 2016 dans un but de clarification et de simplification[1], mais elles n'ont pas été substantiellement modifiées. La règle de principe est la recherche de la volonté des parties. Elle est complétée par des règles subsidiaires et une règle d'exception.

475. La règle de principe : recherche de la volonté des parties. Reprenant en substance le contenu de l'ancien article 1156[2], l'article 1188 alinéa 1er du Code civil énonce : « Le contrat s'interprète d'après la commune intention des parties plutôt qu'en s'arrêtant au sens littéral de ses termes ». Cette disposition consacre la méthode d'interprétation dite subjective qui consiste à rechercher la commune intention des parties. Cette méthode est en parfaite corrélation avec le principe de l'autonomie de la volonté[3].

476. « Guides » pour rechercher la commune intention des parties. Deux dispositions ont pour objet d'éclairer le juge dans la mise en œuvre de l'interprétation

1. La loi d'habilitation (L. n° 2015-177 du 16 févr. 2015, art. 8, 5°) autorisait le Gouvernement à « clarifier les dispositions relatives à l'interprétation du contrat et spécifier celles qui sont propres aux contrats d'adhésion ».
2. Ancien art. 1156 du Code civil : « On doit dans les conventions rechercher quelle a été la commune intention des parties contractantes, plutôt que de s'arrêter au sens littéral des termes. »
3. J. Carbonnier, n° 142 : « l'interprétation est un hommage rendu à l'autonomie de la volonté ».

subjective. L'article 1189 énonce : « Toutes les clauses d'un contrat s'interprètent les unes par rapport aux autres, en donnant à chacune le sens qui respecte la cohérence de l'acte tout entier. Lorsque, dans l'intention commune des parties, plusieurs contrats concourent à une même opération, ils s'interprètent en fonction de celle-ci ». Et l'article 1191 prévoit : « Lorsqu'une clause est susceptible de deux sens, celui qui lui confère un effet l'emporte sur celui qui ne lui en fait produire aucun ».

477. Des règles subsidiaires. On qualifie de subsidiaire une règle qui a vocation à s'appliquer uniquement à défaut d'une autre norme réglant la question en jeu[1]. Deux règles subsidiaires sont prévues, qui sont appelées à jouer lorsque la règle de principe (la recherche de la volonté des parties) ne permet pas de résoudre la difficulté d'interprétation.

L'article 1188, alinéa 2, du Code civil prévoit que lorsque la commune intention des parties « ne peut être décelée, le contrat s'interprète selon le sens que lui donnerait une personne raisonnable placée dans la même situation ». Cette règle renvoie à une interprétation objective, qui est inspirée des Principes Unidroit (art. 4. 1) : « faute de pouvoir déceler la commune intention des parties, le contrat s'interprète selon le sens que lui donnerait une personne raisonnable de même qualité placée dans la même situation ». Les principes du droit européen des contrats proposent une règle presque identique (Art. 5-101 3°).

L'article 1190 du Code civil prévoit que « dans le doute » (c'est-à-dire lorsque la commune intention des parties ne peut être décelée), « le contrat de gré à gré s'interprète contre le créancier et en faveur du débiteur, et le contrat d'adhésion contre celui qui l'a proposé ».

478. Exception : les contrats de consommation. L'article L. 133-2, alinéa 2, du Code de la consommation prévoit une règle particulière applicable aux contrats conclus entre professionnels et consommateurs : ces contrats « s'interprètent, en cas de doute, dans le sens le plus favorable au consommateur[2]... » Cette règle d'exception est impérative; elle évince, dans son domaine propre, la règle de principe qui est l'interprétation subjective (fondée sur la recherche de la commune intention des parties).

1. Voc. Jur. Capitant V° Subsidiaire.
2. V. J. Rochfeld, « Les clairs-obscurs de l'exigence de transparence appliquée aux clauses abusives », *Mélanges en l'honneur de Jean Calais-Auloy*, Dalloz 2004, p. 981 et s.

II. Les pouvoirs respectifs des juges du fond et de la Cour de cassation

479. La Cour de cassation a posé un principe, suivant lequel les juges du fond ont un pouvoir souverain (1), tout en lui apportant certaines exceptions (2).

1. Principe

480. Une question de fait. Très tôt, la Cour de cassation a reconnu le pouvoir souverain des juges du fond dans l'interprétation des contrats[1]. À l'appui de cette position, on fait valoir que l'interprétation du contrat implique la prise en considération de circonstances de fait, dont la Cour de cassation n'a pas à connaître[2].

2. Exceptions

481. Les conventions claires et précises. Quand la lettre du contrat est claire, aucune interprétation n'est permise. L'article 1192 du Code civil codifie cette maxime que la jurisprudence applique depuis bien longtemps. La Cour de cassation censure les décisions qui ont « dénaturé » une clause « claire et précise » qui ne se prêtait pas à interprétation[3]. On peut observer que la Cour de cassation retient assez rarement la dénaturation. Il faut une erreur flagrante. Par exemple, ont été censurées des décisions qui avaient occulté une clause contractuelle[4] ou qui avaient ajouté au contrat une condition ou une distinction que celui-ci ne contenait pas[5].

482. Conventions présentant un caractère de généralité. Le caractère de généralité de certains contrats peut justifier que l'interprétation qui en est faite par les juges du fond soit contrôlée par la Cour de cassation, dans le but d'assurer l'unification de l'interprétation de ces contrats[6]. La Cour de cassation contrôle ainsi l'interprétation des clauses contenues dans les conventions collectives de

1. Sect. réun. 2 fév. 1808, *G.A.*, t. II, n° 160.
2. R. Lindon, «À chaque tribunal sa vérité», *JCP* 1967, I, 2081.
3. L'arrêt de principe est : Civ. 15 avr. 1872, *D.* 1872, 1, 176; *G.A.*, t. II, n° 161. V. J. Boré, «Un centenaire : le contrôle par la Cour de cassation de la dénaturation des actes», *RTD civ.* 1972, p. 249.
4. Civ. 3, 19 nov. 1970, *Bull. civ.* III, n° 619.
5. Civ. 1, 4 nov. 1968, *Bull. civ.* I, n° 262; Com., 4 déc. 1979, *Bull. civ.* IV, n° 323; Civ. 1, 2 nov. 1994, *Bull. civ.* I, n° 318.
6. En faveur de cette interprétation «unificatrice», v. not R. Lindon, «À chaque tribunal sa vérité, *JCP* 1967, I, 2081. V. ég. G. Marty, *La distinction du fait et du droit; essai sur le pouvoir de contrôle de la Cour de cassation sur les juges du fait,* thèse Toulouse 1929, spéc. p. 344.

travail[1]. Elle contrôle également l'interprétation de certaines clauses reproduites à un très grand nombre d'exemplaires dans les contrats d'assurance[2].

483. Contrats de consommation. L'article L. 133-2, alinéa 2, du Code de la consommation prévoit une règle particulière : l'interprétation favorable au consommateur. Cette règle est impérative pour le juge. Fort logiquement, la Cour de cassation contrôle l'application qui en est faite par les juges du fond[3]. Elle censure les décisions des juges du fond qui, tout en relevant le caractère obscur au ambigu de la clause, ne l'interprètent pas dans le sens favorable au consommateur[4].

1. Ass. plén., 6 févr. 1976, *Bull. ass. plén.* n° 2 ; *JCP* 1976, II, 14481 note H. Groutel ; Ass. Plén. 12 mai 1989 (3 arrêts), *Bull. ass. plén.* n° 1.
2. V. not. Civ. 1, 9 janvier 1973, *D.* 1973, p. 553, note C.-J. Berr et H. Groutel ; Civ. 1, 24 janv. 1984, *Bull. civ.* I, n° 28 ; Civ. 1, 2 mai 1990, *Bull. civ* n° 89.
3. J. Rochfeld, art. préc., spéc. p. 992.
4. V. Civ. 1, 21 janv. 2003, *Bull. civ.* I, n° 19 ; *D.* 2003, p. 693, obs. V. Avena-Robardet ; *D.* 2003, p. 2600, note H. Claret ; *RTD civ.* 2003, inissant le risque d'invalidité, mais elle avait pourtant débouté l'assuré de sa demande en s'appuyant sur la définition contenue dans cette clause. Cassation, au visa de l'art. L. 133-2 al. 2 du Code de la consommation.

Chapitre 2

Les compléments de la volonté des parties

485. Le contenu du contrat n'est pas limité à ce que les parties ont expressément prévu. Le juge peut être appelé à compléter le contrat. D'une part, il peut ajouter certaines obligations qui sont des « suites » du contrat (I). D'autre part, il peut dégager certaines obligations qui découlent de l'exigence de bonne foi (II).

I. Les « suites » du contrat

486. Présentation. Reprenant en substance le contenu de l'ancien article 1135 du Code civil[1], l'article 1194 énonce : « Les contrats obligent non seulement à ce qui y est exprimé, mais encore à toutes les suites que leur donnent l'équité, l'usage ou la loi ». Le juge peut compléter le contrat en se fondant sur la loi (1), l'usage (2) ou l'équité (3).

1. La loi

487. Contrats « nommés ». Les contrats les plus courants sont identifiés par la loi, qui leur donne un *nom* et organise leur régime (par exemple la vente, le louage…). On parle de contrats « nommés » (v. *supra*, n° 87 et s.). Ce sont les lois spéciales à ces contrats nommés qui sont visées à l'article 1194 du Code civil. Ces lois peuvent être supplétives ou impératives[2]. Les règles supplétives s'appliquent seulement lorsqu'elles n'ont pas été écartées. Elles sont l'expression de la volonté probable des parties, et viennent pallier le silence du contrat. À l'inverse les règles impératives ne peuvent être écartées ; elles s'imposent à la volonté des parties. Pour la mise en œuvre de ces règles, il est nécessaire de procéder à la qualification du contrat.

1. P. Jacques, *Regards sur l'article 1135 du Code civil*, Dalloz, 2005.
2. C. Pérès, *La règle supplétive*, préf. G. Viney, LGDJ 2004.

488. Qualification. La qualification est l'opération consistant à rattacher le contrat envisagé à un contrat nommé afin de déterminer son régime juridique[1]. Selon l'article 12 du Code de procédure civile, le juge « doit donner ou restituer leur exacte qualification aux faits et actes litigieux sans s'arrêter à la dénomination que les parties en auraient proposée ». Le juge doit non seulement qualifier le contrat lorsque les parties ne l'ont pas fait, mais il doit aussi le requalifier lorsque les parties lui ont donné une qualification (souvent une dénomination) qui ne lui correspond pas[2]. La qualification est une opération de droit soumise au contrôle de la Cour de cassation.

489. Critères de qualification. Pour qualifier (ou requalifier) le contrat, le juge se fonde sur différents critères : la qualité des parties, mais aussi le contenu du contrat[3]. Lorsque le contrat comporte des éléments se rattachant à différentes catégories, le juge retient en principe une qualification unique, en faisant application de la règle selon laquelle l'accessoire suit le principal (*accessorium sequitur principale*). Parfois cependant, il est impossible de rattacher le contrat considéré à un contrat nommé : il s'agit d'un contrat innommé[4] (on dit aussi *sui generis*)[5].

2. L'usage

490. Diversité des usages. Le contrat est complété par les usages qui lui sont applicables. Les usages se rencontrent surtout dans les contrats commerciaux. On peut distinguer deux types d'usages.

1. La qualification est une opération, un exercice intellectuel qui, assurant le passage du fait au droit, consiste à « subsumer des faits sous des normes juridiques, en vue de la production d'effets de droit » : P. Waserman, v° Qualification, in *Dictionnaire de la culture juridique*, D. Alland et S. Rials (Dir.), PUF 2003. Le mot qualification désigne aussi le résultat de l'opération ; par ex. lorsque l'on dit que tel contrat reçoit la qualification de vente.
2. Cela ne signifie pas que la volonté des parties n'ait aucun rôle à jouer sur les qualifications : v. F. Terré, *L'influence de la volonté individuelle sur les qualifications*, préf. R. Le Balle, LGDJ 1957.
3. V. A. Bénabent, *Droit des contrats spéciaux civils et commerciaux*, 10e éd. LGDJ 2013, n° 8 et s. ; P. Puig, *Contrats spéciaux*, Dalloz Hypercours, 4e éd. 2011, n° 25 et s.
4. Par exemple, le contrat d'hôtellerie emprunte des éléments à la vente, au bail, au dépôt ; la jurisprudence y voit une *figure juridique originale* soumise à un régime juridique unitaire : v. C. Lachièze, *Droit du tourisme*, Lexis-Nexis 2014, n° 633 et s. Autre exemple : le contrat de coffre-fort n'est ni un dépôt, car les objets ne sont pas remis au banquier qui ignore le contenu du coffre, ni un bail car le client n'a pas un libre accès au coffre : v. not. P. Puig, *Contrats spéciaux*, Dalloz Hypercours, 4e éd. 2011, n° 569 ; A. Bénabent, *Droit des contrats spéciaux civils et commerciaux*, 10e éd. LGDJ 2013, n° 1029).
5. Sur la distinction des contrats nommés et innommés, v. *supra*, n° 88.

491. Usages conventionnels. Les *usages conventionnels* tirent leur force du contrat. Ce sont des règles qui sont habituellement suivies par les contractants dans un contexte donné (généralement des professionnels d'une même spécialité). Du fait de leur nature contractuelle, ces usages ne sont pas applicables de façon systématique comme une véritable règle de droit. On peut présumer que les parties ont entendu s'y référer, sauf clause contraire[1]. Celui qui souhaite se prévaloir d'un usage conventionnel doit établir son existence[2].

492. Usages de droit. Il existe aussi des *usages de droit*. Ces usages sont dotés d'une force normative propre : ils sont de véritables règles de droit. Ils s'appliquent dans le silence du contrat de façon générale et sans qu'il soit besoin de prouver que les contractants avaient été informés de leur existence[3]. On les trouve surtout en matière commerciale : par exemple la règle selon laquelle la solidarité est présumée, par opposition à la règle de l'article 1310 qui veut que « la solidarité ne se présume pas ».

3. L'équité

493. Obligations complétives dictées par l'équité. L'article 1194 permet au juge de compléter le contrat en y ajoutant certaines obligations qui lui paraissent nécessaires au regard de la nature du contrat, son contenu. Certains auteurs dénoncent un « forçage du contenu contractuel[4] ». Le reproche paraît excessif. Deux obligations sont imposées sur ce fondement.

494. Obligation de sécurité. Dès le début du xxe siècle, la jurisprudence a imposé une *obligation de sécurité* dans les contrats de transport[5]. L'existence d'une obligation de sécurité a progressivement été admise dans la plupart des contrats d'entreprise et dans d'autres contrats, tels que la vente. Cette obligation est de résultat dans certains contrats (contrat de transport par exemple) et de moyens dans d'autres (contrat d'hôtellerie par exemple). Dans certains contrats, notamment le contrat de transport, la jurisprudence avait ajouté à cette obligation de sécurité une stipulation pour autrui « implicite » permettant aux proches du

1. Paris, 1er juillet 1970, *JCP* 1971, II, 16821, note M. Pédamon ; Soc., 30 avr. 1987, *Bull. civ.* V, n° 339.
2. Com., 16 déc. 1997, *Bull. civ.* IV, n° 339.
3. Req., 20 oct. 1920, *S.* 1922, I, 201.
4. L. Josserand, « Le forçage du contenu contractuel », *Études Ripert*, LGDJ, 1950, t. II, p. 340 s. L. Leveneur, « Le forçage du contrat », *Dr. et patr.* 1998, n° 58, p. 69 et s.
5. Cette obligation fut introduite par : Civ., 21 nov. 1911, *DP* 1913, I, 249, note L. Sarrut ; *G.A.*, vol. 2, n° 277.

voyageur décédé d'exercer les droits de celui-ci. Mais cette stipulation pour autrui implicite semble aujourd'hui en voie d'abandon[1].

495. Obligations d'information et de conseil. En se fondant sur l'équité, la jurisprudence impose dans certains contrats une *obligation d'information*. Le médecin doit informer les patients des risques de l'intervention[2], le banquier doit informer ses clients sur les risques de l'opération de bourse[3]. Une telle obligation pèse également sur le vendeur ou le fabricant d'une chose dangereuse[4] ou fragile[5]. Cette obligation est parfois prolongée par un devoir de conseil à la charge des professionnels. Les notaires[6], les avocats, les banquiers, sont notamment tenus d'un devoir de conseil envers leurs clients. En application de l'article 1353 du Code civil, c'est au débiteur de l'obligation d'information de rapporter la preuve de l'exécution de cette obligation[7]. S'agissant d'un fait juridique, la preuve peut être rapportée par tous moyens. Les obligations d'information et de conseil peuvent aussi trouver leur fondement sur l'exigence de bonne foi qui a connu ces dernières années une expansion remarquable.

II. L'exigence de bonne foi

496. Une règle de conduite[8]. Le contrat doit être exécuté de bonne foi[9] (art. 1104 C civ.) La bonne foi n'a eu, pendant longtemps, aucune conséquence déterminante

1. Cass. 1re civ., 28 oct. 2003 : *Bull. civ.* 2003, I, n° 219; *D.* 2003, inf. rap. p. 2731; *D.* 2004, jurispr. p. 233, obs. P. Delebecque; *Cont. Conc. Cons.* 2004, comm. 1, obs. L. Leveneur; *RTD civ.* 2004, p. 96, obs. P. Jourdain; *Defrénois* 2004, p. 383, obs. R. Libchaber; *LPA* 23 déc. 2003, p. 11, note P. Ancel; *JCP* G 2004, II, 10006, note G. Lardeux; *Rev. crit. DIP* 2004, p. 83, note D. Bureau; *JDI* 2004, p. 499, note G. Légier.
2. Civ. 1, 19 avr. 1988, *Bull. civ.* I, n° 107.
3. Civ. 1,17 févr. 1987, *Bull. civ.* I, n° 56; Civ. 118 mai 1993, *Bull. civ.* IV, n° 188.
4. V. par ex. Civ. 1, 14 déc.1982, *bull. civ.* I, n° 361; *RTDciv.* 1983, p. 544, obs. G. Durry «Attendu que le fabricant d'un produit doit fournir tous les renseignements indispensables à son usage et notamment avertir l'utilisateur de toutes les précautions à prendre lorsque le produit est dangereux».
5. Civ. 1, 2 déc. 1997, Bull. civ. I n° 339 (un orgue dont le bon fonctionnement supposait le respect de conditions de température et d'hygrométrie).
6. 3 avr. 2007, *Bull. civ.* I, n° 142.
7. Civ. 1, 25 fév. 1997, *Bull. civ.* I, n° 75; *RTD civ.* 1997, p. 924 obs. J. Mestre, p. 434, obs. P. Jourdain; *Def.*, 1997, p. 751, obs. J.-L. Aubert; *G.A.*, t. 1, n° 17 (un médecin) ; Civ. 1, 29 avr. 1997, *Bull. civ.* I, n° 132 (un avocat).
8. Sur la notion de bonne foi, v. *supra*, n° 81 s.
9. R. Vouin, *La bonne foi. Notion et rôle actuel en droit privé français*, LGDJ 1939; Y. Picod, *Le devoir de loyauté dans l'exécution du contrat*, LGDJ 1989; Y. Picod, «L'exigence de bonne foi dans l'exécution du contrat», *in Le juge et l'exécution du contrat*, PUAM 1993, p. 57 et s. A. Bénabent, «La bonne

en droit des contrats[1]. Mais la bonne foi a progressivement gagné en importance, notamment sous l'influence de René Demogue[2], au point qu'aujourd'hui elle est appliquée par la jurisprudence comme une véritable règle de conduite dont il est parfois difficile de mesurer les limites. L'exigence de bonne foi implique un devoir de loyauté (1) mais aussi parfois un devoir de coopération (2) entre les parties.

1. Loyauté

497. Présentation générale. L'exigence de bonne foi implique, de façon négative, de s'abstenir de tout comportement déloyal de nature à nuire à son cocontractant[3]. Ce devoir de loyauté s'impose au débiteur (A) mais aussi au créancier (B).

A. Devoir de loyauté du débiteur

498. Exécution utile. Le débiteur doit exécuter son obligation de façon honnête, afin de procurer au créancier la satisfaction attendue, sans chercher à « jouer » sur les termes du contrat. Pothier a exprimé cette idée de la façon la plus simple en écrivant que « s'obliger à faire quelque chose, c'est s'obliger à le faire utilement[4] ». Par exemple, celui qui s'engage à prendre en pension des animaux doit les nourrir sainement[5] ; l'auteur doit livrer à son éditeur des ouvrages susceptibles d'être publiés[6].

499. Obligation d'information. L'exigence de loyauté impose parfois au débiteur une obligation d'information. Par exemple dans la vente d'immeuble, le particulier vendeur doit informer l'acquéreur sur les éléments dont il a connaissance et qui mettent en cause les qualités substantielles du bien vendu[7].

---

foi dans les relations entre particuliers dans l'exécution du contrat, rapport français », *Trav. Ass. H. Capitant*, T. XLIII, 1992, p. 291 s. ; R. Desgorces, *La bonne foi dans le droit des contrats : Rôle actuel et perspectives*, thèse Paris II, 1992 ; D. Mazeaud, « Loyauté, solidarité, fraternité : la nouvelle devise contractuelle ? » *Mélanges Terré*, éd. Dalloz, PUF, Jurisclasseur, 1999, p. 603 et s.

1. L'art. 1134 al. 3, qui prévoyait que les conventions doivent être exécutés de bonne foi, était compris comme exprimant simplement l'abandon de la distinction romaine entre les contrats de droit strict (dont le contenu était déterminé par le sens littéral des termes) et les contrats de bonne foi (qui se prêtaient plus largement à l'interprétation).
2. R. Demogue, *Traité des obligations en général*, éd. Rousseau, 1931, t. VI, des obligations, n° 3 et s.
3. Y. Picod, *Le devoir de loyauté dans l'exécution du contrat*, LGDJ 1989, préf. G. Couturier.
4. R.-J. Pothier, *Traité du contrat de vente*, Paris 1825, n° 202.
5. Civ. 1, 31 mars 1992, *Bull. civ.* I n° 93, « l'exploitant d'une pâture qui s'engage, moyennant rémunération, à prendre en pension des bovins, contracte l'obligation de leur fournir une nourriture saine ».
6. Paris, 22 janv. 1992, *D.* 1992, p. 128, obs. H. Gaumont-Prat ; *RTDciv.* 1995, p. 624, obs. J. Mestre, jugeant que l'auteur qui avait consenti à son éditeur un pacte de préférence « ne peut se libérer des obligations contractées par lui en ce sens en lui adressant un manuscrit qu'il sait insusceptible d'être publié ».
7. V. par ex., Civ. 3, 30 juin 1992, *Bull. civ.* III, n° 238 ; *Cont. Conc. Cons.*, 1992, n° 218, obs. L. Leveneur.

500. Sanction du manquement au devoir de loyauté. Le manquement du débiteur au devoir de loyauté a pour effet d'aggraver les sanctions applicables en cas de défaillance d'exécution. Ainsi le débiteur n'est en principe tenu de réparer que les seuls dommages prévisibles mais cette règle protectrice est écartée en cas de dol du débiteur : le débiteur qui a commis un dol dans l'exécution du contrat doit réparer l'entier préjudice (C. civ., art. 1231-3, v. *infra*, n° 629). De même les clauses limitatives de responsabilité sont écartées lorsque l'inexécution est due à une faute dolosive (v. *infra*, n° 636 et s.). Dans l'hypothèse où le débiteur a correctement rempli ses obligations, il n'y a pas lieu de rechercher s'il est de bonne foi ou non ; il y aurait du reste quelque contradiction à admettre que le débiteur s'est exécuté convenablement tout en l'accusant de mauvaise foi.

Si la mauvaise foi du débiteur défaillant est sanctionnée, en revanche sa bonne foi n'est en principe pas une excuse lui permettant d'échapper à ses obligations. Ainsi, la bonne foi du débiteur défaillant ne permet pas d'écarter le jeu d'une clause résolutoire[1]. Par exception cependant certaines dispositions particulières permettent de récompenser la bonne foi du débiteur défaillant : le juge peut lui accorder un délai de grâce (art. 1228 C. civ.) ; et dans le cadre d'un plan de règlement du passif, le débiteur de bonne foi peut bénéficier d'une procédure de rétablissement personnel (art. L. 331-2 C. consomm.).

501. Preuve du manquement au devoir de loyauté. La bonne foi étant présumée, la preuve de la mauvaise foi du débiteur incombe à celui qui l'invoque. C'est donc au créancier de prouver la mauvaise foi du débiteur. S'agissant d'un fait juridique, la preuve peut être rapportée par tous moyens.

B. Devoir de loyauté du créancier

502. L'exigence de loyauté pèse aussi sur le créancier. On présentera le contenu (a) puis la sanction (b) du devoir de loyauté du créancier.

a. Contenu

503. Ne pas empêcher l'exécution du contrat. Le créancier ne doit pas faire obstacle à l'exécution de l'obligation par le débiteur. Il ne peut refuser de recevoir

1. Civ. 3, 10 mars 1993, *D.* 1993, p. 357, note P. Birh; Cont. Conc. Cons. 1993, comm. n° 149, obs. L. Leveneur; *RTDciv.* 1994, p. 100, obs. J. Mestre. Civ. 3, 24 sept. 2003, *Bull. civ.* III, n° 161 ; *RDC* 2004, p. 644, obs. crit. D. Mazeaud; *RTDciv.* 2003, p. 707, obs. J. Mestre et B. Fages, « en cas d'inexécution de son engagement par le débiteur sa bonne foi est sans incidence sur l'acquisition de la clause résolutoire ».

le paiement, sauf « motif légitime[1] ». Il doit s'abstenir de tout comportement qui rendrait l'exécution du contrat excessivement difficile pour le débiteur. Par exemple, est fautif le créancier qui impose au débiteur des délais impossibles à respecter[2]. Est également fautif le créancier qui laisse s'accroître une dette de somme d'argent avant de réclamer subitement le paiement[3] ou encore le créancier qui cesse brutalement de mettre à la disposition du débiteur les moyens lui permettant d'exécuter ses obligations[4].

504. Loyauté dans l'exercice des pouvoirs unilatéraux. Le créancier est tenu d'un devoir de loyauté dans la mise œuvre des pouvoirs unilatéraux qui lui sont reconnus. Une jurisprudence constante et abondante paralyse la clause résolutoire lorsqu'elle est mise en œuvre de façon abusive[5]. Est également privée d'effet lorsqu'elle est mise en œuvre de mauvaise foi, la clause de mobilité géographique contenue dans un contrat de travail[6]. Et le contractant qui dispose de la faculté de fixer unilatéralement le prix doit faire preuve de loyauté dans la mise en œuvre de cette prérogative[7].

1. Le Code civil prévoit un dispositif permettant au débiteur de surmonter la difficulté causée par le créancier qui refuse de recevoir paiement. La procédure débute par une mise en demeure du créancier d'accepter ou de permettre l'exécution (art 1345 à 1345-3).
2. Civ. 1, 5 juin 1991, *Bull. civ.* III, n° 163, est fautif le bailleur qui ne laisse pas au locataire un délai suffisant au regard de l'ampleur des travaux à accomplir.
3. Civ. 3, 21 mars 2012, n° 11-14174; *Bull. civ.* III, n° 49; *RDC* 2012, p. 763, obs. Y.-M. Laithier, est abusif le rappel subit de cinq années de charges par un bailleur.
4. Soc., 10 mai 2006, *Bull. civ.* V, n° 169; *D.* 2006, IR, p. 1842; *D.* 2007, pan., p. 179, manque à son obligation de bonne foi l'employeur qui, après avoir fait assurer pendant dix ans le transport de nuit du domicile à ses lieux de travail d'un salarié, supprime cet avantage lié à sa fonction, le mettant dans l'impossibilité d'exécuter normalement sa prestation de travail.
5. Civ. 3, 8 avr. 1987, *Bull. civ.* III, n° 88, *Defrénois* 1988, p 75 obs. J.-L. Aubert; *RTDciv.* p. 120, obs, J. Mestre; *JCP* 1988, II, 21037, note Y. Picod, est de mauvaise foi le crédirentier, après avoir toléré pendant plusieurs années le non-paiement des arrérages, a brusquement changé d'attitude et s'est prévalu de la clause. V. ég. Civ. 1, 31 janv. 1995, *Bull. civ.* I, n° 57 (clause résolutoire contenue dans un contrat de prêt); Civ. 1, 16 fév. 1999, *Bull. civ.* I, n° 52 (clause contenue dans un contrat de vente avec rente viagère); Civ. 3, 10 nov. 2010, *Bull. civ.* III, n° 199 (clause résolutoire contenue dans un bail commercial).
6. Soc. 18 mai 1999, *Bull. civ.* V, n° 219; *RTDciv.* 2000, p. 326, obs. J. Mestre et B. Fages; Soc. 6 févr. 2001, *Bull. civ.* V, n° 41.
7. Com. 24 nov. 1998, *Bull. civ.* IV, n° 277; *D.* 1999. 9; *RTD civ.* 1999. 98, obs. J. Mestre, et 646, obs. P.-Y. Gautier, dans un contrat d'agence commerciale, le mandant qui dispose de la faculté de fixer le prix est « tenu de permettre à son mandataire de pratiquer des prix concurrentiels ». V. ég. 15 janv. 2002, n° 99-21.172, *D.* 2002. 1974, note P. Stoffel-Munck, et 2841, obs. D. Mazeaud; *RTDciv.* 2002. 294, obs. J. Mestre et B. Fages; Com. 4 nov. 2014, n° 11-14026; *RDC* 2015, p. 233, obs. P. Stoffel-Munck; *JCP* 2014, 1310, A.S. Choné, *D.* 2015, p. 183, note J. Ghestin.

505. Interdiction de se contredire au détriment d'autrui. De l'exigence de loyauté, on peut dégager une interdiction de se contredire au détriment d'autrui[1], qui est inspirée de la règle de l'*estoppel* dans les droits de *Common law.* Depuis plusieurs années certaines décisions s'inspirent de cette idée[2]. Des décisions récentes font état d'un « principe selon lequel nul ne peut se contredire au détriment d'autrui[3] ».

506. Obligation de minimiser le dommage? Faut-il aller plus loin, et imposer au créancier une obligation de minimiser son dommage, en cas de défaillance du débiteur ? Une telle obligation existe dans certains droits étrangers ainsi que dans la Convention de Vienne sur la vente internationale de marchandises (art. 77) ou encore dans les Principes du droit européen des contrats (art. 9 : 505) et certains proposent de l'admettre en droit français[4]. Cependant, dans la conception morale du droit français qui fait reposer le contrat sur le principe du respect de la parole donnée, il ne paraît pas admissible que la défaillance du débiteur puisse avoir pour effet de faire naître une obligation à la charge du créancier. La doctrine majoritaire est hostile à cette obligation et la jurisprudence ne l'a jamais admise. La réforme du droit des contrats ne fait aucune place à une telle obligation.

b. Sanction

507. Neutralisation du droit. Quelles sont les sanctions applicables en cas de manquement du créancier à son devoir de loyauté ? La Cour de cassation a fixé une règle simple : la bonne foi permet de « sanctionner l'usage déloyal » d'un droit, mais elle ne permet pas de « porter atteinte à la substance » de ce droit[5]. La

1. M. Béhar-Touchais (dir.), *L'interdiction de se contredire au détriment d'autrui*, Economica, 2001 ; D. Houtcieff, *Le principe de cohérence en matière contractuelle*, PUAM 2001.
2. Com., 8 mars 2005, *Bull. civ.* IV n° 44, *RTDciv* 2005, p. 391, obs. B. Fages et J. Mestre ; *RDC* 2005, p. 1015, obs. D. Mazeaud, manque à son obligation de bonne foi la banque qui revendique le bénéfice d'une convention d'unité de compte, alors qu'elle a fait fonctionner les comptes de son client comme des comptes indépendants dans des circonstances où il lui était loisible de se prévaloir de la convention.
3. V. par ex. Civ. 1, 24 sept. 2014, *Bull. civ.* III, n° 154 ; *JCP* 2014, 1141, note D. Houtcieff ; *JCP* 2014, 1232, n° 4, obs. Y.-M. Serinet : « vu le principe selon lequel nul ne peut se contredire au détriment d'autrui » ; Com, 20 sept. 2011, *Bull. Civ.* IV, n° 132, *RTDciv.* 2011, p. 760, obs. B. Fages.
4. En faveur d'une telle obligation : S. Reifegerste, *Pour une obligation de minimiser le dommage*, PUAM, 2002. Contre : O. Deshayes, « L'introduction de l'obligation de modérer son dommage en matière contractuelle », *RDC* 2010, p. 1139.
5. Com., 10 juill. 2007, *Bull. civ.* IV, n° 188 ; *D.* 2007, p. 2839, note P. Stoffel-Munck ; *D.* 2007, p. 2844, note P. Y. Gautier ; *Def.*, 2007, p. 1454, note E. Savaux ; *JCP* 2007, II, 10154, note D. Houtcieff ; *RTD civ.* 2007, p. 733, obs. B. Fages ; *Cont. Conc. Cons.* 2007, n° 294 ; *RDC* 2007, p. 1107, obs. L. Aynès ; *RDC* 2007, p. 1110, obs. D. Mazeaud ; *G.A.* 2007, n° 164. Civ. 3, 9 déc. 2009, *Bull. civ.* III, 275 ; *D.* 2010, p. 473, note J. Billemont ; *RDC* 2010, p. 561, note Y.-M. Laithier ; *RDC*

bonne foi doit rester cantonnée dans son rôle de mécanisme correcteur : elle peut ajouter à la lettre du contrat ou en tempérer les effets; elle ne doit pas la remettre en cause frontalement.

Pour « sanctionner l'usage » d'un droit qui est mis en œuvre de mauvaise foi, le moyen le plus simple consiste à neutraliser ce droit : ainsi, la clause résolutoire est privée d'effet lorsqu'elle est mise en œuvre de mauvaise foi[1] ; il en est de même de la clause de mobilité géographique contenue dans un contrat de travail. Au besoin, le créancier peut être condamné à des dommages et intérêts, qui viennent compenser le préjudice subi par le débiteur. Le droit en question n'est pas éradiqué; il est simplement neutralisé ou tempéré.

508. Preuve du manquement à l'obligation de loyauté. La bonne foi étant présumée, la preuve de la mauvaise foi incombe en principe à celui qui l'invoque. Ainsi, c'est au salarié de démontrer que la clause de mobilité géographique a été mise en œuvre de mauvaise foi par l'employeur[2]. La preuve peut être rapportée par tous moyens. Par exemple, les conditions de mise en œuvre d'une clause de mobilité géographique peuvent permettre de caractériser l'abus[3]. S'agissant de la clause résolutoire, est considéré comme étant de mauvaise foi le contractant qui met en œuvre de façon brutale une clause résolutoire après avoir toléré certaines inexécutions[4].

2. Coopération

509. Assistance, entraide. La jurisprudence impose parfois, sur le fondement de l'exigence de bonne foi, des obligations positives d'assistance ou

1010, p. 564, note D. Mazeaud. V. ég., sur cette jurisprudence, F. Chenédé, « Les conditions d'exercice des prérogatives contractuelles », *RDC* 2011, p. 709; D. Fenouillet, « La notion de prérogative, instrument de défense contre le solidarisme ou technique d'appréhension de l'unilatéralisme ? », *RDC* 2011, p. 644.

1. Civ. 1, 16 fév. 1999, *Bull. civ.* I, n° 52, préc.; Civ. 3, 5 juin 1991, *Bull. civ.* III, n° 163.
2. V. not. Soc., 23 févr. 2005, *Bull. civ.* IV, n° 64 : « Mais attendu que, la bonne foi contractuelle étant présumée, les juges n'ont pas à rechercher si la décision de l'employeur de faire jouer une clause de mobilité stipulée dans le contrat de travail est conforme à l'intérêt de l'entreprise; qu'il incombe au salarié de démontrer que cette décision a en réalité été prise pour des raisons étrangères à cet intérêt, ou bien a été mise en œuvre dans des conditions exclusives de la bonne foi contractuelle » ; Soc., 11 mai 2005, *JCP* 2005, II, 10177.
3. Ainsi de l'employeur mettant en œuvre une clause de mobilité pour imposer à la salariée qui se trouve dans une « situation familiale critique » un déplacement immédiat dans un poste qui pouvait être pourvu par d'autres salariés : Soc. 18 mai 1999, *Bull. civ.* V, n° 219, préc. V. ég. Soc. 18 mai 1999, *Bull. civ.* V, n° 219
4. V. not. 3, 8 avr. 1987, préc.; Civ. 1, 16 fév. 1999, préc.

d'entraide. Ce type d'obligations se rencontre essentiellement dans les contrats dits « relationnels », dans lesquels les intérêts des parties sont largement convergents (v. *supra*, n° 124 et s.). Par exemple : le contrat de travail, les contrats de la distribution (concession, franchise, distribution exclusive...) ou encore le contrat d'édition. Dans le contrat de travail, la Cour de cassation a décidé que l'employeur « a le devoir d'assurer l'adaptation des salariés à l'évolution de leur emploi[1] » ; cette exigence est désormais consacrée par la loi (art. 6321-1 C. trav.). Dans les contrats de distribution (contrat de concession notamment) la Cour de cassation a imposé une obligation de renégocier de bonne foi la convention lorsque celle-ci est devenue déséquilibrée en raison de l'évolution des circonstances économiques[2].

510. Limites. Ces obligations d'assistance ou d'entraide, qui imposent à l'un des contractants d'agir en vue de préserver les intérêts de l'autre, présentent un caractère exceptionnel. La Cour de cassation, en dépit des appels de la doctrine solidariste, n'entend pas imposer un principe général de coopération. Ainsi a-t-elle refusé d'admettre, en fin de contrat, une obligation d'assistance à la reconversion[3]. La position réservée de la jurisprudence mérite à notre sens d'être approuvée.

511. Un contrat à visage humain. Le contrat de droit privé, même lorsqu'il implique une relation durable entre les parties, repose sur une logique individualiste. Chacun des contractants est mû par la recherche de ses propres intérêts. L'exigence de bonne foi interdit à un contractant d'agir au détriment de l'autre ; elle ne saurait aller au-delà et imposer à l'un des contractants de privilégier les intérêts de l'autre par rapport aux siens propres. Une telle exigence serait par trop contraire aux réalités économiques de notre société et aux ressorts de l'âme humaine. « Le droit des contrats doit être conçu en fonction de l'homme tel qu'il est et non tel qu'on voudrait qu'il fût[4]... ».

---

1. Soc., 25 févr. 1992, *D.* 1992, p. 390, n. M. Défossez.
2. Com., 3 nov. 1992, *Bull. civ.* IV, n° 338 ; *RTD civ.* 1993, p. 124, obs. J. Mestre ; *Def.*, 1993, p. 1377, obs. J.- L. Aubert ; *JCP* 1992, II, 22164, note G. Virassamy.
3. Ainsi la Cour de cassation a-t-elle refusé d'admettre, en fin de contrat, une obligation d'assistance à la reconversion : *Com., 6 mai 2002, Bull. civ. IV, n° 81 ; JCP 2002, II, 10146, note P. Stoffel-Munck ; JCP E 2003, 66, note A. Sonet ; Cont. Conc. Cons. 2002, comm. n° 134, obs. L. Leveneur ; Pet. Aff. 3 juill. 2003, n° 132, p. 29, note N. Mathey, le concédant avait résilié le contrat de concession à durée indéterminée en respectant le* préavis contractuel ; la Cour d'appel l'avait néanmoins condamné à verser des dommages et intérêts au concessionnaire, pour réparer le préjudice subi par celui-ci du fait de la rupture ; cassation, au visa de l'art. 1134 C. civ. (ancien) : « le concédant n'est pas tenu d'une obligation d'assistance du concessionnaire en vue de sa reconversion ».
4. F. Terré, P. Simler et Y. Lequette, n° 42 ; Y. Lequette, « Bilan des solidarismes contractuels », *Mélanges P. Didier*, 2004, 247 s. V. ég. J. Carbonnier, préc., n° 114, le contrat est une forme de « coopération antagoniste », au sens où « un conflit est latent sous la coopération ».

Sous-titre 2

La production des effets du contrat

533. Diversité des effets du contrat. La production des effets du contrat est un phénomène plus complexe qu'on ne l'imagine *a priori*. Comme l'ont souligné certains auteurs, elle ne se résume pas à la création d'obligations[1]. La création d'obligations[2] est l'un des effets du contrat, celui que l'on perçoit le plus immédiatement, mais il n'est pas le seul. Outre la création d'obligations, le contrat produit d'autres effets : le contrat est irrévocable et intangible (c'est ce que nous appellerons l'effet de contrainte, v. *infra*, n° 537 et s.) ; il peut avoir pour effet la constitution d'un droit réel, la transmission ou l'extinction d'un droit réel ou personnel.

534. Effets directs et indirects. On peut regrouper les effets du contrat en deux catégories principales. Les effets directs, d'une part, sont ceux qui se produisent de façon automatique, sans que les parties aient à intervenir. Ils échappent à la volonté des parties. Les effets indirects, d'autre part, sont ceux qui se produisent sous la forme d'obligations ; ils restent dépendants de la volonté du débiteur.

535. Plan. Nous envisagerons successivement les effets directs du contrat (Chap. 1) puis ses effets indirects (Chap. 2).

---

1. J.-L. Aubert, *Le contrat*, coll. Connaissance du droit, 1re éd., Dalloz, 1996, p. 96, « la force obligatoire du contrat ne se limite pas à cet effet ponctuel créateur d'obligations : le contrat engage de façon globale celui qui le souscrit ». P. Ancel, « Force obligatoire et contenu obligationnel du contrat », *RTD civ.* 1999, p. 771.
2. L'obligation est un rapport créancier-débiteur, le premier pouvant exiger du second une prestation ou une abstention (v. *supra*, n° 18).

Chapitre 1

Les effets directs du contrat

536. Présentation. Les effets directs du contrat ont pour caractéristique commune d'opérer de façon automatique et donc d'échapper à la volonté des parties. On peut distinguer trois types d'effets directs. L'effet de contrainte, d'abord, qui est consubstantiel à la notion de contrat (I). L'effet translatif, ensuite, qui est propre aux contrats translatif de propriété ou d'un autre droit (II). L'effet extinctif enfin, qui est propre aux actes abdicatifs (III).

I. Effet de contrainte

537. Intangibilité et irrévocabilité. L'article 1193 du Code civil énonce : « Les contrats ne peuvent être modifiés ou révoqués que du consentement mutuel des parties, ou pour les causes que la loi autorise ». Ce texte pose le principe (1) et les limites (2) de l'effet de contrainte qui est un effet direct du contrat.

1. Le principe de l'effet de contrainte

538. Notion. En prévoyant que le contrat ne peut être modifié ou révoqué que par « consentement mutuel des parties ou pour les causes que la loi autorise », l'article 1193 énonce de façon indirecte que les parties ne peuvent modifier ou révoquer unilatéralement le contrat. C'est ce que nous proposons d'appeler l'effet de contrainte. Pour exprimer cette idée, certains auteurs disent que le contrat crée un lien juridique[1] ou une norme[2], à laquelle les parties sont assujetties. Quelle que soit la présentation que l'on en donne, l'effet de contrainte se décline en deux principes complémentaires qui sont l'intangibilité et l'irrévocabilité. La sanction de ces principes d'intangibilité et d'irrévocabilité est la plus simple qui soit : elle

1. E. Jeuland, « L'énigme du lien de droit », *RTDciv.* 2003, p. 455 et s.,
2. P. Ancel, « Force obligatoire et contenu obligationnel du contrat », *RTD civ.* 1999, p. 771. P. Ancel, « Force obligatoire et contenu obligationnel du contrat », *RTD civ.* 1999, p. 771. P. Ancel, « Force obligatoire et contenu obligationnel du contrat », *RTD civ.* 1999, p. 771.

consiste à *tenir pour inefficace* toute manifestation unilatérale de volonté en vue de modifier ou de révoquer le contrat.

539. Distinction entre l'effet de contrainte et la notion d'obligation. L'effet de contrainte s'applique nonobstant toute volonté contraire des parties. Au contraire, l'exécution de l'obligation est dépendante de la volonté du débiteur : celui-ci peut s'exécuter ou non, et dans ce second cas le créancier devra parfois renoncer à obtenir la prestation due et se contenter de dommages et intérêts. Les vicissitudes de la promesse unilatérale de vente permettent d'observer la distinction entre l'effet de contrainte et la notion d'obligation (*supra*, n° 177 et s.).

2. Les limites de l'effet de contrainte

540. L'effet de contrainte n'est pas sans limite. Le contrat peut être modifié ou révoqué par la volonté des parties (A). Il peut être modifié ou révoqué unilatéralement pour les causes que la loi autorise (B).

A. La modification ou la révocation par la volonté des parties

541. Ce que la volonté commune a fait, la volonté commune peut le défaire. Les parties peuvent insérer dans leur contrat des clauses permettant sa modification ou sa révocation (a). Elles peuvent également conclure une convention ayant pour objet de modifier ou de révoquer leur contrat (b).

a. La modification ou la révocation organisée par une clause contractuelle

542. Clauses permettant la modification. Certaines clauses prévoient une modification automatique du contrat : clause d'indexation (également dénommée clause d'échelle mobile), clause du client le plus favorisé (dite clause *pari passu*) qui permet à une partie de réclamer l'alignement des conditions du contrat sur les conditions consenties à un autre client par son cocontractant, ou encore clause d'offre concurrente (dite clause anglaise). D'autres clauses imposent aux parties de procéder à la renégociation du contrat en cas de survenance de tel ou tel événement : ce sont les clauses de renégociation, également appelées clauses de *hardship* (v. *infra*, n° 687). En revanche la jurisprudence n'admet pas les clauses prévoyant que la modification du contrat pourra être opérée librement par l'une des parties[1].

1. V. par ex. Soc., 27 févr. 2001, Bull. civ. IV, n° 60 ; *RTDciv.* 1996, p. 643, obs. P.-Y. Gautier : « la clause par laquelle l'employeur se réserve la possibilité de modifier, en tout ou partie, le contrat de travail est nulle comme contraire à l'article 1134 alinéa 2 [aujourd'hui art. 1193] du Code civil ».

543. Clauses de dédit. Clauses de résiliation. Les parties peuvent stipuler dans leur contrat une clause permettant à l'une d'elles de se désengager. La clause de dédit permet à l'une des parties de revenir sur son engagement avant l'exécution du contrat (v. *supra*, n° 238). La clause de résiliation concerne plus spécifiquement les contrats dont l'exécution s'inscrit dans la durée. Cette clause permet à l'une des parties de mettre fin unilatéralement au contrat à tout moment. La clause peut énumérer un certain nombre de motifs objectifs ou subjectifs justifiant la résiliation. Mais elle peut aussi bien prévoir une faculté de résiliation discrétionnaire[1].

b. La modification ou la révocation opérée par une convention nouvelle

544. Avenant. La convention par laquelle les parties à un contrat décident de modifier celui-ci est dénommée « avenant » (ou convention modificative). Cette convention est soumise aux conditions générales de validité des contrats (art. 1128 et s. C. civ.). Sur le terrain de la preuve, la jurisprudence impose le parallélisme des formes. La modification suppose un écrit si le contrat modifié était soumis à l'exigence d'un écrit[2]. Cette exigence d'un écrit s'explique par l'idée que la convention modificative fait corps avec la convention modifiée.

L'avenant ne produit effet que pour l'avenir. Il ne remet pas en cause les effets passés du contrat. Par exemple, dans un contrat de bail, la modification du montant du loyer opère à compter de son entrée en application et non rétroactivement.

545. Convention révocatoire. La convention par laquelle les parties à un contrat décident de révoquer celui-ci est dénommée convention révocatoire ou *mutuus dissensus*[3] (dissentiment mutuel). La convention révocatoire peut être tacite même si le contrat révoqué était soumis à l'exigence d'une preuve écrite[4]. Elle n'est pas

1 . V. par ex. Civ. 1, 3 avr. 2001, *Bull. civ.* I, n° 98 ; *D.* 2001, somm. p. 3087, obs. M. Penneau ; p. 3240, obs. D. Mazeaud ; *JCP* 2001, I, 354, n° 19 s., obs. J. Rochfeld ; *Def.* 2001, p. 1048, obs. É. Savaux ; *RTD civ.* 2001, obs. J. Mestre et B. Fages, l'arrêt admet la validité d'une clause de résiliation unilatérale discrétionnaire sans obligation de motiver la rupture.

2. V. exigeant le parallélisme des formes : Civ. 1, 10 oct. 1995, *Bull. civ.* I, n° 360 ; *RTD civ.* 1996, p. 643, obs. crit. P.-Y. Gautier ; Com., 27 fév. 1996, *Bull. civ.* IV, n° 69 ; *RTD civ.* 1996, p. 643, obs. crit. P.-Y. Gautier.

3. R. Vatinet, « Le *mutuus dissensus* », *RTD civ.* 1987, p. 252.

4. Civ. 1, 18 mai 1994, *Bull. civ.* I, n° 175 ; *Def.* 1994, p. 1123, obs. P. Delebecque ; *RTD civ.* 1995, p. 108, obs. J. Mestre, « La révocation d'un contrat par consentement mutuel des parties peut être tacite et résulter des circonstances de fait souverainement appréciées par les juges du fond, sans qu'il soit nécessaire d'en rapporter la preuve par écrit » ; Civ. 7 juill. 1858, *DP* 1858.I. 329, 1re et 2e esp. ; Civ. 1re, 22 nov. 1960, *Bull. civ.* I, n° 510 ; Civ. 3e, 22 nov. 1983, *RTDciv.* 1985, p. 161. V. en ce sens ég. R. Vatinet, Le *mutuus dissensus*, préc., spéc. p. 270.

soumise au parallélisme des formes car elle est un contrat distinct du contrat révoqué.

Les parties peuvent aménager à leur guise les effets de la révocation, en choisissant de lui faire produire effet pour l'avenir seulement ou bien également pour le passé : la révocation opère alors avec effet rétroactif. Mais qu'en est-il lorsqu'elles n'ont rien prévu ? En principe, la révocation ne vaut que pour l'avenir[1]. Cependant, dans certains contrats, la jurisprudence décide que la révocation opère de façon rétroactive[2].

B. *La modification ou la révocation unilatérale permise par la loi*

546. Révocation unilatérale. Depuis longtemps, le droit des contrats prévoit que certains contrats peuvent être résiliés unilatéralement. Par exemple, une faculté de résiliation unilatérale est ouverte à chacune des parties dans les contrats à durée indéterminée (v *infra*, n° 713 s.). Les dispositions propres à certains contrats nommés prévoient une faculté de résiliation unilatérale (par ex. art. 1944 pour le dépôt ; art. 2003 pour le mandat). La réforme du droit des contrats marque un développement de l'unilatéralisme (par exemple la faculté de résolution unilatérale par notification, art. 1226 C. civ.).

547. Modification unilatérale. En dehors des hypothèses où elle est organisée par une clause contractuelle, la modification unilatérale du contrat est rarement admise[3]. Une telle modification s'oppose en effet frontalement au principe de l'effet obligatoire du contrat. La réforme du droit des contrats a fait œuvre d'innovation en introduisant dans notre droit un mécanisme permettant au créancier d'une obligation d'accepter une exécution imparfaite en opérant unilatéralement une réduction du prix (art. 1223 C. civ., v. *infra*, n° 581).

---

1. Com., 1er févr. 1994, n° 92-18.276, *RTDciv.* 1994. 356, obs. J. Mestre ; Com., 18 janv. 2011, n° 10-683, *RTDciv.* 2011, p. 126, obs. B. Fages ; Soc., 20 déc. 2006, *Bull. civ.* V, n° 409, *D.* 2007. 555, obs. J. Daleau, note G. Blanc-Jouvan ; *RTDciv.* 2007, p. 117, obs. J. Mestre et B. Fages, décidant que la résiliation du « contrat d'enregistrement exclusif » conclu entre Johnny Halliday et la société Universal Music « n'y met fin que pour l'avenir de sorte qu'elle n'a pas pour effet d'anéantir rétroactivement les cessions antérieurement intervenues sur les enregistrements réalisés en cours de contrat ».
2. V. Com., 30 nov. 1983, *Bull. civ.* IV, n° 337 ; *RTD civ.* 1985, p. 166, obs. J. Mestre. V. ég. Com., 14 déc. 2010, n° 07-71610 ; *RTDciv.* 2011, p. 126, obs. B. Fages.
3. H. Lécuyer, « La modification unilatérale contrat », in *L'unilatéralisme et le droit des obligations* ; Economica 1999, p. 47 s., spéc. p. 59, l'auteur observe que les hypothèses d'une telle modification unilatérale « demeurent très marginales ».

II. Effet translatif

552. ***Solo contractu***. Certains contrats, par exemple la vente, ont pour fonction de permettre un transfert de propriété. L'analyse juridique de cette opération a pu donner lieu à des hésitations auxquelles la réforme du droit des contrats devrait mettre fin. Le transfert de propriété est un effet direct du contrat et non l'effet d'une obligation (1), ce qui lui confère un régime juridique simple et sûr (2).

1. Le transfert de propriété, effet direct du contrat

553. Suppression de l'obligation de donner. Les rédacteurs du Code civil de 1804 avaient retenu une distinction tripartie des obligations : donner, faire ou ne pas faire. Selon cette présentation, l'obligation de donner est celle de transférer la propriété d'une chose, à titre gratuit ou à titre onéreux[1]. La vente était souvent présentée comme ayant pour effet de créer une obligation de donner[2]. À dire vrai, il avait été démontré que l'obligation de donner était « impossible » et « inutile[3] ». Les règles particulières aux deux principaux contrats translatifs, la vente et la donation, ne font aucune place à l'obligation de donner. Le transfert de propriété est présenté, de façon implicite mais claire, comme un effet du contrat. Ainsi la vente est définie à l'article 1582 comme « une convention par laquelle l'un s'oblige à *livrer* une chose et l'autre à la payer » : l'obligation du vendeur est la livraison, ce qui signifie que le transfert de propriété n'est pas une obligation, mais un effet du contrat[4]. Et l'article 1583 confirme cette analyse : la vente « est parfaite entre les parties, et la *propriété est acquise de droit* à l'acheteur à l'égard du vendeur, dès qu'on est convenu de la chose et du prix[5] ».

---

1. L'obligation de donner n'est pas celle d'effectuer une donation (du latin : *donare*) mais de transférer la propriété (du latin : *dare*).
2. Analyse héritée du droit romain, où la vente n'était pas directement translative de propriété.
3. J. Ghestin, « Réflexions d'un civiliste sur la clause de réserve de propriété », *D.* 1981, chron. p. 1, « Il est extrêmement douteux que, dans notre droit positif actuel, le transfert de propriété puisse s'analyser en une obligation. Celle-ci suppose en effet la possibilité d'une inexécution. Or, le transfert de propriété est, dans le système du Code civil, un effet légal du contrat de vente ». V. ég. M. Fabre-Magnan, « Le mythe de l'obligation de donner », *RTD civ.* 1996, p. 85 s. ; H. Lécuyer, « Le contrat, acte de prévision », *Mélanges Terré*, éd. Dalloz, PUF et Jurisclasseur, 1999, p. 643 s. ; P. Ancel, « Force obligatoire et contenu obligationnel du contrat », *RTD civ.* 1999, p. 771 s., spéc. n° 17 s. ; M. Fabre-Magnan, n° 187. *Contra*, pour une défense de l'obligation de donner : P. Bloch, « L'obligation de transférer la propriété dans la vente », *RTDciv.*, 1988.673 et s.
4. Pour la donation, V. art. 938 C. civ.
5. C'est nous qui soulignons.

La réforme du droit des contrats a supprimé toute référence aux obligations de donner, de faire ou de ne pas faire. Les textes qui régissent le transfert de propriété ne font plus référence à une quelconque obligation.

554. Un effet direct du contrat. L'article 1196 du Code civil énonce : « Dans les contrats ayant pour objet l'aliénation de la propriété ou la cession d'un autre droit, le transfert s'opère lors de la conclusion du contrat ». Il ressort de ce texte que le transfert de propriété ou la cession d'un autre droit est un effet direct du contrat[1], et non l'effet d'une obligation. Il intervient sans que l'une ou l'autre des parties ait besoin d'intervenir. On dit généralement que le transfert de propriété s'opère *solo consensu* (par le seul effet du consentement). L'idée est juste, mais l'expression n'est pas tout à fait exacte. Il est préférable de dire que le transfert s'opère *solo contractu*[2] (par le seul effet du contrat). La différence est essentielle notamment lorsque le contrat est soumis pour sa validité à des conditions de forme : la propriété n'est pas transférée dès l'accord des volontés, mais seulement lorsqu'est accomplie la formalité permettant la formation du contrat. Ainsi analysé comme un effet du contrat, le transfert de propriété possède un régime qui est à la fois simple et sûr.

2. Le régime du transfert de propriété

555. L'étude du régime de l'effet translatif conduit à distinguer les rapporte entre les parties (B) et les rapports avec les tiers (B).

A. Rapports entre les parties

556. Moment du transfert. Le transfert de propriété s'opère en principe « lors de la conclusion du contrat » (art. 1196 al. 1). Ce principe n'a qu'un caractère supplétif. Il peut être écarté par la volonté des parties, ainsi que par « la nature des choses ou par l'effet de la loi » (art. 1196).

Il est fréquent que les parties décident de retarder le transfert de propriété jusqu'au paiement complet du prix, par une « clause de réserve de propriété ». La nature des choses impose de retarder le transfert de propriété : par exemple lorsque la vente porte sur une chose fongible (tant de tonnes de blé), cette chose doit être individualisée par le vendeur. Dans tous les cas, le fait que le transfert de propriété soit retardé, pour quelque cause que ce soit, ne modifie pas l'analyse juridique.

---

1. On le qualifie également « d'effet légal » du contrat, v. *Rapport au Président de la République relatif à l'Ordonnance*, Sous-Section : « Effet translatif ».
2. J.-S. Borghetti, « Problématique et enjeux du transfert de propriété en Europe », *RDC* 2013, p. 1684.

Son déclenchement est subordonné à l'exécution d'une obligation préalable, mais il demeure un effet du contrat.

557. Le transfert des risques de la chose. L'article 1196 alinéa 3 prévoit que « le transfert de propriété emporte transfert des risques de la chose ». Cette signifie que la *charge des risques est liée à la qualité de propriétaire*. On dit que la chose périt à la charge de son propriétaire : *res perit domino*. Ainsi dans la vente, dès lors que le transfert de propriété a eu lieu, les risques pèsent sur le propriétaire. Il devra donc payer le prix, même si la chose est détruite avant d'avoir été livrée[1].

Cette règle peut faire l'objet d'aménagements conventionnels. Les parties peuvent dissocier la charge du risque du transfert de propriété pour la lier à un autre événement (par exemple à la livraison). Lorsque le contrat comporte une clause de réserve de propriété, les parties écartent généralement la *res perit domino* en prévoyant que le transfert des risques intervient au moment de la livraison.

La loi apporte certaines dérogations à la règle *res perit domino*. Le débiteur de l'obligation de livrer supporte la charge du risque lorsqu'il a été mis en demeure de livrer (art. 1196 al. 3 C. civ. ; art. 1351 *in fine* C. civ.). Toutefois, le débiteur mis en demeure peut se libérer « s'il prouve que la perte se serait pareillement produite si l'obligation avait été exécutée » (art. 1351-1 al.1 C. civ., auquel renvoie l'art. 1196 al. 3).

558. Obligations liées au transfert de propriété. Une fois le transfert de propriété opéré, des obligations naissent à la charge du contractant qui a perdu la propriété : une obligation de délivrance et, dans l'attente de l'exécution de cette obligation, une obligation de conservation de la chose « en y apportant tous les soins d'une personne raisonnable » (art. 1197 C. civ.).

B. Rapports avec les tiers

559. Présentation générale. La règle selon laquelle le transfert de propriété s'opère *solo contractu* s'applique seulement dans les rapports entre les parties, comme le montre la place de l'article 1196 dans le Code civil dans une section consacrée aux effets du contrat entre les parties. Elle ne concerne pas les tiers. À l'égard des tiers, il faut appliquer les règles de la publicité foncière s'agissant des

1. V. par ex. Civ. 1, 19 nov. 1991, *Bull. civ.* I, n° 325 : un client a commandé des livres à une maison d'édition mais, ne les ayant pas reçus, il refuse d'acquitter le prix. L'éditeur justifie de l'envoi en produisant le bordereau d'exécution. La Cour de cassation rejette le pourvoi contre l'arrêt ayant décidé que l'acheteur, propriétaire de la marchandise, doit supporter le risque et donc payer le prix des livres. V. ég. Civ. 1, 10 oct. 1995, *Bull. civ.* I, n° 252.

biens immobiliers et, s'agissant des biens meubles, la règle « en fait de meuble possession vaut titre » (art. 2276 C. civ.).

560. Conflit entre acquéreurs successifs d'un même meuble. L'article 1198, alinéa 1er, du Code civil prévoit que « lorsque deux acquéreurs successifs d'un même meuble corporel tiennent leur droit d'une même personne, celui qui a pris possession de ce meuble en premier est préféré, même si son droit est postérieur, à condition qu'il soit de bonne foi ». Ce texte est une application de l'article 2276 du Code civil qui prévoit que « en fait de meuble possession vaut titre ».

561. Conflit entre acquéreurs successifs d'un même immeuble. En raison de leur importance, les actes portant mutation ou constitution d'un droit réel immobilier sont soumis au régime de la publicité foncière[1]. Une vente d'immeuble est valablement conclue par le seul consentement des parties (elle est donc un contrat consensuel) mais, pour être opposable aux tiers, elle doit encore être publiée auprès du service de la publicité foncière, ce qui suppose la rédaction d'un acte authentique (D. 4 janv. 1955, art. 4). Compte tenu du délai entre la conclusion de la vente et sa publication au Service de publicité foncière, il peut arriver qu'un vendeur cède deux fois son droit de propriété à deux personnes différentes sans que la première vente ait été publiée. Comment régler le conflit entre les deux acquéreurs successifs ? L'article 1198 alinéa 2 tranche cette question dans les termes suivants : « Lorsque deux acquéreurs successifs de droits portant sur un même immeuble tiennent leur droit d'une même personne, celui qui a, le premier, publié son titre d'acquisition passé en la forme authentique au fichier immobilier est préféré, même si son droit est postérieur, à condition qu'il soit de bonne foi ». Suivant ce texte, le second acquéreur, qui a publié le premier, ne sera préféré que s'il est de bonne foi c'est-à-dire s'il ignorait l'existence de la première vente[2].

III. Effet extinctif

562. Actes abdicatifs. Les actes abdicatifs sont ceux par lesquels une personne se prive d'un droit[3]. Ils produisent un effet extinctif qui ne doit pas s'analyser en

---

1. *D.* n° 55-22 du 4 janvier 1955 portant réforme de la publicité foncière.
2. Le texte adopte la solution qui avait longtemps été admise en jurisprudence : Civ. 3, 30 janv. 1974, *D.* 1975, p. 427 ; note J. Penneau ; *JCP* 1975, 18001, note M. Dagot ; *GA*, n° 178. Il brise la jurisprudence la plus récente qui, à l'inverse, avait décidé que le défaut de publication rend l'acte inopposable aux tiers même lorsque ceux-ci en ont connaissance : Civ. 3, 12 janvier 2011, *Bull. civ.* III, n° 5 ; *D.* 2011, p. 851, note L. Aynès ; *RTDciv.* 2011, p. 158, obs. P. Crocq.
3. F. Dreifuss-Netter, *Les manifestations de volonté abdicatives*, préf. P. Tercier, LGDJ, 1985.

termes d'obligations, mais comme un effet légal de l'acte. Les actes abdicatifs les plus courants sont la remise de dette et la renonciation.

563. La remise de dette. La remise de dette est définie à l'article 1350 du Code civil comme « le contrat par lequel le créancier libère le débiteur de son obligation » (art. 1350 C. civ.). La remise de dette est un contrat ; elle suppose le consentement des deux parties. La remise de dette ne fait naître aucune obligation : le créancier qui accorde la remise de dette n'a aucune prestation à accomplir : on ne saurait soutenir qu'il est tenu d'une obligation de ne pas réclamer l'exécution de la dette. L'effet extinctif est un effet automatique du contrat de remise de dette.

564. La renonciation. La renonciation est acte unilatéral (et non un contrat) par lequel une personne éteint un droit qui figure dans son patrimoine[1]. Le Code civil ne définit pas la renonciation mais il l'utilise, notamment dans le régime des nullités (v. art 1181 et 1183 et art. 931). La renonciation à agir en nullité ne fait pas naître une obligation que son auteur devrait exécuter : on ne saurait soutenir que le contractant qui renonce à invoquer une cause de nullité s'oblige à ne pas faire valoir celle-ci. L'extinction du droit d'agir en nullité est un effet direct de la renonciation.

1. Voc. Jur. Capitant, *V°* Renonciation.

Chapitre 2

Les effets indirects du contrat : les effets obligationnels

566. Exécution… ou inexécution. Le destin d'une obligation « s'ordonne autour de deux destinées possibles : exécution ou inexécution[1] ». L'exécution volontaire de l'obligation, le paiement[2], entraîne l'extinction de l'obligation. Le paiement est en principe quérable, ce qui signifie qu'il a lieu au domicile du débiteur (art. 1342-6 C. civ.) et les frais du paiement sont en principe à la charge du débiteur (art. 1342-7). Enfin, la preuve du paiement est libre (art.1342-8). Les règles relatives au paiement sont communes à toutes les obligations, contractuelles ou délictuelles. Elles ne relèvent donc pas du droit commun des contrats mais du régime de l'obligation[3]. L'inexécution de l'obligation, en revanche, met en œuvre des règles relevant du droit commun des contrats qu'il convient d'examiner dans les pages qui suivent. Ces règles ont été substantiellement modifiées par l'ordonnance du 10 février 2016. Le Code civil comporte désormais une section 5 relative à « l'inexécution du contrat » contenant 22 articles[4].

567. Sanctions de l'inexécution du contrat. L'article 1217 du Code civil indique quelles sont les sanctions applicables en cas d'inexécution ou de mauvaise exécution d'une obligation contractuelle :

« La partie envers laquelle l'engagement n'a pas été exécuté, ou l'a été imparfaitement, peut :

- refuser d'exécuter ou suspendre l'exécution de sa propre obligation ;
- poursuivre l'exécution forcée en nature de l'obligation ;

1. J. Carbonnier, préc., n° 113.
2. Le mot paiement désigne dans la langue juridique, l'exécution d'une obligation, monétaire ou non.
3. V. par ex. J. Flour J.-L. Aubert et É. Savaux, *Droit civil, Les obligations, t. 3 Le rapport d'obligation*, 8e éd. Sirey 2013, n° 101 et s.
4. V. not. H. Lécuyer, « L'inexécution du contrat », *Cont. Conc. Cons.*, n° 5, mai 2016, dossier 5, spéc. n° 15 et s. ; Y.-M. Laithier, « Les sanctions de l'inexécution du contrat », *RDC* 2016, p. 39 et s.

– solliciter une réduction du prix ;

– provoquer la résolution du contrat ;

– demander réparation des conséquences de l'inexécution.

Les sanctions qui ne sont pas incompatibles peuvent être cumulées ; des dommages et intérêts peuvent toujours s'y ajouter ».

568. Mise en œuvre des sanctions. Le texte n'instaure aucune hiérarchie entre les différentes sanctions, le choix appartenant au créancier, dès lors bien sûr que les conditions de mise en œuvre de chaque sanction sont remplies. L'article 1217 prévoit *in fine* que « les sanctions qui ne sont pas incompatibles peuvent être cumulées ». Le texte donne un exemple, le plus évident, en indiquant que les dommages et intérêts peuvent se cumuler avec toutes les autres sanctions. La Cour de cassation a décidé que, un contrat ne pouvant être à la fois anéanti et exécuté, il n'est pas possible de mettre en œuvre de façon cumulative l'exécution forcée et la résolution[1].

569. Force majeure. L'article 1218 du Code civil donne une définition de la force majeure en matière contractuelle et prévoit ses effets : suspendre l'obligation ou bien l'éteindre, selon que l'empêchement d'exécuter est temporaire ou définitif. Le débiteur échappe en principe à toute sanction.

570. Plan. On présentera les sanctions applicables en cas d'inexécution du contrat, qui peuvent être rangées en trois catégories : celles visant à obtenir l'exécution du contrat (I), celles visant à provoquer l'anéantissement du contrat (II) et enfin la responsabilité contractuelle qui a pour but d'obtenir réparation des dommages résultant de l'inexécution (III). On examinera pour finir la force majeure, qui permet d'échapper aux sanctions (IV).

I. Les sanctions visant à obtenir l'exécution du contrat

571. On envisagera successivement l'exception d'inexécution (1), le droit de rétention (2), la réduction du prix (3) et enfin l'exécution forcée en nature (4).

1. V. Civ. 1, 6 fév. 1979, *Bull. civ.* I, n° 46, « en condamnant Kahia à verser à de Saint-Robert non pas des dommages-intérêts, mais la somme de 5000 francs en exécution d'un contrat dont elle avait prononcé la résolution, la cour d'appel a violé le texte susvisé ».

1. L'exception d'inexécution

572. Notion. L'exception d'inexécution (ou *exceptio non adimpleti contractus*) est le droit qu'a chacune des parties à un contrat synallagmatique de refuser de s'exécuter tant qu'elle n'a pas reçu la prestation qui lui est due[1]. Le terme exception est pris au sens de moyen de défense. L'exception d'inexécution est un mécanisme fort ancien qui trouve son fondement dans le rapport de réciprocité unissant les obligations. Elle est désormais réglementée dans le Code civil, qui lui consacre deux articles (1219 et 1220). On exposera les conditions (A) puis les effets (B) de l'exception d'inexécution.

A. Les conditions de l'exception d'inexécution

573. Les conditions d'exercice de l'exception d'inexécution sont prévues à l'article 1219 du Code civil : « Une partie peut refuser d'exécuter son obligation, alors même que celle-ci est exigible, si l'autre n'exécute pas la sienne et si cette inexécution est suffisamment grave ». On présentera successivement les conditions de fond (a) puis les conditions d'exercice (b) de l'exception d'inexécution.

a. Conditions de fond

574. Obligations interdépendantes et à exécution simultanée. L'exception d'inexécution implique une symétrie parfaite. Elle suppose que les obligations réciproques doivent être exécutées simultanément. Si l'une des parties doit s'exécuter avant l'autre, l'exception d'inexécution ne peut s'appliquer : par exemple, dans la vente, si le vendeur a accordé des délais de paiement, il est tenu de livrer avant le paiement du prix. Conçue pour les contrats synallagmatiques, l'exception d'inexécution peut parfois s'appliquer dans d'autres situations. La jurisprudence en fait application parfois entre des obligations nées de contrats distincts dès lors que ceux-ci sont interdépendants[2].

575. Proportionnalité. L'exception d'inexécution n'est permise que si l'autre partie n'exécute pas son obligation et si cette inexécution est « suffisamment grave » (art. 1219 C. civ.). Ce critère est celui auquel se référait généralement la

1. R. Cassin, *De l'exception d'inexécution dans les rapports synallagmatiques (exceptio non adimpleti contractus) et de ses relations avec le droit de rétention, la compensation et la résolution*, Paris, Sirey 1914 ; C. Malecki, *L'exception d'inexécution*, préf. J. Ghestin, LGDJ 1999.
2. V. R. Libchaber, obs. ss. Com., 12 juill. 2005, *Defrénois* 2006, p. 610 ; S. Bros, *L'interdépendance contractuelle*, Thèse Paris II, 2001, dir. C. Larroumet, n° 614 et s. S. Pellé, *La notion d'indépendance contractuelle*, Dalloz, Nouvelle bibliothèque de thèse, préc. J. Foyer et M.-L. Demeester, 2007.

jurisprudence[1]. Il convient de raisonner en termes de proportion entre l'inexécution et l'exception d'inexécution. L'exception d'inexécution est une riposte : elle ne doit pas être disproportionnée.

576. Exception pour risque d'inexécution. L'article 1220 du Code civil introduit dans notre droit le système de l'exception pour risque d'inexécution : « une partie peut suspendre l'exécution de son obligation dès lors qu'il est manifeste que son cocontractant ne s'exécutera pas à l'échéance et que les conséquences de cette inexécution sont suffisamment graves pour elle. Cette suspension doit être notifiée dans les meilleurs délais ». Ce système existait dans les Principes d'Unidroit (art. 7.3.4), dans les PEDC (art. 8 : 105) mais aussi dans certaines législations étrangères. Ce mécanisme présente d'indéniables vertus : il permet au créancier de limiter le préjudice résultant de l'inexécution du contrat, et il constitue un moyen de pression efficace pour inciter le débiteur à s'exécuter. Mais il peut donner lieu à des abus.

b. Conditions d'exercice

577. Simplicité. La mise en œuvre de l'exception d'inexécution se caractérise par sa simplicité. Elle n'implique ni une demande en justice ni une mise en demeure ni une quelconque notification (art. 1219 C. civ.). Il suffit que l'*excipiens* (le contractant qui invoque l'exception d'inexécution) cesse d'exécuter ses obligations. L'exception pour risque d'inexécution est en revanche soumise à une exigence spécifique : la suspension doit être notifiée « dans les meilleurs délais » à l'autre partie (art. 1220 C. civ.).

578. Risques et périls. La simplicité de l'exception d'inexécution est un atout certain, mais elle a un revers : le contractant qui met en œuvre l'exception d'inexécution (l'*excipiens*) agit « à ses risques et périls ». Cela signifie que le juge pourra contrôler après coup le bien-fondé de l'exception d'inexécution. Si le juge estime que la mise en œuvre de l'exception était injustifiée, l'*excipiens* aura lui-même manqué à ses obligations. Il sera exposé aux sanctions applicables en cas de défaut d'exécution[2]. Les juges du fond disposent d'un pouvoir souverain pour apprécier

1. Com. 16 juill. 1980, *Bull. civ.* IV, n° 297 : attendu qu'en statuant ainsi sans avoir recherché si le vendeur avait exécuté ses obligations et si, le cas échéant, son inexécution était d'une gravité suffisante pour affranchir le débiteur de ses obligations corrélatives, le tribunal n'a pas donné de base légale à sa décision ».
2. Civ. 1, 18 juill. 1995, *Bull. civ.* I, n° 322 ; *RTDciv.* 1996, p. 395, obs. J. Mestre, l'exception d'inexécution mise en œuvre par la clinique n'étant pas proportionnée à l'inexécution par le médecin de ses propres obligations, le contrat est résolu aux torts de la clinique.

le caractère proportionné de l'exception d'inexécution[1]. L'exercice de l'exception d'inexécution suscite de nombreux litiges notamment dans le contrat de bail. La jurisprudence décide de façon constante que le locataire n'est fondé à suspendre totalement le paiement des loyers que si l'absence de réparation empêche totalement l'occupation des lieux[2].

B. Les effets de l'exception d'inexécution

579. Effet suspensif et temporaire. L'obligation de l'*excipiens* est simplement suspendue et elle reprend son effet aussitôt que l'autre partie s'exécute. L'*excipiens* se trouve donc dans une situation d'attente qui n'est guère confortable. Il doit se tenir prêt à reprendre l'exécution de ses obligations si l'autre partie s'exécute[3]. Le contractant qui ne reçoit pas la prestation attendue peut donc souhaiter mettre en œuvre une sanction définitive, qui permettra d'anéantir le contrat (v. *infra* n° 594 et s.).

2. Le droit de rétention

580. Une variante de l'exception d'inexécution. Le droit de rétention est le droit reconnu à un créancier qui détient légitimement un bien de refuser de le rendre aussi longtemps qu'il n'est pas payé. Le droit de rétention est une variante de l'exception d'inexécution ; il est généralement mis en œuvre dans des situations qui permettraient également le jeu de l'exception d'inexécution. Par exemple, le garagiste peut retenir le véhicule sur lequel il a effectué une réparation tant qu'il n'a pas été payé. Cependant, le droit de rétention n'est pas soumis à l'exigence de proportionnalité qui caractérise l'exception d'inexécution. Depuis l'ordonnance du 23 mars 2006 portant réforme des sûretés, le droit de rétention est réglementé à l'article 2286 du Code civil. Le droit de rétention relève du droit des sûretés.

1. Civ. 3, 15 déc. 1993, *D.* 1994, p. 462, note M. Storck; Com., 10 juill. 1989, *Bull. civ.* IV, n° 162.
2. Civ. 3, 21 nov. 1973, *Bull. civ.* III, n° 593, «le preneur a l'obligation de payer le loyer aux termes convenus, sans pouvoir se prévaloir, pour refuser le paiement des loyers échus, de l'inexécution des travaux de réparation nécessaires». V. ég. Civ. 1, 26 mai 1961, *Bull. civ.* I, n° 264.
3. Com., 1er déc. 1992, *Bull. civ.* IV, n° 392; *RTD civ.* 1993, p. 578 obs. J. Mestre, dans un contrat de concession exclusive le concédant qui invoque l'exception d'inexécution ne doit pas installer un nouveau concessionnaire, car cela reviendrait à rendre impossible la reprise du contrat ; il peut cependant prendre l'initiative de distribuer ses produits par une autre voie (directement ou par un tiers).

3. La réduction du prix

581. Modification unilatérale du contrat. L'article 1223 du Code civil permet au créancier, après mise en demeure, d'« accepter une exécution imparfaite » moyennant une réduction du prix[1]. Il faut distinguer selon que le prix a été payé ou non.

Si le créancier a déjà payé il peut « solliciter » une réduction proportionnelle du prix (remboursement). La réduction du prix suppose dans ce cas l'accord du débiteur. En cas de refus, le créancier peut « solliciter » du juge la réduction du prix.

Si le créancier n'a pas encore payé il peut notifier sa « décision » de réduire le prix. Dans cette hypothèse, le prix est modifié unilatéralement par le créancier. Il y a là une atteinte au principe de la force obligatoire du contrat.

582. Une innovation profonde. Le dispositif instauré par la réforme du droit des contrats à l'article 1223 du Code civil constitue une innovation majeure de la réforme du droit des contrats. Inspiré des projets européens, il marque une rupture profonde avec notre tradition juridique. On ne trouve pas, ni dans le droit commun ni dans les droits spéciaux, de dispositif équivalent. Des textes spéciaux permettent au créancier, en cas d'exécution imparfaite du contrat, de demander au juge une réduction du prix contractuellement prévu mais non de modifier unilatéralement le contrat (v. par ex. art 1644 C. civ., l'action estimatoire en cas de vice caché ; art. 1617 et 1619 C. civ., en cas de contenance erronée ou de mesure erronée dans la vente d'immeuble ; art. L. 141-3 C. com., en cas d'inexactitude des mentions dans la vente d'un fonds de commerce). Dans la vente commerciale, le juge se reconnaît le pouvoir de diminuer le prix dû par l'acquéreur pour tenir compte de l'inexécution partielle du contrat par le vendeur[2] (insuffisance de la qualité ou de la quantité des choses livrées). Dans toutes ces hypothèses c'est le juge, et non le créancier, qui modifie le prix.

4. L'exécution forcée en nature

584. L'exécution forcée en nature est l'exécution d'une convention (ou d'un jugement) imposée au débiteur sur sa personne ou sur ses biens. Elle permet au

1. Sur ce dispositif, v. H. Lécuyer, « L'inexécution du contrat », *Cont. Conc. Cons.*, n° 5, mai 2016, dossier 5, spéc. n° 15 et s. ; É. Savaux, La réduction du prix, *RDC* 2015, p. 786 et s. ; A. Bénabent, « Les nouveaux mécanismes », *RDC* avril 2016, Hors série, p. 17 et s. V. ég. T. Génicon, *La résolution du contrat pour inexécution*, préc., n° 799 et s.,
2. Com., 15 déc. 1992, *Bull. civ.* IV, n° 421, « s'agissant d'une vente commerciale, [l'acquéreur] peut demander la réduction proportionnelle du prix en cas d'inexécution partielle par le vendeur de son obligation de délivrance ».

créancier d'obtenir l'exécution du contrat, ni plus ni moins. L'exécution forcée en nature peut être imposée au débiteur (A) ou bien confiée à un tiers, aux frais du débiteur (B).

A. L'exécution forcée imposée au débiteur

585. On examinera le domaine de l'exécution forcée par le débiteur (a) et les moyens permettant de forcer le débiteur à l'exécution (b).

a. Le domaine de l'exécution forcée par le débiteur

586. Principe du droit à l'exécution forcée. Le droit du créancier d'exiger de la part du débiteur l'exécution forcée en nature découle de la force obligatoire du contrat[1]. Cette sanction permet au créancier d'obtenir ce qui lui est dû, ni plus ni moins. Elle est plus satisfaisante que la responsabilité civile qui permet d'obtenir des dommages et intérêts, mais non ce qui était dû[2]. L'article 1221 du Code civil confirme le principe de l'exécution forcée en nature qui était admis par la jurisprudence, mais en lui apportant certaines exceptions. Ce texte énonce : « Le créancier d'une obligation peut, après mise en demeure, en poursuivre l'exécution en nature sauf si cette exécution est impossible ou s'il existe une disproportion manifeste entre son coût pour le débiteur et son intérêt pour le créancier ». L'exécution forcée est reconnue comme un droit appartenant par principe à tout créancier[3]. Cependant, deux exceptions sont prévues qu'il convient d'examiner avec soin.

587. Exception en cas d'impossibilité d'exécution. L'article 1221 du Code civil prévoit d'abord que l'exécution forcée en nature ne peut être ordonnée « si cette exécution est impossible » (art. 1221 C. civ.). Le législateur n'a pas défini

---

1. Deux maximes expriment cette idée : *Pacta sunt servanda* (les conventions doivent être respectées) ; *Nemo potest proprio facto se ad obligatione liberare* (nul ne peut se libérer de son obligation par son propre fait).
2. V. en ce sens, admettant la « primauté de l'exécution forcée en nature » : P. Grosser, *Les remèdes à l'inexécution du contrat : essai de classification*, thèse Paris I, 2000, préf. J. Ghestin, n°s 542 et s. ; M. Fontaine, « Les sanctions de l'inexécution des obligations contractuelles : synthèse et perspectives », *in* M. Fontaine et G. Viney (dir.), *Les sanctions de l'inexécution des obligations contractuelles. Études de droit comparé*, Bruylant, LGDJ 2001, spéc. n° 32, p. 1033. *Contra* cep. : Y.-M. Laithier, « La prétendue primauté de l'exécution en nature », *RDC* 2005, p. 161, pour cet auteur, la force obligatoire du contrat signifie simplement que les parties sont liées par une obligation, sous la sanction du droit, mais sans que le type de sanction soit prédéterminé ; Y.-M. Laithier, *Étude comparative des sanctions de l'inexécution du contrat*, LDGJ 2004.
3. V. ég. art. 1341 C. civ. : « Le créancier a droit à l'exécution de l'obligation ; il peut y contraindre le débiteur dans les conditions prévues par la loi ».

la notion d'impossibilité mais celle-ci correspond semble-t-il à deux hypothèses qui étaient admises autrefois par la jurisprudence[1]. Il y a impossibilité d'exécution lorsque l'exécution se heurte à un obstacle, matériel ou juridique. Par exemple lorsque la chose que le vendeur était tenu de livrer n'est plus fabriquée[2]. Il y a également impossibilité d'exécution lorsque l'exécution de l'obligation implique la personne du débiteur. C'est un souci, parfaitement légitime, de protection de la personne du débiteur qui justifie dans ce cas le refus de l'exécution forcé. Par exemple, on ne peut condamner sous astreinte un peintre à peindre un tableau ou bien à livrer un tableau qu'il juge indigne de lui[3]. L'article 1221 prévoit une deuxième exception au principe de l'exécution forcée, beaucoup plus perturbante.

588. Exception en cas de « disproportion manifeste ». L'article 1221 du Code civil prévoit ensuite que l'exécution forcée en nature ne peut être obtenue s'il existe une « disproportion manifeste entre son coût pour le débiteur et son intérêt pour le créancier ». C'est une exception nouvelle qui est ici apportée au principe de l'exécution forcée. En effet, auparavant la jurisprudence ne tenait aucun compte d'une quelconque « disproportion » entre « le coût » de l'exécution pour le débiteur et « son intérêt » pour le créancier. La Cour de cassation décidait sans faillir que « la partie envers laquelle l'engagement n'a point été exécuté peut forcer l'autre à l'exécution de la convention lorsqu'elle est possible[4] ». Elle n'avait même, à notre connaissance, jamais décidé que le droit à l'exécution forcée fût susceptible d'abus[5]. Ce temps est révolu. Désormais, les juges doivent mettre en œuvre le critère de la « disproportion manifeste » pour admettre ou non l'exécution forcée. Il reviendra à la jurisprudence de préciser comment doit s'apprécier la « disproportion manifeste » entre le « coût pour le débiteur » et l'« intérêt pour le créancier ». La jurisprudence devra également déterminer si cette disposition

1. V. *Rapport au Président de la République relatif à l'ordonnance*, préc. Sous-Section 2 : « L'exécution forcée en nature ».
2. Com. 5 oct. 1993, *Bull. civ.* IV, n° 313.
3. Civ., 14 mars 1900, *DP* 1900, 1, p. 497, note M. Planiol.
4. V. Civ. 3, 11 mai 2005, *Bull. civ.* III, n° 103 ; *RDC* 2006 p. 323, obs. D. Mazeaud ; *RTD civ.* 2005, p. 396, obs. J. Mestre et B. Fages, pour une insuffisance de 33 centimètres par rapport aux prévisions contractuelles, les clients ont demandé la démolition et la reconstruction d'une maison individuelle, ce que la Cour d'appel avait refusé : cassation, : « la partie envers laquelle l'engagement n'a point été exécuté peut forcer l'autre à l'exécution de la convention lorsqu'elle est possible ». V ég. dans la même idée : Civ. 3, 17 janv. 1984, n° 82-15982 ; *RTDciv.* 1984, p. 711, obs. J. Mestre, cassation d'une décision qui avait refusé de faire droit à la demande de mise en conformité d'une piscine comportant trois marches au lieu de quatre. Civ 3, 3 avr. 1996, *Bull. civ.* III, n° 91.
5. V. ég. P. Grosser, « L'exécution forcée en nature », *AJCA* 2016, p. 119, spéc. note 34.

présente un caractère impératif[1] ou non[2]. Quoi qu'il en soit, cette disposition réduit considérablement le domaine de l'exécution forcée en nature.

589. Analyse critique. Le droit du créancier d'exiger l'exécution forcée est désormais subordonné à une exigence d'ordre économique. La portée de cette exigence doit être bien mesurée. Bien que le débiteur ait promis valablement, le juge peut décider qu'il n'a pas à s'exécuter dès lors que le « coût » de cette exécution est « disproportionné » par rapport à « l'avantage » qu'en retire le créancier. C'est dire que la violation d'une obligation peut trouver un motif légitime dans des *considérations d'ordre économique*. L'inexécution du contrat n'est plus appréhendée comme un manquement à la parole donnée ; elle est une option ouverte au contractant, qui peut choisir de transgresser son engagement en payant des dommages et intérêts dès lors qu'il a reçu, par ailleurs, une proposition plus avantageuse. En subordonnant ainsi l'exécution forcée à un critère économique, la réforme a introduit dans le droit français des contrats une application de la théorie de la « rupture efficace du contrat » développée par l'analyse économique du droit (v. *supra*, n° 73 et s.). Il y a là une atteinte au principe de la force obligatoire du contrat tel qu'il est traditionnellement entendu en droit français[3]. Le droit de la responsabilité civile devra certainement être modifié en conséquence, afin d'aggraver les sanctions applicables en cas de violation du contrat.

1. En faveur du caractère impératif : C. Pérès, « Règles impératives et supplétives dans le nouveau droit des contrats », *JCP* 2016, 454, l'auteur observe que le rattachement à la notion d'abus de droit milite en faveur du caractère impératif car le contrôle de l'abus de droit s'applique nonobstant toute clause contraire.
2. En faveur du caractère supplétif : Y.-M. Laithier, « Les sanctions de l'inexécution du contrat » *RDC* 2016, p. 39 et s.
3. V. en ce sens : H. Lécuyer, « L'inexécution du contrat, préc., spéc. n° 12 : « on peine à admettre que l'intérêt pour le créancier d'obtenir ce qui n'est que l'exécution du contrat puisse ainsi être mis en balance avec l'investissement pour le débiteur que le seul respect de ce contrat impose. Une fois encore, la force obligatoire du contrat est atteinte. La légitimité de cette atteinte est discutable. » V. ég. les critiques de T. Genicon, « Notions nouvelles et notions abandonnées, réflexion sur une révolution des mots », *RDC* 2015.625, n° 11, p. 629 ; T. Génicon, « Contre l'introduction du "coût manifestement déraisonnable" comme exception à l'exécution forcée en nature », *Dr. et patrimoine*, 2014, n° 240, p. 63 ; M. Mekki, « Les remèdes à l'inexécution dans le projet d'ordonnance portant réforme du droit des obligations », *Gaz. Pal.* 2015, n° 120 p. 37 ; L. Leveneur, « Table ronde : faut-il avoir confiance dans la réforme ? », *RDC* 2015, p. 664. *Contra*, en faveur de cette disposition nouvelle : v. Y.-M. Laithier, « Les règles relatives à l'inexécution des obligations contractuelles », *JCP* 2015, supp. n° 21, p. 47, spéc. n° 14 et s. ; D. Mazeaud, « Observations conclusives », *RDC* 2016, p. 53 et s., spéc. n° 15.

b. Les moyens permettant de forcer le débiteur à l'exécution

590. L'astreinte. L'astreinte est la condamnation du débiteur à des dommages et intérêts proportionnels au nombre de jours de retard (art. L. 131-1 et s. du Code des procédures civiles d'exécution). Le juge condamne le débiteur à s'exécuter en lui fixant un délai pour ce faire ; passé ce délai, le débiteur devra payer la somme prévue pour chaque jour de retard. L'astreinte exerce une pression très forte sur le débiteur, dès lors que le taux fixé par le juge est assez élevé au regard du patrimoine du débiteur.

B. L'exécution forcée confiée à un tiers aux frais du débiteur

591. Faire ou défaire. L'article 1222 du Code civil prévoit que « après mise en demeure, le créancier peut aussi, dans un délai et à un coût raisonnables, faire exécuter lui-même l'obligation ou, sur autorisation préalable du juge, détruire ce qui a été fait en violation de celle-ci ». Il peut demander le remboursement des sommes exposées et même demander que le débiteur en fasse l'avance. Examinons les deux possibilités ainsi offertes au créancier.

592. Faculté de remplacement. Le créancier peut faire exécuter l'obligation par un autre que son débiteur, mais aux frais de celui-ci. Cette possibilité, appelée « faculté de remplacement », supposait auparavant non seulement une mise en demeure mais encore une autorisation judicaire préalable pour faire exécuter l'obligation par un tiers (ancien art. 1143 C. civ.). L'exigence d'une autorisation judiciaire préalable est supprimée. Le juge n'intervient qu'après coup, en cas de contestation. Il y a là une nouvelle manifestation du développement de la « justice privée » dans les sanctions de l'inexécution du contrat[1].

593. Destruction. Le créancier peut demander la destruction de ce qui a été fait en violation d'une obligation de ne pas faire. L'exigence d'une décision judiciaire préalable est ici maintenue. Par exemple, un créancier peut demander la destruction de constructions faites en violation d'une servitude ou d'une obligation contractuelle[2], ou la fermeture d'un fonds de commerce ouvert en violation d'une obligation de non-concurrence[3].

---

1. H. Lécuyer, « L'inexécution du contrat », préc., n° 14.
2. Civ. 1, 14 oct. 1964, *D.* 1964, p. 710 ; *JCP* 1965, II, 14189, note R.D. ; Civ. 3, 30 sept. 1998, *Bull. civ.* III, n° 185 ; *D.* 1999, p. 374, note F. Kendérian, censurant une cour d'appel qui avait refusé d'ordonner la destruction d'une construction édifiée en violation d'une règle d'urbanisme.
3. Soc. 24 janv. 1979, *Bull. civ.* V, n° 67 ; *D.* 1979, p. 619, note Y. Serra ; Com. 20 janv. 1981, *Bull. civ.* IV, n° 41.

II. Les sanctions visant à provoquer l'anéantissement du contrat

594. Plutôt que l'exécution du contrat, le créancier préférera parfois solliciter l'anéantissement du contrat, qui prend le nom de résolution. Le Code civil consacre à la résolution une Sous-section 4 comportant sept articles (art. 1224 à 1230). Ces dispositions prévoient différents modes de résolution (1) et réglementent les effets de la résolution (2).

1. Les modes de résolution

595. Présentation générale. L'article 1224 du Code civil énonce : « La résolution résulte soit de l'application d'une clause résolutoire soit, en cas d'inexécution suffisamment grave, d'une notification du créancier au débiteur ou d'une décision de justice ». À la différence de la résolution judiciaire et de la résolution unilatérale, qui supposent une « inexécution suffisamment grave », la clause résolutoire produit son effet dès lors que les conditions prévues au contrat sont réunies. On examinera successivement la clause résolutoire (A), puis la résolution unilatérale par notification (B) et enfin la résolution judiciaire (C).

A. La clause résolutoire

596. Création de la pratique, elle fait son entrée dans le Code civil. On présentera la notion (a) puis la mise en œuvre (b) de la clause résolutoire, avant d'examiner le contrôle judiciaire dont elle peut faire l'objet *a posteriori* (c).

a. Notion

597. La clause résolutoire est la clause précisant les engagements dont l'inexécution entraînera la résolution du contrat (art. 1225 C. civ.). L'article 1125 alinéa 1er du Code civil prévoit que « la clause résolutoire précise les engagements dont l'inexécution entraînera la résolution du contrat » (art. 1125 al. 1er C. civ.). Cette disposition signifie que la clause ne peut être mise en œuvre pour sanctionner une obligation qu'elle ne vise pas expressément[1].

1. V. déjà en ce sens : Civ. 1, 16 déc. 1986, *Bull. civ.* I, n° 305, « les juges du fond qui relèvent qu'une partie a bien rempli l'obligation dont l'inexécution pouvait seule entraîner le jeu de la clause résolutoire, ne peuvent constater la résolution de plein droit aux torts de cette partie en constatant contre elle un autre manquement contractuel ». Civ. 3, 24 mai 2000, *Bull. civ.* III, n° 110.

b. Mise en œuvre

599. Droit commun. L'article 1225 alinéa 2 du Code civil prévoit que la mise en œuvre de la clause résolutoire suppose en principe une mise en demeure mentionnant expressément la clause résolutoire. Le texte étant supplétif, les parties peuvent aménager les conditions de mise en œuvre de la clause résolutoire.

600. Articulation avec les statuts spéciaux. Les dispositions propres à certains contrats spéciaux réglementent les clauses résolutoires afin de protéger les intérêts de l'une des parties. Par exemple, dans le bail commercial, l'article L. 145-41 du Code de commerce prévoit que « Toute clause insérée dans le bail prévoyant la résiliation de plein droit ne produit effet qu'un mois après un commandement demeuré infructueux ». (v. ég. dans le bail d'habitation art. 4 g. L. 6 juill. 1989 ; dans le bail rural, art. L. 411-31 du Code rural ; art art. L. 111-3 C. ass.). Ces dispositions spéciales restent applicables et, dans leur domaine particulier, elles écartent la règle de l'article 1225 du Code civil[1]. *Specilia generalibus derogant.*

c. Contrôle judiciaire *a posteriori*

601. Étendue des pouvoirs du juge. Le juge saisi d'une contestation relative à la clause résolutoire dispose de certains pouvoirs. Traditionnellement le juge interprète restrictivement les clauses résolutoires[2]. En outre le juge peut écarter la mise en œuvre de la clause en l'absence de tout manquement. De plus, et surtout, la Cour de cassation reconnaît aux juges du fond le pouvoir de neutraliser la clause lorsqu'elle est mise en œuvre de mauvaise foi[3]. La mauvaise foi peut être caractérisée par un brusque changement d'attitude du créancier[4], ou par un comportement du créancier ayant pour objet de placer le débiteur en situation d'inexécution[5]. Si la mauvaise foi du créancier peut conduire à neutraliser la clause, en revanche la bonne foi du débiteur est sans incidence sur le jeu de la clause[6].

---

1. Civ. 3, 28 oct. 2009, *JCP* 2010, 50, note C. Lachièze.
2. Par exemple, la stipulation visant à écarter l'exigence de mise en demeure doit être dépourvue d'ambiguïté pour être efficace : v. par ex. Civ. 3, 30 juin 1977, *Bull. civ.* III, n° 293.
3. Civ. 1, 31 janv. 1995, *Bull. civ.* I, n° 57 ; *D.* 1995, p. 389, note C. Jamin : « Une clause résolutoire n'est pas acquise, si elle a été mise en œuvre de mauvaise foi par le créancier. »
4. Civ. 1, 16 fév. 1999, *Bull. civ.* I, n° 52, est de mauvaise foi le crédirentier qui, après avoir toléré pendant plusieurs années le non-paiement des arrérages, a brusquement changé d'attitude et s'est prévalu de la clause.
5. Civ. 1, 5 juin 1991, Bull. civ. III, n° 163, est de mauvaise foi le bailleur qui ne laisse pas au locataire un délai suffisant au regard de l'ampleur des travaux à accomplir.
6. Civ. 3, 10 mars 1993, *D.* 1993, p. 357, note P. Birh ; *Cont. Conc. Cons.* 1993, comm. n° 149, obs. L. Leveneur ; *RTDciv.* 1994, p. 100, obs. J. Mestre. Civ. 3, 24 sept. 2003, *Bull. civ.* III, n° 161 ; *RDC* 2004, p. 644, obs. crit. D. Mazeaud ; *RTDciv.* 2003, p. 707, obs. J. Mestre et B. Fages, « en

602. Limites des pouvoirs du juge. Le juge est en revanche privé de tout pouvoir d'appréciation sur la gravité du manquement : dès lors que le manquement prévu par la clause existe, le juge ne peut que constater la résolution, et cela même si le manquement est très léger. Il ne lui appartient pas de mesurer si la résolution est proportionnée ou non à la gravité du manquement invoqué[1].

B. *La résolution unilatérale par notification*

603. La résolution unilatérale par notification permet au créancier de rompre unilatéralement le contrat s'il estime être victime d'une inexécution « suffisamment grave » (art. 1224 C. civ.). On présentera les conditions (a), la mise en œuvre (b) puis le contrôle judiciaire (c) de la résolution unilatérale.

a. Conditions

604. « Inexécution suffisamment grave ». La résolution unilatérale par notification requiert, comme la résolution judiciaire, une « inexécution suffisamment grave » (art. 1224 C. civ.). L'inexécution doit présenter une gravité suffisante pour justifier la résolution. L'inexécution doit être avérée ; la résolution ne peut être mise en œuvre pour un simple risque d'inexécution.

605. Généralisation. En droit français la résolution avait en principe un caractère judiciaire (c'est au juge qu'il appartenait de la prononcer). La résolution unilatérale (sur décision de l'une des parties) n'était admise que par exception, dans certaines conditions : en présence d'une clause résolutoire, en cas d'urgence ou de comportement particulièrement grave de l'une des parties[2] ou bien en application d'une disposition législative particulière. La réforme du droit des contrats a opéré un changement profond en plaçant la résolution unilatérale sur le même plan que la résolution judiciaire. Le créancier peut désormais choisir librement entre la résolution unilatérale par voie de notification et la résolution par voie judiciaire. Le droit français adopte ainsi la règle admise dans de nombreux droits étrangers et dans les projets européens et internationaux (Principes du droit européen des

---

cas d'inexécution de son engagement par le débiteur sa bonne foi est sans incidence sur l'acquisition de la clause résolutoire ».

1. V. par ex : Civ. 3, 5 févr. 1992, *Bull. civ.* III, n° 83, *RTDciv.* 1992, p. 763, obs. J. Mestre, le juge n'a pas à « rechercher si la sanction est proportionnée ou non à la gravité du manquement invoqué ». Civ. 3, 11 juill. 1977, *Bull. civ.* III, n° 106.
2. La gravité devait être spécialement caractérisée : v. not. Civ. 1, 28 oct. 2003, *Bull. civ.* I, n° 211, *Bull. civ.* I, n° 211 ; *JCP* 2004, II, 10108, note C. Lachièze ; *Def.*, 2004, p. 378, obs. R. Libchaber ; p. 381, obs. J.-L. Aubert ; *RTD civ.* 2004, p. 89, obs. J. Mestre et B. Fages ; *RDC* 2004, p. 273, obs. L. Aynès, p. 277, obs. D. Mazeaud.

contrats et Unidroit). Cette innovation, qui vise à « déjudiciariser » la résolution, s'inscrit selon le rapport « dans une perspective d'efficacité économique du droit[1] ».

b. Mise en œuvre

606. Formes de la mise en demeure. Le créancier qui souhaite rompre le contrat doit « préalablement mettre en demeure le débiteur défaillant de satisfaire à son engagement dans un délai raisonnable » (art. 1226 al. 1). La mise en demeure doit mentionner expressément que, à défaut d'exécution, « le créancier sera en droit de résoudre le contrat » (art. 1226 al. 2). Par exception, la mise en demeure n'est pas nécessaire en cas d'urgence (art. 1226 al. 1).

607. Notification. Si le débiteur ne s'exécute pas dans un délai raisonnable, le créancier est en droit de lui notifier la résolution du contrat. La notification doit exposer les raisons qui motivent la résolution (art. 1226 al. 3). La résolution unilatérale par notification est plus simple et plus rapide que la résolution judiciaire. Elle évite au créancier d'avoir à attendre la décision du juge pour mettre fin à ses relations avec le débiteur défaillant et lui permet donc de conclure au plus tôt un nouveau contrat avec un tiers. Pour cela, elle est présentée comme étant plus satisfaisante dans une perspective d'efficacité économique du droit. Mais, en conférant au créancier le pouvoir de mettre fin au contrat, la résolution par notification marque un recul de la force obligatoire du contrat et donc de la sécurité juridique.

608. « Risques et périls ». La résolution par notification s'opère « aux risques et périls » du créancier. Le débiteur peut saisir le juge pour contester la résolution. Il appartient alors au créancier de prouver la gravité de l'inexécution

609. Résolution unilatérale et clause résolutoire. Le Code civil ne règle pas la question de l'articulation entre la résolution unilatérale et la clause résolutoire. Sur le fondement des textes antérieurs la jurisprudence décidait que la stipulation d'une clause résolutoire n'interdit pas au créancier de mettre en œuvre la résolution unilatérale (sauf si la clause résolutoire exclut cette possibilité). Suivant cette jurisprudence, la résolution unilatérale permet au créancier de s'affranchir d'une clause résolutoire protectrice du débiteur ; par exemple, une clause prévoyant que la résolution ne pourra être opérée qu'« après l'envoi de trois lettres recommandées justifiant les motifs de la rupture[2] ». Dans le silence des textes cette jurisprudence devrait se maintenir.

---

1. V. en ce sens, *Rapport au Président de la République relatif à l'ordonnance*, préc. Sous-Section 4.
2. Com., 10 févr. 2009, n° 08-12415 ; *Cont. Conc. Cons.* 2009, comm. n° 123, obs. crit. L. Leveneur*; RDC* 2010, p. 44, obs. crit. T. Génicon. V. ég. Com. 20 oct. 2015, *n° 14-20416, Cont. Conc. Cons.*

c. Contrôle judiciaire

610. Pouvoirs du juge. Le débiteur peut « à tout moment » saisir le juge pour contester la résolution. Une distinction s'impose selon le moment auquel le débiteur saisit le juge.

Pendant la période qui va de la mise en demeure à la notification, la résolution n'est pas encore acquise. Le débiteur peut saisir le juge des référés pour tenter de faire suspendre le processus de résolution du contrat[1]. Le juge des référés a le pouvoir, sur le fondement de l'article 809 du Code de procédure civile, d'ordonner à titre conservatoire la poursuite de l'exécution du contrat, s'il estime que la résolution mise en œuvre par le créancier cause un trouble manifestement illicite ou crée un risque de dommage imminent pour le débiteur. Une telle mesure devrait cependant rester exceptionnelle.

Après la notification, la résolution est acquise mais elle peut encore être soumise au contrôle du juge. Si la résolution est jugée non fondée, elle est une faute de nature à engager la responsabilité de son auteur.

C. *La résolution judiciaire*

611. Domaine. L'article 1227 du Code civil prévoit que « la résolution peut, en toute hypothèse, être demandée en justice ». Le créancier peut saisir le juge même si une clause résolutoire a été prévue ou si une procédure de résolution par notification a été engagée. Qu'en est-il des clauses de renonciation anticipée à la résolution judiciaire, dont la Cour de cassation avait admis auparavant la validité[2] ? L'article 1227 du Code civil pourrait être lu comme remettant en cause la validité de ces clauses mais le rapport propose une interprétation différente[3]. L'intention du législateur n'est pas de remettre en cause la jurisprudence qui valide les clauses de renonciation anticipée à la résolution judiciaire dès lors que celles-ci ne portent pas atteinte à la substance du droit ni au droit d'agir en justice.

612. Pouvoir modérateur du juge. L'article 1228 expose le panel des mesures dont dispose le juge saisi d'une demande de résolution : « Le juge peut, selon les circonstances, constater ou prononcer la résolution ou ordonner l'exécution du contrat, en accordant éventuellement un délai au débiteur, ou allouer seulement

---

2016, comm. 3, obs. L. Leveneur. V. D. Bakouche, « L'articulation des résolutions unilatérale et conventionnelle », *JCP* 2014, 414.

1. En ce sens : P. Grosser, *Petites affiches* 4 sept. 2015, n° 77, p. 78 et s. p.
2. Civ. 3, 3 nov. 2011, *Bull. civ.* III, n° 178.
3. *Rapport au Président de la République relatif à l'ordonnance,* Sous-Section IV, Résolution.

des dommages et intérêts». Le juge dispose d'un large pouvoir d'appréciation quant à la gravité des manquements. Le juge n'est pas tenu de prononcer la résolution, même si l'inexécution invoquée par le demandeur est établie[1]. Si la résolution est prononcée, elle procède du jugement de résolution qui est *constitutif*. Le juge dispose de larges pouvoirs pour fixer la prise d'effet de la résolution (v. *infra*, n° 615), ce qui peut dans certains cas présenter un intérêt aux yeux du créancier.

2. Les effets de la résolution

614. Plan. Les effets de la résolution ont été considérablement simplifiés par la réforme du droit des contrats. Pour présenter les effets de la résolution de la façon la plus simple, on envisagera successivement le sort du contrat (A) puis le sort des prestations qui ont été échangées (B).

A. Le sort du contrat

615. Disparition non rétroactive. Auparavant, en application de l'ancien article 1183 du Code civil, la résolution avait pour effet d'anéantir rétroactivement le contrat. Cette règle était critiquée; son fondement était incertain et ses conséquences inopportunes[2]. Désormais le contrat disparaît en principe sans effet rétroactif. L'article 1229 alinéa 2 du Code civil article indique à quel moment le contrat disparaît :

- en cas de mise en œuvre d'une clause résolutoire, la résolution opère «à la date prévue par les parties»; si les parties n'ont rien prévu, la résolution intervient par l'effet de la mise en demeure infructueuse.
- en cas de résolution unilatérale par notification, la résolution intervient à la date de la réception par le débiteur de la notification.
- enfin, en cas de résolution judiciaire, la résolution opère à la date fixée par le juge ou à défaut au jour de l'assignation. Le juge a le pouvoir de faire remonter les effets de la résolution à une date antérieure à l'assignation.

---

1. V. not. Civ. 1, 15 juill. 1999, *Bull. civ.* I, n° 245.
2. L'effet rétroactif de la résolution était essentiellement la conséquence d'une erreur de présentation du Code civil qui rattachait cette technique à la notion de condition résolutoire, laquelle possède un effet rétroactif. Sur les origines historiques de ce rattachement contestable, v. not. J. Ghestin et M. Billiau, *Les effets du contrat*, LGDJ, 3ᵉ éd. 2001, n° 430. V. ég. T. Génicon, *La résolution du contrat pour inexécution*, LGDJ 2007, préf. L. Leveneur, n° 700 et s.

616. Efficacité des clauses contractuelles. La résolution ne produisant pas d'effet rétroactif, les clauses qui sont destinées à régir la fin du contrat peuvent s'appliquer, par exemple la clause pénale, la clause limitative de responsabilité ou encore les clauses de confidentialité et de non-concurrence (clauses de confidentialité (art. 1230 C. civ.). Auparavant, compte tenu de l'effet rétroactif de la résolution, ces clauses étaient en principe anéanties.

B. Le sort des prestations échangées

617. Utilité ou non de l'exécution passée. Lorsque le contrat a fait l'objet d'un commencement d'exécution, il convient de déterminer quel est le sort des prestations qui ont été échangées. La distinction entre les contrats à exécution instantanée et les contrats à exécution successive, qui était peu adaptée et donnait lieu à d'importantes difficultés, est désormais abandonnée. Le nouvel article 1129 alinéa 3 pose un critère pragmatique : il faut distinguer selon que l'exécution passée a été utile ou non.

Si l'exécution passée du contrat a été utile, on ne revient pas sur la période antérieure à l'inexécution. Par exemple, la résolution d'un bail pour non-paiement du loyer n'implique aucune restitution pour la période où le loyer a été payé. L'article 1229 al. 3 prévoit que « dans ce cas, la résolution est qualifiée de résiliation ». Cette disposition est regrettable ; l'absence d'effet rétroactif ne modifie pas la nature du mécanisme de la résolution.

En revanche, si « les prestations échangées ne pouvaient trouver leur utilité que par l'exécution complète du contrat », il y a lieu à restitution. La résolution produit à cet égard un effet rétroactif. Par exemple la résolution de la vente d'une encyclopédie en raison d'une livraison incomplète donne lieu à restitution : l'encyclopédie incomplète n'a aucune utilité.

III. La responsabilité contractuelle

622. Définition de la responsabilité contractuelle. On désigne sous les termes de responsabilité contractuelle le mécanisme imposant au débiteur de réparer le préjudice subi par le créancier du fait de l'inexécution. Le créancier n'obtient pas ce qui était prévu mais une réparation. La responsabilité contractuelle ressemble beaucoup à la responsabilité délictuelle et, sur de nombreux points, les deux responsabilités ont un régime identique[1]. Les règles relatives à la responsabilité contractuelle devraient être modifiées à l'occasion de la réforme prochaine du droit de la responsabilité. On présentera les conditions (1) et la mise en œuvre (2) de la responsabilité contractuelle.

1. Conditions de la responsabilité contractuelle

623. La responsabilité contractuelle a pour fait générateur une inexécution (A). Elle suppose un préjudice (B) et un lien de cause à effet entre l'inexécution et le préjudice (C).

A. L'inexécution

624. La responsabilité contractuelle suppose qu'une inexécution soit établie. Le régime de la preuve est différent selon que l'obligation est de moyens ou de résultat. Il convient de présenter cette distinction (a) avant de montrer comment elle s'applique (b).

a. Exposé de la distinction entre obligation de moyens et obligation de résultat

625. Éléments principaux. L'obligation est dite *de résultat* lorsque le débiteur promet de parvenir à un résultat déterminé. Au contraire l'obligation est dite *de moyens* lorsque le débiteur s'engage à mettre en œuvre tous les moyens dont il dispose pour parvenir au résultat considéré, sans cependant promettre d'y parvenir. Cette distinction binaire présente l'avantage de la simplicité, mais elle ne rend pas compte de la diversité des situations pratiques. La doctrine et la jurisprudence ont affiné (et obscurci) cette distinction en ajoutant des catégories intermédiaires (obligation de résultat allégées, obligations de moyens renforcées). On parle d'obligation de *garantie* lorsque le débiteur répond de la force majeure.

626. Critères de la distinction. La distinction s'opère en fonction de plusieurs critères. On tient compte essentiellement de la volonté des parties (exprimée dans le contrat), du caractère aléatoire ou non du résultat attendu et du rôle actif ou passif du créancier dans l'exécution de l'obligation.

---

1. Pour une critique du concept de responsabilité contractuelle : v. not. D. Tallon, « Pourquoi parler de faute contractuelle ? » *Écrits en l'honneur de G. Cornu*, PUF 1994, p. 429 s. ; « L'inexécution du contrat : pour une autre présentation », *RTD civ.* 1994, p. 223 ; P. Rémy, « Critique du système français de responsabilité civile », *Droit et culture*, 1996, p. 31 ; P. Rémy, « La « responsabilité contractuelle » : histoire d'un faux concept », *RTD civ.* 1997, p. 323 ; P. Le Tourneau, *Droit de la responsabilité et des contrats*, Dalloz, 10e éd. 2014, n° 802 s.

b. Intérêt de la distinction entre obligation de moyens et obligation de résultat

627. Conditions de la responsabilité. Lorsque le débiteur est tenu d'une obligation de moyens, on ne peut engager sa responsabilité qu'à condition de prouver sa faute, c'est-à-dire d'établir qu'il n'a pas mis en œuvre tous les moyens dont il disposait pour parvenir au résultat espéré. Lorsque le débiteur est tenu d'une obligation de résultat, sa responsabilité est engagée dès lors que le résultat promis n'a pas été atteint et sans qu'il soit besoin d'établir une faute de sa part. Le débiteur ne peut s'exonérer de sa responsabilité qu'en prouvant qu'il a été empêché de s'exécuter par la force majeure. Lorsque le débiteur est tenu d'une obligation de garantie, il est responsable même en cas de force majeure[1].

B. Le préjudice

628. La nécessité d'un préjudice. La faute du débiteur ne suffit pas pour engager sa responsabilité. Il faut que cette faute ait causé un préjudice au créancier, qui doit en rapporter la preuve[2].

629. Réparation des seuls dommages prévisibles. Reprenant en substance l'ancien article 1150, l'article 1231-3 prévoit que « le débiteur n'est tenu que des dommages et intérêts qui ont été prévus ou qui pouvaient être prévus lors de la conclusion du contrat, sauf lorsque l'inexécution est due à une faute lourde ou dolosive ». Le contrat étant un instrument de prévision, la réparation est en principe limitée aux seuls dommages qui ont été prévus ou qui étaient prévisibles lors de la conclusion du contrat[3]. C'est là l'une des spécificités majeures de la

---

1. Par exemple, l'obligation de prise en charge et d'assistance des voyageurs incombant à l'agence de voyage (L. 211-15 C. tourisme) est une obligation de garantie ; l'agent de voyages ne peut s'exonérer, même en rapportant la preuve d'un cas de force majeure (éruption volcanique) : Com., 8 mars 2012, *D.* 2102, p. 1304, note C. Lachièze ; *Cont. Conc. Cons.* 2012, comm. n° 145, note L. Leveneur ; CJUE, 31 janv. 2013, C-12/11, *JCP E* 2013, 1300, note C. Lachièze.
2. Civ. 3, 3 déc. 2003, *Bull. civ.* III, n° 221 *; Contrats, conc. consomm.* 2004, n° 38, obs. L. Leveneur ; *JCP* 2004, I, 163, obs. G. Viney *; RTDciv.* 2004, p. 295, obs.P. Jourdain : « des dommages et intérêts ne peuvent être alloués que si le juge, au moment où il statue, constate qu'il est résulté un préjudice de la faute contractuelle ».
3. V. par ex. dans le contrat de transport : Civ. 1, 26 sept. 2012, n° 11-13.177, *D.* 2012. 2305, obs. I. Gallmeister ; *D.* 2012 p. 2649, édito. F. Rome ; *D.* 2013, p. 2432, obs. H. Kenfack ; *RTDcom.* 2012, p. 843, obs. B. Bouloc ; *JT* 2013 n° 149, p. 45, obs. C. Lachièze, le retard du train ayant empêché le voyageur, avocat de profession, d'assister un client ; les juges du fond avaient condamné la SNCF avait été condamné à réparer la totalité des préjudices subis, sans considération du caractère prévisibles ou non (perte d'honoraires, perte de crédibilité) : cassation, au visa de l'art 1150 C. civ. (1231-3).

responsabilité contractuelle par rapport à la responsabilité délictuelle. Par exception, cette limite est écartée pour sanctionner la mauvaise foi ou la faute lourde du contractant défaillant.

C. Le lien de causalité

630. Nécessité du lien de causalité. L'exigence d'un lien de causalité entre le fait générateur et le dommage est une condition générale de la responsabilité civile. Le lien de causalité peut être apprécié selon deux théories : l'« équivalence des conditions », qui tient toutes les causes du dommage pour équivalentes ; la « causalité adéquate », qui conduit à ne retenir que les causes principales et directes. C'est cette seconde théorie que retient l'article 1231-4 du Code civil : « Dans le cas même où l'inexécution du contrat résulte d'une faute lourde ou dolosive, les dommages et intérêts ne comprennent que ce qui est une suite immédiate et directe de l'inexécution. » Ce texte consacre la théorie dite de la « causalité adéquate ».

2. Mise en œuvre de la responsabilité contractuelle

631. On présentera les conditions légales (A) puis les aménagements conventionnels de la responsabilité (B).

A. Conditions légales

632. Mise en demeure. L'article 1231 du Code civil prévoit que « les dommages et intérêts ne sont dus que si le débiteur a préalablement été mis en demeure de s'exécuter dans un délai raisonnable ». La mise en demeure a pour objet de rappeler au débiteur son obligation et d'exprimer la volonté du créancier d'obtenir l'exécution. La mise en demeure doit laisser au débiteur un délai raisonnable pour s'exécuter. Les conditions de forme de la mise en demeure sont présentées à l'article 1344 du Code civil, parmi les dispositions relatives au régime de l'obligation : elle peut résulter d'une sommation (acte d'huissier) ou même d'une simple lettre en termes non équivoques (art. 1344 C. civ.). Par exception, la mise en demeure est inutile lorsque « l'inexécution est définitive » (art. 1231), c'est-à-dire lorsque le manquement contractuel est irréversible (par exemple si l'exécution est impossible ou si le dommage s'est produit).

633. Effet exonératoire de la force majeure. L'article 1231-1 prévoit que « le débiteur est condamné, s'il y a lieu, au paiement de dommages et intérêts soit à raison de l'inexécution de l'obligation, soit à raison du retard dans l'exécution, s'il ne justifie pas que l'exécution a été empêchée par la force majeure ». Pour être exonéré le débiteur doit prouver que l'événement qui a causé le dommage était imprévisible lors de la conclusion du contrat et extérieur à sa volonté et que ses conséquences ne pouvaient être évitées « par des mesures raisonnables » (art. 1218 C. civ.). Prenons un exemple : dans le contrat de transport ferroviaire, l'agression d'un voyageur par un autre au cours du transport est-elle un cas de force majeure ? Tout dépend des circonstances. L'agression commise par un passager ivre et démuni de titre de transport ne constitue pas un cas de force majeure, car elle aurait pu être évitée par des opérations de contrôle[1]. En revanche, l'agression commise de façon soudaine et alors que l'agresseur n'avait pas fait précéder son geste « de la moindre parole ou d'une agitation anormale » constitue un cas de force majeure[2].

634. Fonction des dommages et intérêts. Les dommages et intérêts ont pour objet de compenser le préjudice découlant de l'inexécution ou du retard dans l'exécution. L'article 1231-2 prévoit que « les dommages et intérêts dus au créancier sont, en général, de la perte qu'il a faite et du gain dont il a été privé, sauf les exceptions et modifications ci-après ». L'article 1231-3 limite la réparation au seul dommage prévisible (v. *supra*, n° 629).

B. Aménagements conventionnels

635. Liberté contractuelle. Les parties peuvent par avance prévoir dans leur contrat les conséquences d'une inexécution ou d'une exécution défectueuse. De tels aménagements sont par principe licites en vertu de la liberté contractuelle. On trouve en pratique les clauses les plus diverses. La distinction principale est celle opposant les clauses portant sur les conditions de la responsabilité (a) et les clauses portant sur le montant de la réparation, qui sont dénommées clauses pénales (b).

a. Clauses portant sur les conditions de la responsabilité

636. Diversité. Les clauses portant sur les conditions de la responsabilité sont diverses. Les parties peuvent aggraver la responsabilité du débiteur : c'est le cas par exemple des clauses dites « de garantie », qui lui imposent d'assumer les conséquences d'un cas de force majeure. Ces clauses ne soulèvent généralement pas de difficulté. À l'inverse, les parties peuvent limiter ou éluder la responsabilité du débiteur. Deux techniques peuvent être utilisées. Les parties peuvent alléger

---

1. Civ. 1, 12 déc. 2000, *Bull. civ.* I, n° 323, *D.* 2001, p. 1650, note C. Paulin.
2. Civ. 1, 23 juin 2011, *Bull. civ.* I, n° 123, *D.* 2011, p. 1807, note I. Gallmeister; *JCP* 2011, 1277, note C. Paulin; *RTDciv.* 2011, p. 772, obs. P. Jourdain; *RDC* 2011, p. 1183, note O. Deshayes; *JT* 2012, n° 138, p. 44, obs. C. Lachièze.

l'intensité de l'obligation du débiteur (par exemple en transformant en obligation de moyens une obligation qui est en principe de résultat). Les parties peuvent prévoir que le débiteur ne répond pas de certains dommages : le bailleur peut indiquer qu'il n'assure pas la surveillance du parking loué.

637. Validité et efficacité. Les clauses limitant la responsabilité du débiteur sont en principe valables et efficaces. Cependant, le droit positif apporte de nombreuses exceptions à la validité ou à l'efficacité de ces clauses.

En premier lieu, l'article 1170 du Code civil limite le jeu de ces clauses lorsqu'elles portent sur l'obligation essentielle (v. *supra*, n° 372 s.).

En deuxième lieu, la clause limitative ou exonératoire de responsabilité ne peut s'appliquer lorsque l'inexécution du contrat est imputable au dol du débiteur (article 1231-3 du Code civil).

En troisième lieu, les clauses relatives à la responsabilité ne peuvent concerner les dommages corporels.

En quatrième lieu, les dispositions propres à certains contrats spéciaux réglementent les clauses limitatives de responsabilité. Par exemple dans le contrat d'hôtellerie, l'hôtelier ne peut s'exonérer de sa responsabilité pour les vols ou détériorations des effets de ses clients (art. 1953 C. civ.)[1].

b. Clauses pénales

638. Notion. Les clauses pénales sont celles qui fixent à l'avance de façon forfaitaire le montant des dommages et intérêts qui seront dus en cas d'inexécution[2] (art. 1231-5 C. civ.). La définition de la clause pénale repose sur deux critères : l'évaluation forfaitaire de la somme et le fait que la somme soit attribuée pour sanctionner l'inexécution du contrat à titre de dommages et intérêts (v. art. 1235 alinéa 1er C. civ.). Les clauses pénales assurent une double fonction : une fonction de réparation, puisqu'elles permettent d'éviter les difficultés quant à l'évaluation du préjudice[3] ; et une fonction comminatoire car elles incitent le débiteur à

1. V. C. Lachièze, *Droit du tourisme*, Lexis-Nexis, n° 750 et s.
2. D. Mazeaud, *La notion de clause pénale*, LGDJ 1992.
3. Le bénéficiaire n'est pas tenu de prouver le préjudice : Civ. 3, 20 déc. 2006, *Bull. civ.* III, n° 256, dans une vente d'immeuble en l'état futur d'achèvement, la Cour d'appel avait refusé de faire jouer la cause au motif que la preuve n'était pas rapportée que le retard de 47 jours dans la livraison de la maison ait causé un préjudice aux acquéreurs : cassation au visa de sart. 113 et 1226 C. civ. : « en statuant ainsi, alors que la clause pénale, sanction du manquement d'une partie à ses obligations, s'applique du seul fait de cette inexécution, la cour d'appel a violé les textes susvisés ».

exécuter correctement ses obligations spécialement lorsque le montant prévu est important, renforçant l'effet obligatoire du contrat[1].

639. Validité et efficacité. Les clauses pénales sont en principe valables. Cependant, le droit positif apporte de nombreuses exceptions à la validité ou à l'efficacité de ces clauses.

Ces clauses sont soumises au contrôle de l'abus, dans les contrats d'adhésion (art. 1171 C. civ.), ainsi que dans les contrats de consommation (art. L. 132-1 C. cons.).

Les dispositions propres à certains contrats spéciaux réglementent les clauses pénales. Ces clauses sont parfois prohibées (par exemple C. trav. art. L. 1331-2) ou simplement encadrées par des dispositions spéciales qui prévoient un plafond (v. art. L. 311-30 et L. 312-22 C. consomm., en cas de défaillance du consommateur dans le remboursement de ses crédits) ou un plancher (par ex. dans un contrat de construction : R. 231-14 Code constr. et hab.).

640. Clauses pénales et mécanismes voisins. Les clauses pénales doivent être distinguées de mécanismes voisins. L'indemnité d'immobilisation prévue dans les promesses unilatérales de vente n'est pas une clause pénale car son objet n'est pas de sanctionner le bénéficiaire mais de rémunérer le service rendu par le promettant qui immobilise son bien pendant le délai d'option[2] (v. *supra*, n° 166). Les facultés de dédit[3] ou de résiliation ne sont pas des clauses pénales car elles ne sanctionnent pas une inexécution mais permettent la mise en œuvre d'un droit reconnu à l'une des parties. La qualification de clause pénale est importante car elle entraîne l'application d'un régime juridique spécifique.

641. Révision judiciaire. Reprenant en substance l'ancien article 1152 alinéa 2, l'article 1231-5 alinéa 2 du Code civil prévoit la possibilité pour le juge de réviser la clause pénale, à la hausse comme à la baisse : « le juge peut, même d'office, modérer ou augmenter la pénalité ainsi convenue si elle est manifestement excessive ou dérisoire ». Le texte exige, comme auparavant l'article 1152 alinéa 2, un excès ou une insuffisance manifeste; le juge n'a aucun pouvoir de révision s'il n'y a qu'une simple disproportion entre le préjudice subi et la somme allouée

1. Com., 29 janv. 1991, *Bull. civ.* IV, n° 43 : « attendu que la clause pénale n'a pas pour objet exclusif de réparer les conséquences d'un manquement à la convention mais qu'elle a aussi pour objet de contraindre le débiteur à s'exécuter ».
2. Civ. 3, 5 déc. 1984, *Bull. civ.* III, n° 207; *JCP* 1986, II, 20555, note G. Paisant; *D.* 1985, p. 544, obs. F. Bénac-Schmidt.
3. Civ. 3, 9 janv. 1991, *Bull. civ.* III, n° 19; *D.* 1991, p. 481, note G. Paisant.

au créancier. Le pouvoir de révision ainsi reconnu au juge est limité aux seules clauses pénales ; il ne s'applique pas aux mécanismes voisins. Le juge doit motiver sa décision de réviser la clause pénale, en démontrant le caractère excessif (ou insuffisant) de la clause[1].

642. Mise en œuvre de la clause. L'article 1231-5 alinéa 5 prévoit que sauf inexécution définitive « la pénalité n'est encourue que lorsque le débiteur est mis en demeure ». La mise en demeure a pour objet d'indiquer au débiteur qu'il doit payer sa dette (le mot demeure vient du latin *mora* qui signifie retard). L'exigence d'une mise en demeure se justifie par le souci de protéger le débiteur, en lui laissant une dernière chance de s'exécuter. Aussi la mise en demeure n'est pas nécessaire si l'inexécution est « définitive » c'est-à-dire si l'exécution est impossible. En outre l'article 1231-5 n'est pas impératif : les parties peuvent prévoir que la pénalité est encourue dès l'inexécution, sans qu'une mise en demeure soit nécessaire.

IV. La force majeure

643. « À l'impossible nul n'est tenu ». Lorsque l'inexécution du contrat est due à un cas de force majeure, le débiteur est libéré de ses obligations et exonéré de toute responsabilité. On examinera successivement les caractères (1) et les effets (2) de la force majeure[2].

1. Les caractères de la force majeure

644. Définition propre à la matière contractuelle. L'article 1218 donne une définition de la force majeure propre à la matière contractuelle : « Il y a force majeure en matière contractuelle lorsqu'un événement échappant au contrôle du débiteur, qui ne pouvait être raisonnablement prévu lors de la conclusion

1. Com., 15 nov. 1991, *Bull. civ.* III, n° 274 ; Com., 14 déc. 2010, n° 09-68275, *RTDciv.* 2011, p. 122, obs. B. Fages : « qu'en se déterminant par de tels motifs, sans se fonder sur la disproportion manifeste entre l'importance du préjudice effectivement subi et le montant conventionnellement fixé, la cour d'appel n'a pas donné de base légale à sa décision ».
2. Sur la force majeure, v. not. : P.-H. Antonmattei, *Contribution à l'étude de la force majeure*, LGDJ, 1992, préf. B. Teyssié. V. ég. P. Grosser, *Les remèdes à l'inexécution du contrat*, thèse Paris I, 2000, dir. J. Ghestin. Sur les nouvelles dispositions du Code civil, v. not. M. Mekki, « Les remèdes à l'inexécution dans le projet d'ordonnance portant réforme du droit des obligations », *Gaz. Pal.* 2015, n° 120 p. 37 et s., spéc. n° 4 et s. ; H. Boucard, « Article 1218 : la force majeure contractuelle », *RDC* 2015, p. 779 et s. ; Y.-M. Laithier, « Les règles relatives à l'inexécution du contrat », *JCP* 2015, supplément au n° 21, p. 47.

du contrat et dont les effets ne peuvent être évités par des mesures appropriées, empêche l'exécution de son obligation par le débiteur ».

Ce texte retient trois conditions cumulatives, qu'il convient de présenter successivement.

645. Caractère extérieur. La condition tenant au caractère extérieur de l'événement, qui était autrefois exigée en application de l'article 1147 du Code civil[1], ne disparaît pas contrairement à ce qui est affirmé dans le rapport au président de la République[2] mais elle est présentée sous la forme d'une périphrase[3] : l'article 1218 prévoit en effet la nécessité d'un événement « échappant au contrôle du débiteur ». Un événement échappant au contrôle du débiteur est un événement qui est extérieur à sa volonté, qui échappe à son pouvoir. Il y a là une application de l'idée que la responsabilité est liée au pouvoir. La maladie du débiteur peut constituer un cas de force majeure dès lors qu'elle échappe à son pouvoir[4]. En revanche, le débiteur est responsable des événements qui relèvent de son contrôle : par exemple un entrepreneur ne peut invoquer la défaillance de son matériel, ni le fait de son personnel[5] ou d'un sous-traitant auquel il a confié l'exécution de la prestation.

646. Caractère imprévisible. L'imprévisibilité est une condition de la force majeure en matière contractuelle, même si elle a parfois été contestée. L'article 1218 exige que l'événement « n'ait pu être raisonnablement prévu lors de la formation du contrat ». Lorsqu'un événement était prévisible lors de la formation du contrat, il faut considérer que les parties l'ont intégré dans leurs prévisions. Le débiteur est en faute s'il ne parvient pas à exécuter son obligation. L'adverbe raisonnablement offre aux juges une large faculté d'appréciation. Pourra être considéré comme raisonnablement imprévisible tout événement qui ne pouvait être prévu pour un

1. . L'ancien article 1147 visait « une cause étrangère qui ne peut lui être impliquée ».
2. *Rapport au Président de la République, préc.,* : « Le texte reprend la définition prétorienne de la force majeure en matière contractuelle, délaissant le traditionnel critère d'extériorité, également abandonné par l'assemblée plénière de la Cour de cassation en 2006 (Ass. Plén. 14 avr. 2006, n° 04-18902 et n° 02-11168) ». Nous ne partageons ni l'interprétation qui est faite de l'ordonnance, ni celle qui est faite de la jurisprudence antérieure.
3. G. Loiseau, *Pet. Aff.* 2015, n° 177, p. 78 s.
4. Cass. ass. plén., 14 avr. 2006, n° 02-11.168, *Bull. civ.* 2006, ass. plén., n° 5 ; *Bull. inf. C. cass.* 1er juill. 2006, n° 643, rapp. Petit, avis R. de Gouttes ; *D.* 2006, jurispr. p. 1577, note P. Jourdain ; *D.* 2006, pan. 1933, obs. Ph. Brun et 2645, obs. B. Fauvarque-Cosson ; *JCP* G 2006, II, 10087, note P. Grosser ; *Defrénois* 2006, p. 1212, obs. É. Savaux ; *RDC* 2006, p. 1207, obs. G. Viney ; *Cont. Conc. Cons.* 2006, comm. 152, obs. L. Leveneur ; *Rev. Lamy dr. civ.* 2006/29, n° 2129, note M. Mekki.
5. Civ. 1, 14 déc. 2010, *Bull. civ.* I, n° 198.

contractant du même type, normalement prudent et diligent. L'imprévisibilité s'apprécie en tenant compte des circonstances et des qualités du contractant.

647. Caractère inévitable. Il ne suffit pas que l'événement soit extérieur et imprévisible, encore faut-il que ses conséquences ne puissent « être évitées par des mesures appropriées » (art. 1218 C. civ.). Cette condition s'apprécie au moment de la réalisation de l'événement (et non lors de la conclusion du contrat). Le débiteur doit prendre toutes les mesures appropriées pour éviter le dommage. Un événement imprévisible lors de la conclusion du contrat et irrésistible lors de sa réalisation ne peut être qualifié de force majeure si le débiteur n'a pas mis en œuvre tous les moyens dont il disposait pour éviter le dommage. Par exemple, une prise d'otages imprévisible lors de la conclusion du contrat et irrésistible lors de sa réalisation ne peut être qualifiée de force majeure dès lors que l'agent de voyages aurait pu rapatrier en urgence les voyageurs[1].

648. Typologie des cas de force majeure. Des circonstances très diverses peuvent constituer des cas de force majeure. On les range habituellement en trois catégories : événements naturels (tremblement de terre, cyclone, foudre, inondation...) ; action humaine (fait d'un tiers, ou d'un groupe de personnes : guerre, émeute, attentat, enlèvement...) ; décision prise au nom de l'autorité publique (le « fait du prince[2] »).

649. Clauses de force majeure. Le régime légal de la force majeure n'est que supplétif : les parties peuvent donc l'aménager. Ce caractère supplétif se déduit notamment de l'article 1351 du Code civil qui prévoit que le débiteur peut accepter de prendre à sa charge le risque de la force majeure. Dans les contrats d'affaires, on trouve assez souvent des clauses par lesquelles les parties définissent les événements qu'elles considèrent comme étant constitutifs de force majeure ainsi que les conséquences de ces événements sur les obligations et sur le contrat. Le pouvoir d'appréciation du juge se trouve limité par ce type de clauses : le juge doit simplement déterminer si l'événement prévu dans la clause s'est produit, sans avoir à rechercher si les critères de la force majeure sont remplis[3].

---

1. V. par ex. Paris, 23 janv. 2009, *aff. des ex-otages de l'île de Jolo* : *JCP* G 2009, II, 10083, note C. Lachièze.
2. Par ex. la fermeture administrative des aéroports suite à l'éruption du volcan islandais *Eyjafjöll* en avril 2010.
3. V. par ex. Com., 8 juill. 1988, *Bull. civ.* IV, n° 312.

2. Les effets de la force majeure

650. Plan. Lorsque l'on envisage les effets de la force majeure, on songe habituellement à l'hypothèse où c'est le débiteur empêché de s'exécuter qui invoque la force majeure pour se libérer de son obligation. Mais il peut arriver que la force majeure soit invoquée par le créancier qui se trouve dans l'impossibilité de recevoir la prestation qui lui est due. On envisagera successivement la force majeure invoquée par le débiteur (A) et la force majeure invoquée par le créancier (B).

A. La force majeure invoquée par le débiteur

651. Il convient de distinguer selon que l'impossibilité d'exécution est définitive (a) ou temporaire (b).

a. Empêchement définitif

652. Résolution de plein droit du contrat. Lorsque l'exécution de l'obligation est empêchée de façon définitive, le contrat est résolu « de plein droit » (art. 1218 al. 2). Les parties sont libérées de leurs obligations[1]. S'agissant du créancier de l'obligation inexécutée, les choses sont simples : il n'est pas tenu de payer le prix de cette obligation (la solution était admise auparavant sur le fondement de la théorie des risques[2]). Par exemple, si un contrat de transport aérien ou de voyage à forfait n'est pas exécuté en raison d'un événement de force majeure, les clients ont droit au remboursement du prix payé[3].

653. Libération du débiteur. Selon l'article 1351 du Code civil le débiteur est en principe libéré de ses obligations. Il en va autrement dans deux hypothèses : si le débiteur avait accepté d'assumer le risque de la force majeure (le débiteur est alors tenu d'une obligation de garantie), ou bien s'il avait été mis en demeure de s'exécuter (c'est là une sanction pour le débiteur et une protection du créancier). S'agissant des contrats translatifs de propriété, il faut faire application de la règle selon laquelle c'est le propriétaire qui supporte les risques de la chose (*res perit domino*). Cette règle a été étudiée plus haut (v. *supra*, n° 557). La force majeure

1. Observons qu'il n'en va ainsi que dans la mesure où l'impossibilité d'exécuter est totale. Si elle n'est que partielle, le créancier peut demander l'exécution en sollicitant une réduction du prix en application de l'art. 1223 C. civ.
2. V. par ex. F. Terré, P. Simler et Y. Lequette, n° 666 s.
3. V. not. C. Lachièze, *Droit du tourisme*, Lexis-Nexis 2014, n° 345 et s. ; A. Bénabent, « Les naufragés de l'Eyjafjallajökull », *D.* 2010, p. 1136. – A. Batteur, D. Bazin-Beust et L. Raschel, « L'éruption du volcan Eyjafjöll, un sujet explosif », *JCP* G 2010, n° 707. – C. Lachièze, « Voyages à forfait : Comment gérer l'imprévu ? », *Juristourisme* févr. 2012, n° 139, p. 22 et s

ne libère pas seulement le débiteur de ses obligations; elle a aussi pour effet de l'exonérer de sa responsabilité (v. *supra*, n° 633).

b. Empêchement temporaire

654. Suspension de l'obligation. Lorsque l'empêchement d'exécuter n'est pas définitif mais seulement temporaire, l'exécution de l'obligation est suspendue jusqu'au moment où cet empêchement vient à cesser[1] (art. 1218 al. 2). Dans cette attente, les autres obligations découlant du contrat doivent être exécutées. Cependant le retard peut justifier la résolution du contrat si la prestation ne peut être délivrée utilement à un jour autre que celui déterminé : par ex. la livraison de la robe de la mariée n'a plus d'utilité après la cérémonie.

B. La force majeure invoquée par le créancier

655. Position du problème. Le créancier qui est empêché par un événement présentant les caractères de la force majeure (par ex. la maladie) de recevoir la prestation qui lui est due peut-il invoquer cet événement pour refuser d'exécuter sa propre obligation corrélative? Par exemple : l'élève, qui en raison d'une maladie ne peut suivre les cours auxquels il s'est inscrit, peut-il obtenir le remboursement des frais d'inscription? Autre exemple : le voyageur hospitalisé la veille du départ peut-il obtenir le remboursement du prix du voyage? La jurisprudence est hésitante, certaines décisions admettent[2] et d'autres refusent[3] l'exonération sans que l'on comprenne bien les raisons d'une telle divergence.

656. Solutions proposées. La doctrine est partagée. Certains auteurs considèrent que la force majeure ne produit en pareil cas aucun effet exonératoire[4]. Cette analyse semble *a priori* pouvoir s'autoriser de la lettre de l'article 1218 : la force majeure est exonératoire lorsqu'elle « empêche l'exécution de son obligation par le

---

1. Civ. 1, 24 févr. 1981, n° 79-12.710, *Bull. civ.* I, n° 65; *D.* 1982, p. 479, note D. Martin, «en cas d'impossibilité momentanée d'exécution d'une obligation, le débiteur n'est pas libéré, cette exécution étant seulement suspendue jusqu'au moment où l'impossibilité vient à cesser»; Civ. 3, 22 févr. 2006, *Bull. civ.* III, n° 46; *RTDciv.* 206, p. 64, obs. J. Mestre et B. Fages; *RDC* 2006, p. 763, obs; J.-B. Seube.
2. V. admettant l'exonération pour un élève empêché de suivre les cours : Cass. 1re civ., 10 févr. 1998 : *Bull. civ.* 1998, I, n° 53; *D.* 1998, p. 539, note D. Mazeaud; *JCP* G 1998, II, 10124, note G. Paisant; *JCP* G 1998, I, 155, obs. C. Jamin; *JCP* G 1998, I, 185, ob. G. Viney; *RTD civ.* 1998, p. 689, obs. P. Jourdain; *Contrats, conc. consom.* 1998, comm. 70, obs. L. Leveneur.
3. V., refusant l'exonération pour un voyageur empêché de prendre part au voyage : Cass. 1re civ., 2 oct. 2001 : *Cont. Conc. Cons.* 2002, comm. 24, obs. approb. L. Leveneur.
4. V. en ce sens : L. Leveneur, obs. ss Cass. 1re civ., 2 oct. 2001 : *Contrats, conc. consom.* 2002, comm. 24; P. Couvrat, *Les agences de voyages en droit français*, LGDJ 1967, spéc.p. 115.

débiteur » (et non lorsqu'elle empêche le créancier de bénéficier de sa prestation). Cette analyse conduit à une solution peu satisfaisante : le contractant est tenu de payer le prix d'une prestation dont il est privé, par l'effet d'un cas de force majeure.

Cette analyse nous paraît contestable. L'événement de force majeure qui empêche le créancier de bénéficier de la prestation qui lui est due empêche du même coup le débiteur de s'exécuter. Dès lors que cette inexécution n'est pas imputable au créancier mais à un événement de force majeure, l'article 1218 du Code civil trouve à s'appliquer. Il convient de tirer toutes les conséquences de cet empêchement d'exécution qui est dû à un événement de force majeure : chacune des parties est libérée de ses obligations et le contrat est résolu[1].

---

1. C. Lachièze, *Droit du tourisme*, Litec 2014, spéc. n° 304 s. V. ég. en faveur de cette solution : P. Jourdain : *RTD civ.* 1998, p. 689. C. Grimaldi, *La force majeure invoquée par le créancier dans l'impossibilité d'exercer son droit : D.* 2009, p. 1298. P.-H. Antonmattéi, *Contribution à l'étude de la force majeure*, préf. B. Teyssié, LGDJ, 1992, n° 223.

Sous-titre 3

La révision du contrat

665. Tout contrat qui s'inscrit dans la durée est soumis aux variations qui perturbent son environnement (crises économiques, sociales, monétaires ou autres). Nous envisagerons dans les pages qui suivent la façon dont les contrats sont affectés par la dépréciation monétaire (I) et par le changement de circonstances (II).

I. La dépréciation monétaire

666. Nominalisme. L'article 1343 du Code civil énonce : « Le débiteur d'une somme d'argent se libère par le versement de son montant nominal ». Ce texte consacre la règle du nominalisme monétaire, que la jurisprudence avait imposée en prenant appui sur un texte spécial[1]. Le nominalisme monétaire signifie que le débiteur d'une somme d'argent ne doit que la somme prévue au contrat, et cela même si la valeur de la monnaie a fluctué. Cette règle crée une incertitude car le pouvoir d'achat de la monnaie n'est pas invariable. En période d'érosion monétaire, le nominalisme est défavorable au créancier car la monnaie perd de son pouvoir d'achat au fil du temps[2]. Les parties peuvent corriger les effets de la dépréciation de la monnaie en insérant dans leur contrat des clauses d'indexation.

667. Clauses d'indexation. Les clauses d'indexation (dites également clauses d'échelle mobile) sont celles qui prévoient que le montant de l'obligation monétaire variera automatiquement en fonction d'un indice choisi par les parties.

1. Art. 1895 C. civ., relatif au prêt d'argent : « L'obligation qui résulte d'un prêt d'argent, n'est toujours que de la somme numérique énoncée au contrat ».
2. V. pour un exemple édifiant : Civ. 3, 21 juill. 1999, *Bull. civ.* III, n° 183 ; *JCP* 1999, II, 10223, note A. Bénabent, un bail d'habitation a été conclu en 1951 avec un dépôt de garantie de 2300 francs correspondant alors à trois mois de loyers ; en fin du bail en 1997, le bailleur restitue la somme de 23 francs (soit approximativement le prix de 4 baguettes de pain). Entre temps, était intervenue la dévaluation du franc en 1960.

Ces clauses sont encadrées strictement car les pouvoirs publics redoutent leur effet inflationniste (art. L. 112-1 et s. C. mon. et fin.). Nous examinerons les conditions de validité (1) et les sanctions des conditions de validité (2) des clauses d'indexation.

1. Conditions de validité des clauses d'indexation

668. Encadrement strict. Les articles L. 112-1 et suivants du Code monétaire et financier posent un principe d'interdiction des clauses d'indexation mais prévoient deux séries d'exceptions, pour les dettes d'aliments (A) et pour les autres dettes (B).

A. Dettes d'aliment

669. Indexation libre. L'indexation des dettes d'aliment est libre. Ces dettes permettent au créancier de faire face aux besoins de la vie quotidienne ; il est donc particulièrement nécessaire qu'elles préservent son pouvoir d'achat (art. L. 112-2 al. 2 C. mon. et fin.). Aux dettes d'aliment sont assimilées d'autres dettes, notamment les rentes viagères (art. L. 112-2 al. 3 C. mon. et fin.). Ces dettes peuvent être librement indexées, en particulier sur l'indice général des prix à la consommation.

B. Autres dettes

670. Critère de la « relation directe ». Pour la plupart des dettes, le législateur a prévu des règles strictes afin de limiter l'effet inflationniste des clauses d'indexation. Deux exigences sont posées (art. L. 112-2 C. mon. et fin.). D'une part sont prohibés les indices généraux : il est donc interdit de prendre comme indice le taux d'inflation[1] ou l'indice général des prix[2]. D'autre part l'indice choisi doit être « en relation directe » avec l'objet de la convention ou avec l'activité de l'une des parties » (art L. 112-2 al. 1). La notion d'« objet de la convention » à laquelle se réfère l'article L. 112-2 alinéa 1 est peu explicite. Elle ne correspond pas à l'objet de l'obligation ; elle désigne plutôt l'opération économique à laquelle le contrat contribue. La notion de « relation directe » n'est guère plus éclairante. La jurisprudence témoigne d'une certaine bienveillance. Ainsi il est admis que le

1. Soc., 13 déc. 2006, *Bull. civ.* V, n° 374.
2. Soc., 7 déc. 1983, *Bull. civ.* V, n° 593.

contrat de prêt d'argent destiné à acquérir un bien immobilier peut être indexé sur le coût de la construction[1].

671. Indices imposés par le législateur. Le législateur est intervenu pour déterminer, dans certains contrats, l'indice qui doit être impérativement utilisé. Ainsi dans les baux d'habitation il faut utiliser « l'indice de référence des loyers[2] » ; pour les baux commerciaux il faut utiliser « l'indice des loyers commerciaux[3] ».

2. Sanction des conditions de validité des clauses d'indexation

672. Nullité absolue limitée à la seule clause illicite. La réglementation des clauses d'indexation relevant de l'ordre public économique, les clauses illicites sont frappées de nullité absolue et ne peuvent donc faire l'objet ni de ratification ni de confirmation[4]. Le juge procède alors à une substitution : il substitue à l'indice annulé un indice valable. Autrefois admise sans le support d'aucun texte, la substitution de clause trouve désormais un fondement légal dans l'article 1167 du Code civil.

II. Le changement de circonstances

673. Le contrat est élaboré en considération des circonstances – économiques, juridiques… – existantes au moment de l'échange des consentements. Lorsque ces données changent au point de déséquilibrer profondément le contrat, le contractant désavantagé peut-il demander la révision judiciaire du contrat ? Rompant avec la jurisprudence antérieure qui n'admettait pas la révision judiciaire du contrat[5], la réforme du droit des contrats a introduit un mécanisme de révision judiciaire

1. Civ. 1, 9 janv. 1974, *Bull. civ.* I, n° 14 ; *JCP* 1974, II, 17806, note J.-P. Lévy ; *RTDciv.* 1974, p. 805, note Y. Loussouarn.
2. Art. 17 L. 6 juill. 1989.
3. Art. L. 145-34 C. com.
4. Com. 3 nov. 1988, *Bull. civ.* IV, n° 287 ; *D.* 1989, p. 93, note P. Malaurie ; *RTDciv.* 1989, p. 302, obs. J. Mestre, « en statuant ainsi, alors qu'une telle indexation, prohibée par la loi, atteinte d'une nullité absolue, n'était susceptible ni de confirmation, ni de ratification, la cour d'appel a violé le texte susvisé ».
5. La jurisprudence avait écarté la révision judiciaire du contrat pour changement des circonstances dans l'affaire du *Canal de Craponne* : Civ., 6 mars 1876, *D.* 1876, 1, 193 ; S. 1876, 1, 161 ; *G.A.*, n° 165.

pour changement de circonstances qui figure à l'article 1195 du Code civil[1]. Ce texte énonce :

> « Si un changement de circonstances imprévisible lors de la conclusion du contrat rend l'exécution excessivement onéreuse pour une partie qui n'avait pas accepté d'en assumer le risque, celle-ci peut demander une renégociation du contrat à son cocontractant. Elle continue à exécuter ses obligations durant la renégociation » (al. 1er).

« En cas de refus ou d'échec de la renégociation, les parties peuvent convenir de la résolution du contrat, à la date et aux conditions qu'elles déterminent, ou demander d'un commun accord au juge de procéder à son adaptation. À défaut d'accord dans un délai raisonnable, le juge peut, à la demande d'une partie, réviser le contrat ou y mettre fin, à la date et aux conditions qu'il fixe » (al. 2).

674. Changement de circonstances et force obligatoire. Le dispositif est placé à l'article 1195 dans une Sous-Section II consacrée à la force obligatoire du contrat. Cet emplacement est particulièrement judicieux. La révision du contrat pour changement de circonstances, en effet, est liée au principe de la force obligatoire du contrat. Pour ses adversaires, elle porte atteinte à ce principe : *pacta sunt servanda* (les contrats sont faits pour être respectés). Mais l'argument peut être retourné. Pour ses défenseurs, la révision du contrat pour imprévision participe du principe de la force obligatoire car le contrat comporte la clause implicite *rebus sic stantibus* (pour autant que les choses restent en l'état). Selon Saint-Thomas d'Acquin il n'y a pas infidélité à la parole donnée à ne pas respecter un accord passé dans des circonstances différentes[2]. L'article 1195 du Code civil s'inscrit dans cette philosophie lorsqu'il prévoit que la partie qui sollicite la révision en raison du changement de circonstances « n'avait pas accepté d'en assumer le risque ». Suivant ce texte, la partie qui n'a pas accepté le risque s'est engagée *sous la condition implicite que les choses restent en l'état.* C'est la clause *rebus sic stantibus* qui est ainsi énoncée dans l'article 1195 du Code civil.

675. Changement de circonstances et force majeure. Il existe une certaine proximité entre le changement de circonstances et la force majeure. Ces deux notions permettent de remettre en cause, pour des circonstances extérieures aux

1. Sur ce texte, v. not. P. Stoffel-Munck, « L'imprévision et la réforme des effets du contrat », *RDC* 2016, p. 30.
2. Saint-Thomas d'Acquin, *Somme théologique*, 2/2, Question 1110, art. 3, ad. 5, « pour être obligé de tenir une promesse, il faut que rien n'ait changé ; autrement, on n'a pas été menteur en promettant, puisqu'on l'avait fait sous certaines conditions ; on n'est pas infidèle en ne tenant pas, puisque ces conditions n'existent plus ».

parties, un contrat valablement formé. Ces deux notions feraient-elles double emploi ? Une réponse négative s'impose. Alors que l'irrésistibilité est le critère principal de la force majeure, c'est l'imprévisibilité qui est le critère principal du changement de circonstances.

676. Plan. Le changement de circonstances, dès lors qu'il répond à certaines conditions, peut justifier la révision judiciaire du contrat. L'article 1195 du Code civil définit les conditions (1) et les effets (2) du changement de circonstances.

1. Conditions du changement de circonstances

677. Trois conditions. L'article 1195 subordonne l'ouverture de la procédure de révision à trois conditions. Il faut « un changement de circonstances imprévisible lors de la conclusion du contrat » qui rend « l'exécution excessivement onéreuse » pour « une partie qui n'avait pas accepté d'en assumer le risque ». Examinons ces conditions.

678. Changement de circonstances. L'expression « changement de circonstances » désigne une évolution des données objectives extérieures à la personne qui demande la révision. Le changement doit être indépendant de la volonté du contractant qui demande la révision du contrat. Les circonstances en cause peuvent être de tous ordres (économiques, juridiques[1]...). La condition tenant au changement de circonstances n'est pas sans rappeler la condition d'extériorité dans la force majeure (v. *supra* n° 644). Cependant, elle présente dans la force majeure une intensité plus forte : la force majeure rend impossible l'exécution du contrat, alors que le changement de circonstances la rend simplement plus onéreuse.

679. Imprévisibilité. Lorsque le bouleversement était prévisible, il faut considérer que les parties l'ont intégré dans leurs prévisions. La condition d'imprévisibilité s'apprécie « lors de la conclusion du contrat ». On trouve également la condition d'imprévisibilité dans la force majeure (v. *supra* n° 646), mais elle est appréciée différemment. Dans la force majeure, il suffit que l'événement ait été « raisonnablement imprévisible ». Or dans le changement de circonstances, le texte ne mentionne pas l'adverbe raisonnablement. Le juge est invité à apprécier de façon stricte la condition d'imprévisibilité qui est au cœur de la notion de changement de circonstances.

---

1. V. Nancy, 26 sept. 2007, *D.* 2008, p. 1120, obs. M. Boutonnet; *RDC* 2008, p. 738, obs. D. Mazeaud, l'entrée en vigueur de la réglementation des quotas d'émission de gaz à effet de serre a justifié la décision du juge d'ordonner aux parties de renégocier.

680. Onérosité excessive. L'exécution du contrat doit être « excessivement onéreuse pour une partie » (art. 1195 C. civ.). C'est le critère qui est retenu dans différents droits étrangers (par ex. C. civ. italien, art 1467), ainsi que dans les Principes Unidroit (art. 6-2-3) ou les Principes du droit européen des contrats (art. 6 : 111). L'onérosité est une notion économique : elle est caractérisée lorsque le rapport coût/avantage est négatif. Il faut qu'elle soit « excessive », c'est-à-dire importante. Il y a donc onérosité excessive lorsque le contrat devient une très mauvaise affaire. C'est un critère purement économique qui est ici mis en œuvre. Le critère de l'onérosité excessive devrait en bonne logique s'apprécier objectivement et non subjectivement : il n'y a pas lieu de tenir compte des capacités (financières notamment) du contractant désavantagé[1]. Le dispositif peut s'appliquer pour corriger les effets de la dépréciation monétaire notamment dans le cas où les parties n'auraient pas prévu dans leur contrat une clause d'indexation.

681. Refus d'assumer le risque. L'article 1195 du Code civil n'a qu'un caractère supplétif. Les parties peuvent dès la conclusion du contrat écarter la révision judiciaire pour imprévision. Certains contrats présentent par nature un caractère aléatoire qui exclut toute révision pour imprévision. Par exemple le contrat de « construction à forfait » qui est d'application courante dans le secteur de la construction[2] (art. 1793 C. civ.).

2. Effets du changement de circonstances

682. Absence de suspension du contrat. L'article 1195 alinéa 1 indique clairement que la partie qui demande la révision du contrat « continue à exécuter ses obligations durant la renégociation » (art 1195 al. 1). Le contrat n'est pas suspendu. Ce point est essentiel. Le dispositif de révision a vocation à être mis en œuvre par un contractant en difficulté, qui aura manqué à ses obligations ou sera sur le point de le faire. Or une demande de renégociation ne saurait constituer une excuse pour le contractant lui permettant d'échapper à l'exécution de ses obligations et aux sanctions en cas d'inexécution.

683. Obligation de renégocier? Le contractant désavantagé « peut demander une renégociation du contrat à son cocontractant ». Les parties sont invitées à négocier pour trouver une solution amiable : adapter leur contrat, ou bien « convenir de la résolution du contrat » ou encore « demander d'un commun accord au

1. P. Stoffel-Munck, « L'imprévision et la réforme des effets du contrat », *RDC* 2016, p. 30.
2. V. P. Malaurie, L. Aynès et P. Stoffel-Munck, n° 746. V. M. Lagelée-Heymann, *Le contrat à forfait*, spéc. n° 670 et s.

juge de procéder à son adaptation». L'objectif du texte est d'inviter les parties à négocier mais non de les y obliger.

684. Saisine du juge par l'une des parties. Le texte prévoit ensuite que, «à défaut d'accord dans un délai raisonnable» l'une des parties pourra saisir le juge. S'il décide qu'il y a bien changement de circonstances au sens de l'article 1195, le juge peut «réviser le contrat ou y mettre fin, à la date et aux conditions qu'il fixe». Le juge n'est pas lié par la demande dont il est saisi; il apprécie la mesure la plus appropriée, entre la révision ou la résiliation[1]. Les parties ayant échoué à trouver une solution par elle-même, le juge devient le «maître du contrat». Deux voies s'offrent donc au juge.

685. Révision. Le juge peut choisir de réviser le contrat. L'objectif est de rétablir l'équilibre économique du contrat, éventuellement en modifiant les conditions d'exécution des prestations (délais...), le prix... Ce n'est pas un exercice naturel pour le juge. On peut penser que bien souvent le juge préférera mettre fin au contrat.

686. Résiliation. Plutôt que de réviser le contrat, le juge peut «y mettre fin à la date et aux conditions qu'il fixe». Il peut faire rétroagir la disparition du contrat, pour effacer certains effets passés du contrat. Il peut aussi bien reporter la fin du contrat, afin de laisser un délai aux contractants.

687. Clauses de renégociation. Le dispositif de l'article 1195 du Code civil n'étant pas d'ordre public, les parties peuvent exclure toute possibilité de révision judiciaire. Elles peuvent également, si elles le souhaitent, prévoir dans leur contrat une clause de renégociation (appelée également clause de *hardship*) par laquelle elles s'engagent à renégocier leur contrat en cas de changement de circonstances postérieurement à sa conclusion[2]. Il existe une grande variété de clauses de renégociation. Les moins contraignantes, dénommées «clauses de rencontre», imposent simplement aux parties de débuter des négociations de bonne foi[3]. D'autres sont beaucoup plus élaborées, déterminant de manière précise les conditions de leur déclenchement et le déroulement des négociations.

1. P. Stoffel-Munck, «L'imprévision et la réforme des effets du contrat», *RDC* 2016, p. 30.
2. Sur lesquelles, v. not. W. Dross, *Clausier*, Litec, 2e éd. 2011, *V°* Hardship; Y. Lequette, «De l'efficacité des clauses de *Hardship*», *Liber amicorum Christian Larroumet*, Economina 2010, p. 267 et s.; B. Oppetit, «L'adaptation des contrats internationaux aux changements de circonstances», *JDI* 1974, p. 794 et s.
3. Pour un exemple : Com., 3 oct. 2006, n° 04-13214, *D.* 2007, p. 765, note D. Mazeaud.

Sous-titre 4

La durée du contrat

695. Le Code civil ne comportait pas de dispositions générales relatives à la durée des contrats[1]. La réforme du droit des contrats a comblé cette lacune. Le Code civil comporte désormais une section 3 intitulée « La durée du contrat » composée de six articles (art. 1210 à 1215 C. civ.), qui reprennent dans une large mesure les solutions qui avaient été dégagées auparavant par la jurisprudence. La distinction fondamentale est celle opposant les contrats à durée déterminée et les contrats à durée indéterminée.

696. Plan. On envisagera successivement le régime des contrats à durée déterminée (Chap. 1) puis le régime des contrats à durée indéterminée (Chap. 2), avant de présenter les règles du Code de commerce relatives à la rupture d'une relation commerciale établie (Chap. 3).

1. Sur la question de la durée des contrats, v. not. : J. Azéma, *La durée des contrats successifs*, LGDJ, préf. R. Nerson ; I. Pétel, *Les durées d'efficacité du contrat*, Thèse Montpellier I, 1994 ; F. Colonna d'Istria, *Temps et concepts en droit des obligations, Essai d'analyse méthodologique*, Thèse Aix-Marseille III, 2009 ; A. Etienney, *La durée de la prestation*, préf. T. Revet, LGDJ 2007. J. Hauser, « Temps et liberté dans la théorie de l'acte juridique », *Mélanges J. Ellul*, PUF 1983, p. 503 s. ; R. Libchaber, « Réflexion sur les effets du contrat », *Mélanges offerts à J.-L. Aubert*, Dalloz 2005, p. 226 s. *Durées et contrats*, RDC 2004, n° spécial.

Chapitre 1

Les contrats à durée déterminée

697. Les contrats à durée déterminée sont ceux comportant un terme (art. 1212 C. civ.). On présentera la notion (I) puis le régime (II) des contrats à durée déterminée.

I. La notion de contrat à durée déterminée

698. Notion de terme. Le terme est un événement futur et certain (ce dernier caractère le distingue de la condition) dont la date peut être connue (on parle de terme certain) ou non (on parle de terme incertain). Le terme peut être suspensif ou extinctif. Le terme suspensif permet de retarder les effets du contrat. Par exemple, la vente peut être assortie d'un terme suspensif qui retardant le transfert de propriété et le paiement du prix. Le terme extinctif détermine l'extinction du contrat (ou d'une obligation). La stipulation d'un terme extinctif permet aux parties de prévoir la durée d'exécution de leur contrat : ainsi un contrat peut être conclu pour une durée d'un an (terme certain), ou bien pour le temps d'un chantier (terme incertain). Le terme extinctif est particulièrement utile dans les contrats à exécution successive dont l'exécution donne lieu à des prestations répétées (v. *supra*, n° 127 s.).

699. Fixation du terme. La liberté contractuelle permet aux parties de décider d'insérer ou non un terme extinctif dans leur contrat. Elle leur permet également de fixer librement celui-ci. Cependant la loi restreint dans certains cas la liberté des parties, généralement pour assurer la protection de l'une d'elles. Elle impose parfois une durée minimale : par exemple, l'art. 10 de la loi du 6 juillet 1989 prévoit que les baux d'habitation doivent avoir une durée minimale de 3 ans; l'article L. 145-4 C. com. prévoit que le bail commercial a une durée minimale de 9 ans. D'autres fois la loi prévoit une durée maximale : par exemple, l'art. L. 330-1 C. com. prévoit que les contrats d'approvisionnement exclusif ne peuvent avoir une durée supérieure à 10 ans. D'autres fois encore, la loi interdit de prendre certains événements pour terme extinctif : l'âge du salarié ne peut être pris pour terme dans un contrat de travail (art. 1237-4 C. trav.).

II. Le régime des contrats à durée déterminée

700. Plan. Il faut envisager la situation des parties avant l'arrivée du terme (1) puis à l'arrivée du terme (2).

1. Situation des parties avant l'arrivée du terme

701. Principe. L'article 1212 du Code civil prévoit que « lorsque le contrat est conclu pour une durée déterminée, chaque partie doit l'exécuter jusqu'à son terme ». Pendant la durée prévue, le contrat a force obligatoire et aucune des parties n'a le droit de le rompre unilatéralement. La rupture unilatérale est une faute contractuelle[1].

702. Exceptions. Par exception, la résiliation anticipée est autorisée dans un certain nombre d'hypothèses particulières.

La loi prévoit dans certains contrats une faculté de résiliation unilatérale applicable même si le contrat est à durée déterminée. Par exemple, l'article 1944 du Code civil prévoit que le déposant peut réclamer restitution à tout moment, « lors même que le contrat aurait fixé un terme pour la restitution » ; l'article 12 de la loi du 6 juillet 1989 prévoit que le locataire peut résilier le bail d'habitation à tout moment en respectant un délai de préavis.

Les parties peuvent conclure une convention révocatoire ou bien prévoir dans leur contrat une clause de résiliation permettant à l'une d'elles de mettre fin au contrat de façon unilatérale (v. *supra*, n° 480 et s.). Enfin, l'inexécution du contrat par une partie peut, sous certaines conditions, ouvrir à l'autre une faculté de rupture unilatérale (v. *infra*, n° 594 s.).

2. Situation des parties à l'arrivée du terme

703. À l'arrivée du terme, le contrat s'éteint automatiquement (A). Cependant différents mécanismes peuvent être mis en œuvre afin de faire perdurer la relation contractuelle (B).

---

1. Comment sanctionner cette faute ? Le *maintien forcé du contrat* est théoriquement possible mais en pratique cette sanction ne pourra être mise en œuvre que si l'exécution forcée du contrat peut être ordonnée (ce qui ne sera pas toujours le cas, v *supra*, n° 584 s.), ou bien si le contrat impose seulement un effet de contrainte (par ex. la promesse unilatérale, sur laquelle v. *supra*, n° 178). Le plus souvent donc, la sanction consistera en dommages et intérêts, sur le fondement de la responsabilité contractuelle (v. *supra*, n° 622).

A. *Extinction automatique du contrat*

704. Principe. Le contrat à durée déterminée s'éteint à l'arrivée du terme, et ceci de façon automatique. Chacune des parties est en principe libre de ne pas renouveler le contrat (art. 1212 C. civ.). Cette liberté n'est cependant pas sans limite.

705. Contrôle de l'abus de droit. Le refus de renouveler ne doit pas être abusif. Il y a abus lorsqu'un contractant laisse entendre que le contrat sera renouvelé afin d'inciter le cocontractant à réaliser certains investissements, avant de lui notifier le non-renouvellement[1]. L'abus de droit est sanctionné sur le terrain de la responsabilité civile.

706. Droits spéciaux. Les dispositions propres à certains contrats spéciaux prévoient que le non-renouvellement suppose un certain formalisme. Ainsi dans les baux d'habitation, la loi du 6 juillet 1989 conditionne le non-renouvellement à la délivrance d'un congé ; si le congé n'est pas délivré dans les conditions de forme prévues par la loi, le contrat est renouvelé (art. 10 L. 6 juill. 1989).

B. *Mécanismes permettant de faire perdurer la relation contractuelle*

707. Présentation générale. Trois mécanismes différents permettent de faire perdurer la relation contractuelle au-delà du terme prévu : la prorogation (a), le renouvellement (b) et la tacite reconduction (c).

a. La prorogation

708. Report du terme. La prorogation consiste à modifier le terme initialement prévu en repoussant l'extinction du contrat à une date ultérieure. La prorogation requiert l'accord des parties et elle n'est possible qu'avant l'arrivée du terme (art. 1213 C. civ.). Par l'effet de la prorogation, c'est le même contrat qui se poursuit ; il n'est donc pas nécessaire d'accomplir les formalités requises pour la conclusion du contrat[2]. Le contrat reste soumis à la loi en vigueur au jour où il a été conclu et les sûretés qui en garantissent l'exécution sont maintenues.

---

1. Com. 23 mai 2000, n° 97-10553, *RTD civ.* 2001, p. 137, obs. J. Mestre et B. Fages, le concédant avait laissé entendre qu'il entendait poursuivre la relation contractuelle et sollicité du concessionnaire la participation à une opération publicitaire coûteuse, avant de lui notifier le non-renouvellement.
2. Com. 9 juill. 2002, *Bull. civ.* IV, n° 118 ; *RTD civ.* 2003, p. 498, obs. J. Mestre et B. Fages.

b. Le renouvellement

709. Nouveau contrat. Reprenant la solution qui avait été fixée par la jurisprudence, l'article 1214 alinéa 2 prévoit que « le renouvellement donne naissance à un nouveau contrat dont le contenu est identique au précédent mais dont la durée est indéterminée ». Deux points doivent être relevés.

La création d'un contrat nouveau, qui est inhérent à la notion de renouvellement, a de nombreuses conséquences. Les formalités requises pour la formation du contrat doivent être accomplies (par exemple l'information précontractuelle) ; les sûretés qui garantissaient le contrat précédent disparaissent ; pour les actions en nullité, un nouveau délai de prescription commence à courir. En outre, les lois nouvelles entrées en vigueur postérieurement à la formation du contrat initial sont applicables au contrat nouveau. Ainsi, les contrats renouvelés après le 1er octobre 2016 sont soumis aux dispositions nouvelles du Code civil résultant de l'ordonnance du 10 février 2016.

Le contrat nouveau étant à durée indéterminée, il peut être résilié unilatéralement par chacune des parties.

710. Origine conventionnelle ou légale. Le renouvellement peut résulter de la loi ou de l'accord des parties (art. 1214 alinéa 1er du C. civ.). Dans le droit des contrats spéciaux, différents textes accordent à l'une des parties un droit au renouvellement : par exemple, dans le bail commercial, l'article L. 145-8 du Code de commerce ouvre un droit au renouvellement au profit du locataire. En dehors de ces textes spéciaux, le renouvellement résulte d'un accord des parties. Celles-ci peuvent déterminer librement la durée du contrat nouveau.

711. Clause de renouvellement. Les parties peuvent stipuler, dans leur contrat initial, une clause de tacite renouvellement. Par exemple : « le contrat sera renouvelé d'année en année ». Une telle clause n'a pas pour effet de conférer au contrat un caractère perpétuel, car chacune des parties dispose, à chaque fin de période, du droit de refuser le renouvellement. Dans les contrats de consommation, la loi impose au professionnel une obligation d'information du consommateur afin de permettre à celui-ci d'exercer son droit de refuser le renouvellement[1].

1. V. L. 136-1 C. consomm. Le professionnel doit informer, par écrit, le consommateur de son droit de ne pas reconduire le contrat au moins un mois avant sa date d'échéance (et au plus tôt trois mois avant) ; en cas de non-respect de cette obligation, le consommateur peut résilier le contrat à tout moment et gratuitement, à compter de sa date de reconduction.

c. La tacite reconduction

712. Poursuite du contrat. Lorsque les parties poursuivent l'exécution du contrat après l'arrivée du terme on considère, sauf clause contraire expresse[1], qu'elles entendent reconduire le contrat. Ce mécanisme, qui était auparavant admis par la jurisprudence[2], est désormais doté d'un fondement légal. L'article 1215 C. civ. indique que la tacite reconduction « produit les mêmes effets que le renouvellement » : elle donne donc naissance à un nouveau contrat. Cette solution était admise par la jurisprudence[3], mais elle était parfois contestée car l'expression « tacite reconduction » est ambiguë et pourrait laisser penser qu'il y a poursuite du contrat existant. Désormais, le doute n'est plus permis.

---

1. Com. 3 mai 1979, *Bull. civ.* IV, n° 140 : « les parties avaient expressément exclu la tacite reconduction par une clause de leur contrat ».
2. Com. 6 juill. 1976, *Bull. civ.* IV, n° 231.
3. Civ. 1, 17 juillet 1980, *Bull. civ.* I, n° 220 ; Civ. 1, 18 janv. 1983, *Bull. civ.* I, n° 21 ; Com., 13 mars 1990, *Bull. civ.* IV, n° 77 ; *RTD civ.* 1990, p. 464, obs. J. Mestre ; Civ. 3, 1er avr. et 10 juin 1998, *Bull. civ.* III, n° 80 et 119.

Chapitre 2

Les contrats à durée indéterminée

713. Le contrat à durée indéterminée est celui qui ne comporte aucun terme extinctif. Dans ce type de contrat, chacune des parties dispose d'un droit de résiliation unilatérale. On examinera successivement le droit de résiliation unilatérale (1) puis les conditions d'exercice de ce droit (2).

I. Le droit de résiliation unilatérale

714. Fondement : prohibition des engagements perpétuels. L'article 1211 du Code civil prévoit que « lorsque le contrat est conclu pour une durée indéterminée, chaque partie peut y mettre fin à tout moment ». Cette disposition d'ordre public est un corollaire de la prohibition des engagements perpétuels (art. 1210 C. civ.), laquelle est un principe à valeur constitutionnelle[1]. En effet, en l'absence d'un tel droit de résiliation, le contrat à durée déterminée encourrait le grief de perpétuité.

715. Domaine. Le droit de résiliation s'applique non seulement aux contrats à durée indéterminée mais aussi aux contrats conclus pour une durée qui est déterminée mais excessivement longue au regard de la vie humaine[2] ou de la vie professionnelle[3]. Le droit de résiliation unilatérale des contrats à durée indéterminée ne souffre pas de dérogation. Certaines dispositions particulières encadrent

1. Cons. const. 9 nov. 1999, n° 99-419 DC ; *RTD civ.* 2000, p. 109, obs. J. Mestre et B. Fages ; *D.* 2000, somm. p. 424, obs. S. Garneri ; *JCP* 2000, I, 261, n° 15 s., obs. B. Mathieu et M. Verpeaux : « si le contrat est la loi commune des parties, la liberté qui découle de l'article 4 de la Déclaration des droits de l'homme et du citoyen de 1789 justifie qu'un contrat de droit privé à durée indéterminée puisse être rompu unilatéralement par l'un ou l'autre des contractants ».
2. Civ. 1, 19 mars 2002, n° 99-21209 ; *RTD civ.* 2002, p. 510, obs. J. Mestre et B. Fages.
3. S'agissant de l'engagement des associés coopérateurs envers une société coopérative, est excessive une durée de 50 (Civ. 1, 31 janv. 1989, *Bull. civ.* I, n° 53 ; *JCP* 1989, II, 21294, note J.-J. Barbiéri) ; mais une durée de 30 ans est admise (Civ. 1, 30 mai 1995, *Bull. civ.* I, n° 231). Est excessif l'engagement d'un médecin libéral envers une clinique pour « la durée de la société » – en l'espèce, 99 ans (Civ. 1, 19 mars 2002, n° 99-21209, *RTDciv.* 2002, p. 510, obs. J. Mestre et B. Fages) ; mais un engagement d'une durée de 25 ans est admis (Civ. 1, 20 mai 2003, *Bull. civ.* I, n° 124).

l'exercice de ce droit, mais sans le remettre en cause. Par exemple, dans le contrat de travail, le législateur réglemente minutieusement la résiliation par le salarié (démission) et la résiliation par l'employeur (licenciement). Ces dispositions spéciales encadrant (mais encore une fois sans l'exclure) le droit de résiliation unilatérale dérogent, dans leur domaine particulier, aux règles générales que l'on va étudier ci-après[1].

II. L'exercice du droit de résiliation unilatérale

716. Préavis. L'article 1211 du Code civil prévoit que la résiliation unilatérale doit « respecter le délai de préavis contractuellement prévu ou, à défaut, un délai raisonnable ». Le texte ne précise pas la sanction applicable en cas de non-respect du préavis. La sanction doit être recherchée sur le terrain de la responsabilité civile : le contractant qui rompt le contrat sans respecter un délai raisonnable engage sa responsabilité et doit réparer le préjudice causé par la brutalité de la rupture. Bien que le texte ne le prévoit pas, on peut penser que certaines circonstances peuvent justifier une rupture sans préavis, comme l'avait admis la Cour de cassation[2].

717. Abus de droit. La rupture unilatérale ne doit pas être mise en œuvre de façon abusive. Auparavant, la jurisprudence qualifiait d'abusive la rupture brusque, opérée sans respecter un délai de préavis suffisant[3]. L'exigence d'un préavis étant désormais posée par l'article 1211 du Code civil, la théorie de l'abus de droit a perdu une large part de son intérêt en la matière. Elle n'est cependant pas totalement désactivée. En effet, même lorsque l'exigence relative au préavis a été respectée, les circonstances qui ont entouré la rupture peuvent permettre de caractériser un abus de droit. Dans les contrats de la distribution, il y a abus de droit lorsque l'auteur de la rupture a laissé croire à son partenaire qu'il entendait poursuivre la relation commerciale, exigeant des investissements de la part de celui-ci[4]. En revanche, l'absence de motivation ne rend pas la rupture abusive[5].

---

1. Art. 1105 al. 3 C. civ.
2. Civ. 1, 11 mars 2014, n° 12-29876; *RDC* 2014, p. 355, obs. Y. M. Laithier.
3. À cette fin, l'abus de droit était entendu largement : Com., 3 juin 1997, *Bull. civ.* IV, n° 171 ; *D.* 1998, somm. p. 113, obs. P. Delebecque, « l'abus dans la résiliation d'une convention ne résulte pas exclusivement de la volonté de nuire de celui qui résilie ».
4. Com., 28 févr. 1995, *Bull. civ.* IV, n° 63 ; *D.* 1995, somm. p. 64, obs. D. Ferrier; *RTD civ.* 1995, p. 85. V. ég. Com., 13 mars 2001, n° 98-19260 ; *Contrats, conc. consom.* 2001, n° 100 ; Com., 5 oct. 2004, *Bull. civ.* IV, n° 181 ; *RTD civ.* 2005, p. 121, obs. J. Mestre et B. Fages.
5. Jurisprudence constante : Com. 15 déc. 1969, *Bull. civ.* IV, n° 384, *JCP* 1970, II, 16391, note J.H. ; Com 21 févr. 2006, *Bull. civ.* I, n° 82 ; *RTDciv.* 2006, p. 314, obs. J. Mestre et B. Fages; *RDC* 2006,

Chapitre 3

La rupture d'une relation commerciale établie

718. Un régime exorbitant du droit commun. L'article L. 442-6-I 5° du Code de commerce[1] énonce : « Engage la responsabilité de son auteur [...] le fait de [...] rompre brutalement, même partiellement, une relation commerciale établie, sans préavis écrit tenant compte de la durée de la relation commerciale et respectant la durée minimale de préavis déterminée, en référence aux usages du commerce, par des accords interprofessionnels ».

Ce texte peut être mis en œuvre très largement, pour toute relation professionnelle entre des personnes ayant la qualité de producteur, commerçant, industriel ou artisan. Il occupe une place importante dans le contentieux de la cession des relations d'affaires[2]. La notion de relation commerciale, comme celle de rupture brutale déroge au droit commun des contrats.

719. Notion de relation commerciale établie. La notion de « relation commerciale établie » englobe toute relation d'affaires présentant un caractère suivi et stable. Cette relation suivie et librement voulue est créatrice d'une obligation

---

p. 704, obs D. Mazeaud; *Contrats, conc. cons.* 2006, n° 99, obs. L. Leveneur. Com. 26 janv. 2010, *Bull. civ.* IV, n° 18, *JCP* 2010, 516, obs.P. Grosser; v. ég. Cons. const. 30 mars 2006, n° 2006-535, DC; *RTDciv.* 2006, p. 314, obs. J. Mestre et B. Fages. *Contra*, favorable à une telle obligation : M. Fabre-Magnan, « L'obligation de motivation en droit des contrats », *Mélanges Ghestin*, LGDJ, 2001, p. 301; M. Fabre-Magnan, « Obligation de motivation et droit des contrats », *RDC* 2004, p. 255.

1. C. com. Livre IV, titre IV, Chap. II « Pratiques restrictives de concurrence », art. L. 442-1 à L. 442-10.
2. Sur ce dispositif, v. not. M. Chagny, *Droit de la concurrence et droit commun des obligations*, Dalloz, Nouvelle bibliothèque de thèses, 2004; A. de Brosses et A. Juaristi, « La rupture fautive des relations commerciales établies », *Dr. et pat.* juin 2003, p. 50 s.; M. Thill-Tayara et F. Herrenschmidt, « La rupture de relations commerciales établies, un exercice périlleux », *Lamy droit des affaires*, sept. 2003, p. 5; C. Lachièze, « La rupture des relations commerciales à la croisée du droit commun et du droit de la concurrence », *JCP E* 2004, 1815; B. Saintourens, « La notion de rupture brutale de la relation commerciale », *Cah. Dr. de l'entreprise*, n° 1, 2014, Dossier 3.

(respecter un préavis en cas de rupture). Pourtant elle ne constitue pas un contrat[1]. Elle se rattache à la catégorie des faits juridiques définis comme des « agissements ou des évènements auxquels la loi attache des effets de droit » (art. 1100-2 C. civ.). Celui qui veut se prévaloir de l'existence d'une relation commerciale établie doit prouver qu'il « pouvait raisonnablement anticiper pour l'avenir une certaine continuité du flux d'affaires avec son partenaire commercial[2] ». La preuve est libre.

720. Notion de rupture brutale. La rupture brutale est celle qui est opérée sans préavis écrit d'une durée suffisante. La durée du préavis à respecter est déterminée essentiellement en tenant compte de la durée de la relation. Lorsque la relation est inscrite dans un contrat, celui-ci prévoit généralement les conditions de sa cessation et notamment la durée du préavis à respecter. Quelle est l'incidence du préavis contractuel ? La jurisprudence n'en tient semble-t-il pas compte. La Cour de cassation décide que les juges peuvent s'écarter du préavis contractuel, non seulement pour l'augmenter[3] mais aussi pour le réduire[4]. L'article L. 442-6-I du Code de commerce permet aux juges de ne faire aucun cas des prévisions contractuelles.

721. La sanction. La sanction de la rupture brutale consiste en des dommages et intérêts, sur le fondement de la responsabilité civile délictuelle[5]. Les dommages et intérêts sont évalués en tenant compte des bénéfices que la victime aurait pu retirer de la relation commerciale pendant la durée du préavis qui aurait dû être respectée[6].

1. Com., 15 sept. 2009, *D.* 2009, p. 295, obs. E. Chevrier ; Com. 18 janv. 2011, *Bull. civ.* IV, n° 9 ; *D.* 2011, Actu p. 366, obs. X. Delpech.
2. *Cour de cassation, Rapport annuel 2008, p. 307.* Com., 20 nov. 2012, n° 11-22660 ; *JCP E* 2013, 1092, note N. Mathey, la relation commerciale n'est pas considérée comme établie car le demandeur « ne pouvait raisonnablement anticiper une continuité de la relation commerciale pour l'avenir ».
3. Com., 12 mai 2004, *Bull. civ.* 2004, IV, n° 86 ; D. 2005, p. 148, obs. D. Ferrier ; *RDC* 2004 p. 943, obs. P. Stoffel-Munch ; *JCP E* 2004, 1477, note C. Lachièze. Com., 20 mai 2014, *Bull. civ.* IV, n° 89 ; *JCP E* 2014, 1381, note N. Mathey.
4. Com., 22 oct. 2013, *Bull. civ.* IV, n° 156 ; *Contrats, conc. consom.* 2013, comm. 266 obs. N. Mathey ; *RTDciv.* 2013, p. 118 obs. crit. B. Fages.
5. Com., 15 sept. 2009, préc. ; Com., 18 janv. 2011, préc.
6. Com., 3 déc. 2002, pourvoi n° 99-19822.

Titre 2

L'effet relatif du contrat

723. Présentation. L'article 1199 du Code civil pose le principe de l'effet relatif du contrat dans les termes suivants : « Le contrat ne crée d'obligations qu'entre les parties. Les tiers ne peuvent ni demander l'exécution du contrat ni se voir contraints de l'exécuter, sous réserve des dispositions de la présente section et de celles du chapitre III du titre IV[1] ». Le principe de l'effet relatif du contrat signifie d'une part que le contrat n'a aucun effet obligatoire à l'égard des tiers et d'autre part que ceux-ci sont tenus de respecter la situation juridique créée par le contrat. Mais ce principe connaît de nombreuses atténuations et même de véritables exceptions.

724. Plan. On examinera successivement la portée du principe de l'effet relatif (Chap. 1) puis les atténuations et dérogations qui lui sont apportées (Chap. 2).

1. Le chapitre III du titre IV concerne notamment l'action paulienne et l'action oblique, sur lesquelles v. *infra*, n° 750 et 751.

Chapitre 1

La portée du principe de l'effet relatif

725. Le principe de l'effet relatif signifie que le contrat n'est obligatoire qu'à l'égard des parties contractantes ; il ne s'impose pas aux tiers. Ce principe est un corollaire de la théorie de l'autonomie de la volonté, qui ne permet pas qu'une personne soit liée à un contrat sans l'avoir voulu. Pour faire application de ce principe, il convient de déterminer qui sont les parties (I) et qui sont les tiers (II).

I. Les parties

726. Les parties se définissent essentiellement lors de la formation du contrat (1). Par exception, la qualité de partie peut être acquise postérieurement à la formation du contrat (2).

1. Les parties à la formation du contrat

727. Notion de partie. Le mot partie vient du verbe « partir », au sens de partager, prendre part[1]. Les parties sont les personnes qui ont *pris part à la formation du contrat, soit directement soit par représentation, avec la volonté d'être liées par ses effets.* Les personnes qui interviennent lors de la formation de l'acte mais ne manifestent pas la volonté d'être liées par ses effets ne sont pas des parties (par ex. le rédacteur de l'acte). Le plus souvent le contrat comporte deux parties, mais il peut en comporter davantage.

728. Partie plurale. Une partie contractante est généralement constituée par une seule personne. Mais elle peut être constituée de plusieurs personnes qui se sont engagées *conjointement avec la volonté d'être pareillement liées*. On parle alors de partie plurale. Un tel contrat est qualifié de contrat conjonctif[2] (on dit également

1. Le Petit Robert, V° Partir, 2.
2. R. Cabrillac, *L'acte juridique conjonctif*, préf. P. Catala, LGDJ, 1990.

co-contrat). Ainsi les co-entrepreneurs s'engagent ensemble à réaliser un ouvrage; les co-fidéjusseurs se portent cautions d'un même débiteur pour une même dette.

2. Les parties postérieurement à la formation du contrat

729. Tiers devenu partie. Après la formation du contrat, certaines personnes perdent la qualité de tiers pour devenir partie au contrat. Ce sont les ayants cause à titre universel de l'une des parties (A) et les cessionnaires du contrat (B).

A. Ayants cause à titre universel de l'une des parties

730. Principe. Les ayants cause à titre universel sont les personnes ayant vocation à recueillir tout ou partie du patrimoine d'une autre personne, défunte ou dissoute (s'il s'agit d'une personne morale). Les ayants cause à titre universel prennent la suite de leur auteur dans les contrats conclus par celui-ci. Ils prennent la qualité de partie après la formation du contrat.

731. Exceptions. Le principe de transmission des contrats aux ayants cause à titre universel connaît deux exceptions. Le contrat peut prévoir qu'il n'est pas transmissible aux ayants cause à titre universel. Les contrats *intuitu personae* prennent fin au décès du contractant dont la personnalité était déterminante du contrat.

B. Cessionnaires du contrat

732. Cession de contrat[1]. La cession de contrat était depuis longtemps prévue et réglementée par des dispositions législatives spéciales propres à certains contrats[2]. Mais elle n'était pas réglementée par le droit commun des contrats. La réforme du droit des contrats a comblé cette lacune. Elle a introduit dans le droit commun des contrats des dispositions générales concernant la cession de contrat (art. 1216

1. *Ouvrages* : L. Aynès, *La cession de contrat et les opérations juridiques à trois personnes*, préf. P. Malaurie, Economica, 1984; E. Jeuland, *Essai sur la substitution de personne dans un rapport d'obligation*, LGDJ 1996; C. Lachièze, *Le régime des exceptions dans les opérations juridiques à trois personnes*, préf. J. Hauser, éd. La Mouette, 2001. *Articles* : P. Malaurie, «La cession de contrat», *Def.* 1976, art. 31194; M. Billiau, «Cession de contrat ou "délégation" de contrat? », *JCP* 1994, I, n° 3758; L. Aynès, «Cession de contrat : nouvelles précisions sur le rôle du cédé», *D.* 1998, p. 25; E. Jeuland, «Proposition de distinction entre la cession de contrat et la substitution de personnes», *D.* 1998, p. 356; C. Lachièze, «L'autonomie de la cession de contrat», *D.* 2000, chron. p. 185; C. Lachièze, «La cession de contrat, entre objectivisme et subjectivisme», *Mélanges Jean Hauser*, Lexis-Nexis Dalloz 2012, p. 867 et s. E. Jeuland, *Rép. Civ. Dalloz*, V° Cession de contrat.
2. Les cessions de contrat prévues par des dispositions spéciales sont très diverses; pour une présentation v. not. E. Jeuland, *Rép. Civ. Dalloz*, préc.

à 1216-3 C. civ.)[1]. Ces dispositions générales s'écartent devant les dispositions spéciales contraires (art. 1105 al. 3 C. civ.). On présentera la notion de cession de contrat (a) puis ses conditions (c) et enfin ses effets (c).

a. La notion de cession de contrat

733. Cession de la qualité de partie. L'article 1216 définit la cession de contrat comme l'opération permettant à un contractant de « céder sa qualité de partie au contrat à un tiers ». Deux points méritent d'être relevés. En premier lieu, la cession de contrat n'est pas la simple adjonction d'une cession de créance et d'une cession de dette ; elle a pour objet la « qualité de partie au contrat » ou, pour le dire autrement, la *position contractuelle*. En second lieu, la cession de contrat n'implique pas la formation d'un contrat nouveau comme le soutenait certains auteurs[2] ; elle produit véritablement le transfert du contrat. La cession de contrat permet le *remplacement d'une partie par un tiers sans rupture ni modification du contrat.*

La consécration de la cession de contrat dans le droit commun des contrats est le reflet d'une évolution de la notion même de contrat. Le contrat n'est plus seulement appréhendé comme une source d'obligations ; il est appréhendé comme un objet de droit, c'est-à-dire comme une chose[3]. Cependant, le contrat n'est pas une chose comme les autres. Les conditions de la cession de contrat en témoignent.

b. Les conditions de la cession de contrat

734. Conditions de fond. L'article 1216 du Code civil prévoit que la cession de contrat suppose l'« accord » du contractant cédé. Cette exigence a une portée générale : peu importe que le contrat soit conclu *intuitu personae* ou non. Est ainsi condamnée la thèse selon laquelle le contrat serait par principe (sauf *intuitu personae*) cessible librement sans l'accord du cédé[4].

L'accord du cédé peut être donné au moment de la cession ou bien par avance, dans une clause du contrat cédé notamment[5]. Dans ce second cas « la cession produit effet à l'égard du cédé lorsque le contrat conclu entre le cédant et le cessionnaire lui est notifié ou lorsqu'il en prend acte » (art. 1216).

---

1. Chapitre IV : « Les effets du contrat » ; Section 4 « La cession de contrat ». Sur ces dispositions, v. not. L. Aynès, « La cession de contrat », *Dr. et pat.* 2016 n° 260.
2. M. Billiau, « Cession de contrat ou "délégation" de contrat ? », *JCP* 1994, I, n° 3758 ; J. Ghestin, C. Jamin et M. Billiau, spéc. n° 1051 à 1053.
3. C. Lachièze, « La cession de contrat, entre objectivisme et subjectivisme », préc.
4. V. L. Aynès, *La cession de contrat et les opérations juridiques à trois personnes*, préc., spéc. n° 73 s.
5. De telles clauses, dénommées « clause de substitution », sont fréquentes dans certains contrats (par ex. dans les promesses de vente d'immeubles).

Le texte n'indique pas clairement quelle est la portée de l'« accord » qui est exigé du cédé : s'agit-il d'un consentement ou d'une simple autorisation[1] ? L'enjeu est de taille : un refus d'autorisation peut être contrôlé et levé par le juge à la manière d'un refus d'agrément ; au contraire le refus de consentir est en principe discrétionnaire (art 1102 C. civ.). Antérieurement à la réforme la jurisprudence exigeait un consentement[2].

735. Condition de forme. L'article 1216 alinéa 3 du Code civil prévoit que « la cession de contrat doit être constatée par écrit, à peine de nullité ». La cession de contrat est donc un contrat solennel.

c. Les effets de la cession de contrat

736. Opération triangulaire. La cession de contrat a pour effet de modifier la situation juridique des trois intéressés. Elle est une opération juridique à trois personnes[3]. On envisagera ses effets à l'égard de chacun des intéressés.

737. Effet à l'égard du cédant. Le cédant perd la qualité de partie au contrat, mais il n'est pas libéré pour autant envers le cédé. Il demeure en principe « tenu solidairement à l'exécution du contrat » aux côtés du cessionnaire (art. 1216-1 al. 2). Le cédant n'est libéré que si le cédé « y a expressément consenti » (art. 1216-1 al. 1er). Il faut, pour libérer le cédant, un consentement spécial du cédé et ce consentement doit être express. La situation du cédant a des conséquences sur le sort des sûretés qui garantissaient l'exécution de ses obligations : dans l'hypothèse où le cédant n'est pas libéré « les sûretés qui ont pu être consenties subsistent » ; en revanche « dans le cas contraire, les sûretés consenties par des tiers ne subsistent qu'avec leur accord » (art. 1216-3 al. 1er C. civ.).

738. Effets à l'égard du cessionnaire. Le cessionnaire acquiert la qualité de partie au contrat à compter de la cession. Il succède au cédant pour l'avenir seulement. Le cessionnaire ne reprend pas les droits et obligations déjà nés sur la tête du

---

1. En faveur de la qualification d'autorisation : P. Stoffel-Munck, « L'imprévision et la réforme des effets du contrat, *RDC* 2016, p. 30 ; L. Aynès, « La cession de contrat » Dr. et pat. 2016, préc.
2. Com., 6 mai 1997, *Bull. civ.* IV, n° 117 et 118 ; *D.* 1997, note M. Billiau et C. Jamin ; *RTD civ.* 1997, p. 936, obs. J. Mestre.
3. Au contraire de l'acte juridique bilatéral, certaines opérations mettent en cause trois personnes *dont chacune est placée dans une situation différente de celle des deux autres* : ce sont les « opérations juridiques à trois personnes », ou opérations triangulaires. Sur ces opérations, v. : C. Larroumet, *Les opérations juridiques à trois personnes*, thèse Bordeaux, 1968 ; L. Aynès, *La cession de contrat et les opérations juridiques à trois personnes*, préc. ; J. François, *Les opérations juridiques triangulaires attributives*, thèse Paris II, 1994 ; C. Lachièze, *Le régime des exceptions dans les opérations juridiques à trois personnes*, préc.

cédant, sauf stipulation contraire. L'article 1216-2 alinéa 1er du Code civil prévoit que le cessionnaire « peut opposer au cédé les exceptions inhérentes à la dette, telles que la nullité, l'exception d'inexécution, la résolution ou la compensation de dettes connexes ». En revanche « il ne peut lui opposer les exceptions personnelles au cédant ». Ces solutions sont sont conformes à la jurisprudence antérieure. La notion « d'exception personnelle » donne lieu parfois à des hésitations.

739. Effet à l'égard du cédé. Le cédé va poursuivre l'exécution du contrat avec un nouveau cocontractant (le cessionnaire). Il va devenir, pour l'avenir, créancier et débiteur du cessionnaire. L'article 1216-2 alinéa 2 prévoit que le cédé peut « opposer au cessionnaire toutes les exceptions qu'il aurait pu opposer au cédant ». La règle doit sans doute être nuancée.

II. Les tiers

741. Hétérogénéité. La catégorie des tiers est une catégorie ouverte qui se définit de façon négative : sont des tiers toutes les personnes qui n'ont pas la qualité de partie[1]. La catégorie des tiers est hétérogène, car tous les tiers ne sont pas dans la même situation[2]. On peut distinguer trois principales catégories de tiers : les tiers absolus (1), les créanciers chirographaires (2) et les ayants cause à titre particulier (3).

1. Les tiers absolus

742. Notion de tiers absolus. Les tiers absolus, ou *penitus extranei*, sont totalement *étrangers au contrat*. Le contrat ne produit pas d'effet obligatoire à l'égard des tiers absolus ; il leur est seulement opposable (A) et, réciproquement, il est opposable par eux comme un fait juridique (B).

A. Opposabilité du contrat aux tiers absolus

743. Exposé du principe. Le contrat est opposable par les parties aux tiers. La portée de cette règle doit être bien comprise. Il ne s'agit pas de rendre un tiers débiteur par l'effet d'un contrat auquel il n'est pas partie, mais seulement d'imposer aux tiers de « respecter la situation juridique créée par le contrat »

1. P. Delmas Saint-Hilaire, *Le tiers à l'acte juridique*, LGDJ 2000, préf. J. Hauser.
2. Ce constat a conduit certains auteurs à mettre en doute l'existence d'un principe général d'opposabilité du contrat aux tiers : v. R. Wintgen, *Étude critique de la notion d'opposabilité*, LGDJ 2004, préf. J. Ghestin.

comme le prévoit l'article 1200 du Code civil. Le contrat est opposable aux tiers comme un fait juridique. L'opposabilité du contrat aux tiers est « le complément indispensable de la force obligatoire du contrat[1] ». Le contrat qui ne serait pas opposable aux tiers pourrait être remis en cause par ceux-ci ; il n'établirait entre les parties qu'une situation fragile.

744. Tiers complice de la violation du contrat. Les tiers ne doivent pas faire obstacle à l'exécution du contrat. Le tiers qui, *en connaissance de cause*, aide une partie à transgresser son engagement se rend *complice* de la violation contractuelle ; il commet une faute qui engage sa responsabilité délictuelle à l'égard du contractant victime de l'inexécution. C'est le cas notamment lorsqu'un tiers, en concluant un contrat avec une partie, empêche celle-ci d'exécuter son contrat[2]. Les engagements de non-concurrence prévus dans les contrats de travail ou les ventes de fonds de commerce peuvent donner lieu à ce type de faute. Ainsi celui qui embauche un salarié en sachant que celui-ci est lié par une clause de non-concurrence envers son précédent employeur se rend complice de la violation de cette clause.

B. Opposabilité du contrat par les tiers absolus

745. Les tiers peuvent invoquer le contrat comme un élément de preuve (a). Lorsque les parties ont tenté de dissimuler le contrat sous un acte apparent, les tiers peuvent opposer aux parties l'acte secret ou l'acte apparent (b). Enfin, la jurisprudence admet que la faute contractuelle qui cause un dommage à un tiers engage la responsabilité délictuelle du contractant (c).

a. Preuve

746. Une « banque de données pour les tiers ». L'article 1200, alinéa 2, du Code civil prévoit que les tiers au contrat « peuvent s'en prévaloir notamment pour apporter la preuve d'un fait ». Il ne s'agit pas pour les tiers de faire valoir le contrat en tant qu'acte juridique créateur d'obligations, mais simplement de l'invoquer comme un fait juridique, à titre de preuve. Par exemple, le preneur à bail peut invoquer un contrat entre son bailleur et un précédent preneur à bail

---

1. J. Ghestin, C. Jamin et M. Billiau, n° 724.
2. Com., 11 oct. 1971, *Bull. civ.* IV, n° 237 ; *D.* 1972, p. 120, « toute personne qui, avec connaissance, aide autrui à enfreindre les obligations contractuelles pesant sur lui, commet une faute délictuelle à l'égard de la victime de l'infraction ». V. ég. Civ. 1, 26 janv. 1999, *Bull. civ.* I, n° 32 ; *D.* 1999, p. 263, obs. P. Delebecque ; *RTDciv.* 1999, p. 405, obs. P. Jourdain ; *RTDciv.* 1999, p. 625, obs. J. Mestre, le tiers avait empêché l'exécution d'une obligation de non-concurrence contenue dans un contrat de cession de clientèle.

pour renverser la présomption selon laquelle il est censé avoir reçu la chose en bon état de réparations locatives[1].

b. Simulation

747. Hypothèses. Il y a simulation lorsque les parties conviennent de dissimuler leur accord véritable derrière un acte apparent et factice. À la *contre-lettre*, qui est l'expression de la volonté véritable des parties, s'oppose l'*acte ostensible* (on parle également d'acte apparent ou simulé). La simulation peut porter sur l'existence même de la convention, sa nature ou son objet (notamment le prix). Par exemple, les parties peuvent prétendre aux yeux des tiers conclure une vente et prévoir entre elles que le prix ne sera pas payé ; les parties peuvent convenir d'un prix dans l'acte apparent, et prévoir une majoration de ce prix dans la contre-lettre.

748. Régime juridique. En principe, la simulation n'emporte pas de conséquence quant à la validité des actes en question. L'acte ostensible est valable, en dépit de son caractère factice, et la contre-lettre est valable aussi, en dépit de son caractère secret. Il faut cependant satisfaire les conditions de forme de l'acte apparent et les conditions de fond de l'acte secret[2]. Mais quel est l'acte qui s'applique ? La question trouve sa réponse à l'article 1201 du Code civil. Dans les rapports entre les parties, l'acte secret s'applique car il est conforme à leur volonté réelle. S'agissant des tiers, l'article 1201 du Code civil prévoit que la contre-lettre « n'est pas opposable aux tiers qui peuvent néanmoins s'en prévaloir ». Ce texte, qui reprend la règle de l'ancien article 1341, *permet aux tiers d'opposer aux parties la contre-lettre ou l'acte apparent.* Les tiers qui entendent s'en tenir à l'acte apparent n'ont aucune preuve à fournir ; en revanche, ceux qui souhaitent se prévaloir de l'acte secret doivent détruire l'apparence en exerçant l'action en déclaration de simulation : ils devront rapporter *par tous moyens* — l'exigence d'une preuve écrite n'est jamais imposée aux tiers — la preuve de la contre-lettre. L'option offerte aux tiers crée le risque d'un conflit entre des tiers se prévalant les uns de l'acte secret, les autres de l'acte ostensible. En application de la théorie de l'apparence dont l'article 1201 est une

1. Com., 8 mai 1972, *JCP* 1972, II, 17193, note P. L. V. ég. Civ. 1, 3 janv. 1996, *Bull. civ.* I, n° 7 ; *RTDciv.* 1996, p. 904, obs. J. Mestre ; *Def.* 1996, p; 1022, obs. P. Delebecque, « l'effet relatif du contrat n'interdit pas aux juges de puiser dans un acte étranger à l'une des parties en cause des éléments d'appréciation de nature à éclairer leur décision ».

2 . Civ. 1, 29 mai 1980, *Bull. civ.* I, n° 164, « les libéralités faites sous le couvert d'actes à titre onéreux sont valables lorsqu'elles réunissent les conditions de forme requises pour la constitution des actes dont elles empruntent l'apparence, les règles auxquelles elles sont assujetties quant au fond étant celles propres aux actes à titre gratuit ».

application, il convient de privilégier le tiers qui se prévaut de l'acte apparent, à condition bien sûr qu'il soit de bonne foi[1].

749. Simulation frauduleuse. Lorsque la simulation est frauduleuse[2], la sanction consiste généralement en la nullité de l'acte secret et de l'acte apparent. La fraude corrompt tout. C'est ce que prévoit, par exemple, l'article 911 alinéa 1er du Code civil concernant les donations faites par personnes interposées à une personne incapable de recevoir. Dans certains cependant la nullité frappe seulement la contre-lettre. L'article 1202 du Code civil (ancien art. 1321-1, qui était auparavant l'art. 1840 CGI) frappe de nullité la contre-lettre majorant le prix ouvertement déclaré dans certains contrats (notamment la vente d'un immeuble, la cession d'un office ministériel ou d'un fonds de commerce).

c. Responsabilité des contractants envers les tiers

750. Assimilation des fautes contractuelle et délictuelle. Le tiers qui subit un préjudice du fait de la mauvaise exécution du contrat peut engager la *responsabilité délictuelle du contractant défaillant.* Cette solution est admise depuis longtemps, mais une question essentielle restait à trancher : la violation de l'engagement contractuel suffit-elle à caractériser une faute délictuelle ? La jurisprudence a longtemps répondu par la négative, exigeant que le tiers établisse une « faute délictuelle envisagée en elle-même, indépendamment de tout point de vue contractuel[3] ». Dans cette perspective, la violation du lien contractuel ne constitue pas en soi une faute délictuelle. Elle constitue simplement une circonstance de fait que le juge peut prendre en compte pour apprécier si le contractant a, ou non, commis une faute délictuelle. La Cour de cassation a abandonné cette position. Elle décide aujourd'hui que « les tiers à un contrat sont fondés à invoquer l'exécution défectueuse de celui-ci lorsqu'elle leur a causé un dommage, sans avoir à rapporter d'autres preuves[4] ». La violation de l'obligation contractuelle constitue *ipso facto*

1 . Civ. 1, 22 fév. 1983, *JCP* 1985, II, 20359, note J.-P. Vershave.

2. En cas de fraude, la preuve de la contre-lettre peut être établie par tous moyens : Com., 19 nov. 2002, *Bull. civ.* IV, n° 174 ; Civ. 1, 17 déc. 2009, *Bull. civ.* I, n° 254 ; *JCP* 2010, 315, note L. Leveneur, « attendu qu'en cas de fraude, la simulation peut être prouvée par tous moyens ; il en est ainsi de la dissimulation du prix de vente d'un immeuble, laquelle a notamment pour finalité d'éluder l'application des règles fiscales relatives à l'imposition des transactions immobilières ».

3 . Civ. 1, 8 oct. 1962, *Bull. civ.* I, n° 405. En ce sens ég. Com., 17 juin 1997, *Bull. civ.* IV, n° 187 ; *JCP* 1998, I, 144, obs. G. Viney ; *RTD civ.* 1998, p. 113, obs. P. Jourdain.

4. Ass. plén. 6 oct. 2006, *Bull. A.P.* n° 9 ; *D.* 2006, p. 2825, note G. Viney ; *JCP* 2006, II, n° 10181, note M. Billiau, concl. Gariazzo ; *RTD civ.* 2001, p. 123 ; *Def.* 2007, p. 609, note R. Wintgen : « le tiers à un contrat peut invoquer, sur le fondement de la responsabilité délictuelle, un manquement contractuel dès lors que ce manquement lui a causé un dommage ».

une faute délictuelle à l'égard des tiers. Cette *assimilation des fautes contractuelle et délictuelle* est critiquée par certains auteurs qui lui reprochent de bafouer le principe de l'effet relatif des contrats, puisqu'elle permet aux tiers d'invoquer le bénéfice du contrat dans les mêmes conditions que les parties[1]. Mais n'est-il pas logique de considérer que le non-respect d'un engagement contractuel constitue *ipso facto* une faute ?

2. Les créanciers chirographaires

751. Situation particulière. Les créanciers chirographaires sont ceux qui ne disposent d'aucune sûreté. Ils sont titulaires d'un droit de gage général sur le patrimoine de leur débiteur en vertu de l'article 2284 du Code civil. Les créanciers chirographaires sont dans une situation particulière : ils sont des tiers aux contrats conclus par leur débiteur, mais ces contrats sont de nature à nuire à leurs intérêts en affectant leur droit de gage général. Le Code civil offre aux créanciers chirographaires deux actions qui leur permettent de défendre leurs intérêts.

752. Action oblique. L'action oblique permet au créancier chirographaire d'exercer, « en cas de carence du débiteur », les droits et actions non exclusivement attachés à la personne de celui-ci (art. 1341-1 C. civ.). Cette action ne déroge pas au principe de l'effet relatif, car le créancier agit au nom et pour le compte de son débiteur qu'il représente et le produit de l'action tombe dans le patrimoine du débiteur sur lequel le créancier agissant viendra alors en concours avec les autres créanciers. L'action oblique profite à l'ensemble des créanciers du débiteur : celui qui la met en œuvre « tire les marrons du feu » pour les autres.

753. Action paulienne. L'action paulienne permet au créancier chirographaire d'« agir en son nom personnel pour faire déclarer inopposables à son égard les actes faits par son débiteur en fraude de ses droits » (art. 1341-2 C. civ.). Cette action a pour effet de rendre l'acte frauduleux inopposable au créancier agissant. Si l'acte en question est un acte à titre onéreux, le créancier doit « établir que le tiers cocontractant avait connaissance de la fraude ». Si l'acte en question est à titre gratuit il n'est pas besoin de faire la preuve de la connaissance de la fraude par le tiers.

3. Les ayants cause à titre particulier

754. Position du problème. L'ayant cause à titre particulier est la personne qui recueille un bien ou un droit particulier d'une autre personne, appelée son auteur.

1 . V. not. F. Terré, P. Simler et Y. Lequette, n° 495.

Par exemple, l'acheteur d'un bien est l'ayant cause à titre particulier du vendeur. La question qui se pose est la suivante : l'ayant cause à titre particulier est-il lié par les contrats passés par son auteur[1] ? Par exemple : en cas de cession d'un fonds de commerce, les contrats relatifs à ce fond (contrats de travail, contrats passés avec les fournisseurs...) sont-ils transmis à l'acquéreur du fonds commerce ?

755. Principe. En principe l'ayant cause n'est pas substitué dans les contrats conclus par son auteur. La solution, admise par une jurisprudence ancienne et constante, est dictée par le principe de l'effet relatif des contrats[2]. Ainsi, l'acquéreur du fonds de commerce ne reprend pas les contrats qui avaient été conclus par son prédécesseur[3].

756. Exceptions. Des dispositions propres à certains contrats spéciaux prévoient que la cession d'un bien s'accompagne de la cession de certains contrats. On parle de cession « légale » de contrat, ou encore de cession « forcée[4] ». C'est un souci de protection d'un intérêt particulier qui conduit le législateur à aménager une telle cession. Par exemple, dans le but de protéger les salariés, l'article L. 1224-1 du Code du travail prévoit que le contrat de travail est transmis à l'acquéreur de l'entreprise ; dans le but de protéger le preneur à bail, l'article 1743 Code civil prévoit que le bail est transféré à l'acquéreur de la chose loué.

---

1. Sur cette question, v. Du Garreau de la Méchenie, « La vocation de l'ayant cause à titre particulier aux droits et obligations de son auteur », *RTDciv.* 1944, p. 219 ; J. Flour, J.-L. Aubert et É. Savaux, n° 439 et s.
2. Jurisprudence constant depuis : Civ. 15 janv. 1918, *DP* 1918, 1, 17, « Le successeur ou ayant cause à titre particulier n'est pas, de plein droit et comme tel, directement tenu des obligations personnelles de son auteur ; que ce principe s'applique même aux conventions que ce dernier aurait passées par rapport à la chose formant l'objet de la transmission... ».
3. Com., 19 déc. 1995, *Bull. civ.* IV, n° 303 : les contrats d'assurance qui avaient été souscrits par le vendeur ne sont pas transmis à l'acheteur ; Com. 4 mai 2010, n° 09-13118, *RDC* 2010, p. 1226, obs. D. Mazeaud ; Com., 11 mars 2014, n° 13-12507, l'engagement de non-concurrence qui avait été souscrit par le vendeur du fonds de commerce n'est pas transmis à l'acheteur.
4. Sur ces cessions légales de contrat, v. E. Jeuland, *Rép. Civ. Dalloz*, v° Cession de contrat.

Chapitre 2

Les atténuations et les dérogations au principe de l'effet relatif

758. Le principe de l'effet relatif supporte certaines atténuations (I) et même de véritables dérogations (II).

I. Atténuations au principe de l'effet relatif

759. L'article 1203 du Code civil énonce une règle qui est une conséquence du principe de l'effet relatif : « on ne peut s'engager en son propre nom que pour soi-même ». Sont présentés ensuite deux mécanismes qui atténuent la portée de cette règle. Le porte-fort (1) et la stipulation pour autrui (2).

1. Le porte-fort

760. Présentation. L'article 1204 alinéa 1er énonce : « On peut se porter fort en promettant le fait d'un tiers ». La promesse de porte-fort consiste à promettre le fait d'un tiers. Le plus souvent le promettant (ou porte-fort) s'engage à obtenir le consentement du tiers à la conclusion d'un acte juridique. Il promet de « rapporter la signature » du tiers. Par exemple un mandataire chargé d'acheter une maison pour un prix maximum de 500 000 € et qui trouve une maison qu'il juge « exceptionnelle » pour 510 000 € peut passer l'acte en se portant fort d'obtenir le consentement du mandant.

761. Effets. Le promettant souscrit un engagement personnel qui lui impose une obligation de résultat. Le tiers pour qui on s'est porté fort n'est pas engagé : il est libre d'accomplir ou non le fait promis. Le contrat de porte-fort *n'est donc pas une dérogation au principe de l'effet relatif.* Le porte-fort peut se dénouer de deux façons différentes.

Ratification. Si le tiers ratifie la promesse, le contrat préparé par le porte-fort est formé rétroactivement à la date de l'engagement du porte-fort[1] (art. 1204 al. 3 C. civ.). Le porte-fort est définitivement libéré de toute obligation (art. 1204 al. 2 C. civ.). Il ne garantit pas la bonne exécution du contrat[2].

Refus de ratification. Si le tiers refuse de ratifier la promesse, le contrat préparé par le porte-fort n'est pas formé. Le bénéficiaire pourra rechercher la responsabilité du porte-fort qui a manqué à son engagement.

762. Porte-fort d'exécution. Pour contourner les règles du cautionnement, la pratique a imaginé une figure juridique nouvelle : le porte-fort d'exécution. Le promettant s'engage à garantir l'exécution d'une obligation incombant à un tiers. La Cour de cassation a validé ce type d'engagement. Elle analyse le porte-fort d'exécution comme une sûreté personnelle distincte du cautionnement qui échappe au régime de celui-ci[3]. Les nouvelles dispositions de l'article 1204 du Code civil semblent bien autoriser le porte-fort d'exécution.

2. La stipulation pour autrui

763. Présentation. Il y a stipulation pour autrui lorsque l'une des parties à un contrat (le stipulant) obtient de l'autre partie (le promettant) qu'elle s'engage à exécuter sa prestation au bénéfice d'un tiers (le bénéficiaire)[4]. La stipulation pour autrui permet de diriger les effets du contrat vers un tiers; elle déroge ainsi au principe de l'effet relatif. Mais la stipulation pour autrui ne produit effet à l'égard du tiers que si celui-ci y consent; elle ne déroge donc pas à la règle selon laquelle « on ne peut s'engager en son nom que pour soi-même » (C. civ., art. 1203).

La stipulation pour autrui constitue le support technique de nombreuses opérations, notamment l'assurance sur la vie en cas de décès : le souscripteur (stipulant) demande à l'assureur (promettant) de s'engager envers une tierce personne (tiers bénéficiaire) à payer à celle-ci une certaine somme au jour où il décédera. On envisagera les conditions de formation (A) et les effets (B) de la stipulation pour autrui.

1. V. not. Civ. 1, 8 juill. 1964, *Bull. civ.*, n° 382; *D.* 1964, p. 560.
2. Com., 13 déc. 2005, *Bull. civ.* IV, n° 256.
3. Com. 1er avr. 2014, *Bull. civ.* IV n° 47; *D.* 2014, p. 1610, note P. Crocq; *D.* 2014, p. 1185 note B. Dondero; *RTDcom.* 2014, p. 309, obs. B. Saintourens; *RDC* 2014, note T. Génicon; *RDC*.2015, p. 625 note J. Klein.
4. Art. 1205 al. 2 C. civ.

A. Les conditions de formation

764. Consentement du stipulant et du promettant. La stipulation pour autrui est valablement formée par le consentement du promettant et du stipulant. Le bénéficiaire n'étant pas partie à ce contrat, son consentement n'est pas requis et il peut très bien n'être pas informé de l'existence de la stipulation. Le bénéficiaire « peut être une personne future mais doit être précisément désigné ou pouvoir être déterminé lors de l'exécution de la promesse » (art. 1205 al. 2).

B. Les effets

765. La stipulation pour autrui est une opération triangulaire. On examinera successivement les « trois cotés du triangle » : les rapports entre le stipulant et le promettant (a), les rapports entre le promettant et le tiers bénéficiaire (b) et enfin les rapports entre le stipulant et le tiers bénéficiaire (c).

a. Les rapports entre le stipulant et le promettant

766. Contrat principal. Le stipulant et le promettant sont tous deux parties au contrat principal. Chacun doit exécuter ses obligations. S'agissant du stipulant, il est tenu d'exécuter ses obligations envers le promettant (par ex. payer les primes d'assurance) ; il conserve le droit d'agir en exécution forcée contre le promettant[1] (art. 1209 C civ.) et de demander la résolution du contrat.

b. Les rapports entre le promettant et le tiers bénéficiaire

767. Un droit direct dès la stipulation. Le bénéficiaire « est investi d'un droit direct à la prestation contre le promettant dès la stipulation » (art. 1206 al. 1er C. civ.). Le droit direct du bénéficiaire contre le promettant prend naissance à la date de la stipulation, et non à la date de l'acceptation qui ne fait que consolider le droit du bénéficiaire en interdisant au stipulant de révoquer la stipulation. Les créanciers du stipulant ne peuvent émettre aucune prétention sur cette créance[2], non plus que les héritiers du stipulant[3]. Le stipulant peut « librement révoquer la stipulation tant que le bénéficiaire ne l'a pas acceptée. » (art. 1206 al. 2). La révocation anéantit rétroactivement la stipulation : « Le tiers initialement désigné est censé n'avoir jamais bénéficié de la stipulation faite à son profit » (art. 1207 dernier alinéa).

1. Civ. 12 juill. 1956, *D.* 1956, p. 749 note J. Radouant; *G.A.*, n° 172.
2. Ils ne peuvent faire saisir cette créance (v. art. L. 132-14 C. ass.).
3. Ils ne peuvent faire application à cette créance des règles du rapport et des réductions des libéralités (v. art. L. 132-13 C. ass.).

768. Un droit irrévocable par l'acceptation. Le droit bénéficiaire ne devient irrévocable que par l'effet de l'acceptation ; précisément « au moment où l'acceptation parvient au stipulant ou au promettant » (article 1206 al. 3).

769. La question de l'opposabilité des exceptions. On retrouve, comme dans toutes les opérations juridiques à trois personnes, la question dite de l'opposabilité des exceptions. La question se pose en ces termes : quelles sont, parmi les exceptions que le promettant aurait pu faire valoir contre le stipulant, celles qu'il peut invoquer à l'encontre du bénéficiaire ? Pour répondre à cette question, il suffit de faire appel à l'idée que *le bénéficiaire est placé dans la même situation que s'il avait été lui-même partie au contrat principal*, en lieu et place du stipulant[1]. En application de cette idée, le droit de créance du bénéficiaire est placé sous la dépendance du contrat principal. Le promettant peut donc en principe invoquer à l'égard du bénéficiaire toutes les exceptions inhérentes au contrat qu'il aurait pu faire valoir contre le stipulant. Il peut notamment invoquer la défaillance du stipulant pour obtenir la résolution du contrat[2].

c. Les rapports entre le stipulant et le tiers bénéficiaire

770. C'est dans les relations entre le stipulant et le tiers bénéficiaire que se trouve les raisons d'être de la stipulation pour autrui : le but poursuivi par le stipulant. Le stipulant peut chercher à faire une *donation indirecte* au bénéficiaire (par ex. l'assurance sur la vie souscrite par un époux au profit de l'autre), ou bien chercher à *s'acquitter d'une dette* envers le bénéficiaire.

II. Dérogations au principe de l'effet relatif

771. Le principe de l'effet relatif supporte de nombreuses dérogations. On rappellera d'abord, pour mémoire, la théorie doctrinale des groupes de contrats qui mérite d'être connue même si elle est aujourd'hui abandonnée (1). On envisagera ensuite : l'interdépendance contractuelle (2), les actions directes (3), les chaînes de contrats (5) et enfin les contrats collectifs (6).

1. C. Lachièze, *Le régime des exceptions dans les opérations juridiques à trois personnes*, préf. J. Hauser, éd. La Mouette, 2001, spéc. n° 72 s.
2. Civ. 1, 23 mars 1982, *Bull. civ.* I, n° 119 ; Civ. 1, 29 nov. 1994, *Bull. civ.* I, n° 353 ; *Def.*, 1995, p. 1405, obs. P. Delebecque ; *RTD civ.* 1995, p. 622, obs. J. Mestre.

1. La théorie des groupes de contrat

772. Présentation. On parle de groupe de contrats lorsque plusieurs contrats sont orientés vers la réalisation d'une opération unique[1]. La théorie des groupes de contrats propose de tenir compte de l'unité économique du groupe de contrats pour fonder une nouvelle lecture du principe de l'effet relatif des contrats et de la notion de partie[2]. Les parties seraient les membres du groupe de contrats (peu importe qu'ils aient ou non échangé leur consentement) et les tiers seraient toutes les personnes étrangères au groupe de contrats. Cette théorie se fonde sur une conception *objective* de la notion de partie, fondée sur l'état d'interdépendance qui existe entre certains contrats. Or le droit français retient une conception subjective de la notion de partie, fondée sur l'accord de volontés (art. 1101 C. civ.).

773. Admission. La première Chambre civile de la Cour de cassation avait admis cette théorie audacieuse, en décidant que « dans un groupe de contrats, la responsabilité contractuelle régit nécessairement la demande en réparation de tous ceux qui n'ont souffert du dommage que parce qu'ils avaient un lien avec le contrat initial[3] ». Cette solution suscita de vives critiques et se heurta à l'opposition de la troisième Chambre civile qui s'en tenait à une lecture classique du principe de l'effet relatif.

774. Rejet. L'Assemblée plénière de la Cour de cassation a condamné la théorie doctrinale du groupe de contrat dans l'arrêt *Besse* du 12 juillet 1991[4]. Sous le visa de l'article 1165 du Code civil, l'Assemblée plénière a rappelé que « les conventions n'ont d'effet qu'entre les parties contractantes » et elle a écarté la mise en œuvre de la responsabilité contractuelle entre un sous-traitant et un maître de l'ouvrage. L'Assemblée plénière a ainsi imposé un retour à une application plus classique de principe de l'effet relatif.

---

1. Par exemple, un contrat d'entreprise suivi d'un contrat de sous-traitance. Ou bien une suite de ventes : du fabricant au grossiste, du grossiste au détaillant puis du détaillant au consommateur final.
2. V. not. B. Teyssié, *Les groupes de contrats*, préf. J.-M. Mousseron LGDJ, 1975.
3. Civ. 1, 21 juin 1988, *Bull. civ.* I, n° 202 ; *D.* 1989, p. 5, note C. Larroumet ; *JCP* 1988, II, 21125 note P. Jourdain ; *G.A.*, n° 174.
4. Ass. plén. 12 juill. 1991, *Bull. A.P.*, n° 5 ; *D.* 1991, p. 549, note J. Ghestin ; *JCP* 1991, II, 21743, note G. Viney ; *Def.*, 1991, p. 130, note J.-L. Aubert ; *RTD civ.* 1991, p. 750, obs. P. Jourdain ; *RTD civ.* 1992, p. 90, obs. J. Mestre ; *RJDA* 1991, concl. Mounier ; *Cont. Conc. Cons.*, 1991, n° 200, obs. L. Leveneur ; *G.A.*, t. 2, n° 176.

2. L'interdépendance contractuelle

775. Présentation[1]. La jurisprudence admet parfois que les contrats concourants à une même opération économique sont *interdépendants*, au sens où la disparition de l'un entraîne nécessairement celle des autres[2]. Mais la jurisprudence est hésitante sur les critères de la notion d'interdépendance contractuelle ainsi que sur ses effets. La réforme du droit des contrats a introduit la notion d'interdépendance contractuelle dans le Code civil, à l'article 1186. Cette disposition clarifie les effets de l'interdépendance contractuelle : la disparition de l'un des contrats entraîne la disparition des autres par caducité. En revanche les critères de la notion d'interdépendance contractuelle ne sont pas précisément déterminés[3].

776. Dispositions spéciales. La notion d'interdépendance est mise en œuvre depuis plusieurs années dans des textes spéciaux. Ainsi, dans le régime du crédit affecté (C. cons. art. L. 312-44 s.), le législateur a lié le sort du contrat de financement et celui du contrat financé : le défaut de conclusion, la nullité ou la résolution de l'un se répercute sur l'autre. De même, dans le crédit immobilier (C. cons. art. L. 313-1 et s.), le législateur a lié les différents contrats nécessaires à la réalisation de l'opération d'acquisition par un tissu complexe de conditions suspensives et résolutoires, dont on présentera seulement quelques aspects : chacun des prêts est conclu sous la condition suspensive de la conclusion des autres prêts ; chaque prêt est conclu sous la condition résolutoire de la non-conclusion du contrat pour lequel le financement est demandé.

---

1. J.-B. Seube, *L'indivisibilité et les actes juridiques*, Litec 1999 ; S. Bros, *L'interdépendance contractuelle*, Thèse Paris II, 2001, dir. C. Larroumet; S. Pellé, *La notion d'indépendance contractuelle*, Dalloz, Nouvelle bibliothèque de thèse, préc. J. Foyer et M.-L. Demeester, 2007. J. Moury, « L'indivisibilité entre les obligations et entre les contrats », *RTD civ.* 1994, p. 363 ; S. Amrani-Mekki, « Indivisibilité et ensembles contractuels : l'anéantissement en cascade des contrats », *Def.* 2002, p. 365 ; C. Aubert de Vincelles, « Réflexions sur les ensembles contractuels : un droit en devenir », *RDC* 2007, p. 983.
2. Par ex. Civ. 1, 4 avr. 2006, *Bull. civ.* I, n° 190, *Def.* 2006, p. 1194, note J. -L. Aubert; *RDC* 2006, p. 700, note D. Mazeaud, les parties avaient conclu un contrat d'exploitation d'une chaufferie et un contrat d'approvisionnement du combustible : « qu'ayant souverainement retenu que les deux conventions constituaient un ensemble contractuel indivisible, la cour d'appel en a déduit à bon droit que la résiliation du contrat d'exploitation avait entraîné la caducité du contrat d'approvisionnement ». V. ég. Civ. 1, 1er juill. 1997, *Bull. civ.* I, n° 224, *D.* 1998, p. 110, obs. D. Mazeaud, l'annulation du contrat de vente entraîne la caducité du prêt.
3. S. Bros, « L'interdépendance contractuelle, la Cour de cassation et la réforme du droit des contrats », *D.* 2016, p. 29.

3. Les actions directes

777. Définition. L'action directe permet au créancier de poursuivre directement, *en son propre nom et pour son propre compte*[1], le débiteur de son débiteur[2]. Le créancier qui agit par la voie de l'action directe met en œuvre un contrat auquel il n'a pas pris part, par dérogation au principe de l'effet relatif. L'action directe offre un privilège au créancier puisque le produit de l'action tombe directement dans son patrimoine (il échappe au concours avec les autres créanciers, même s'ils sont privilégiés). L'action directe déroge ainsi au principe d'égalité entre les créanciers.

778. Fondement légal. Les particularités de l'action directe ont conduit à s'interroger sur son fondement. De nombreux auteurs soutiennent que ce mécanisme, qui déroge au principe de l'effet relatif des contrats et au principe de l'égalité des créanciers, ne peut être admis que dans les cas où le législateur l'a consacré[3]. Mais d'autres auteurs sont favorables à ce que la jurisprudence mette en œuvre l'action directe en l'absence de support textuel, pour des raisons d'équité notamment[4]. Le nouvel article 1341-3 du Code civil consacre la thèse légaliste : l'action directe ne peut résulter que d'une disposition légale : « Dans les cas déterminés par la loi, le créancier peut agir directement en paiement de sa créance contre un débiteur de son débiteur ».

779. Exemples. Les actions directes se développent notamment dans les hypothèses de sous-contrat. Le *sous-contrat* est un contrat qui se greffe sur un contrat principal dont il permet l'exécution[5]. Dans le bail, lorsque le locataire a sous-loué le local à une autre personne, le bailleur peut agir directement contre le sous-locataire pour le paiement des loyers (art. 1753 C. civ.). On trouve des actions directes en dehors des hypothèses de sous-contrat. Par exemple, dans l'assurance de responsabilité, la victime peut agir directement contre l'assureur du responsable : « le tiers lésé dispose d'un droit d'action directe à l'encontre de l'assureur garantissant la responsabilité civile de la personne responsable » (art. L. 124-3, alinéa 1er, du Code des assurances, réd. L. 2007-1774 du 17 déc. 2007).

---

1. À la différence de l'action oblique (*supra* n° 752), qui permet seulement au créancier d'agir au nom et pour le compte de son débiteur.
2. M. Cozian, *L'action directe*, préf. A. Ponsard, LGDJ, 1969 ; C. Jamin, *L'action directe*, préf. J. Ghestin, LGDJ, 1991 ; F. Gréau, *Rép. Civ. Dalloz*, v° Action directe, 2011.
3. V. not. M. Cozian, *L'action directe*, préc., n° 100 ; J. Flour, J.-L. Aubert et É. Savaux, n° 459.
4. V. not. C. Jamin, *La notion d'action directe*, LGDJ 1991, préf. J. Ghestin, spéc. n° 62 ; J. Ghestin, C. Jamin et M. Billiau, n° 1084 s.
5. J. Néret, *Le sous-contrat*, préf. P. Catala, LGDJ, 1979.

4. Les chaînes de contrats

780. Notion de chaîne de contrats. La *chaîne de contrats* est une succession de contrats portant sur la même chose. La chaîne de contrat est dite homogène lorsqu'elle est composée de contrats de même nature. Par exemple, une suite de ventes : du fabricant au grossiste, du grossiste au détaillant puis du détaillant au consommateur. Elle est dite hétérogène lorsqu'elle est composée de contrats de natures différentes. Par exemple : achat de matériaux pour construire (vente), construction (contrat d'entreprise), puis vente par le maître de l'ouvrage.

781. Transfert des droits et actions attachés à la chose. En application du principe de l'effet relatif, une action de nature contractuelle ne devrait pouvoir s'exercer qu'entre les parties à un même contrat. Mais la jurisprudence s'écarte de cette solution : dans les *chaînes de contrats translatives de propriété*, la jurisprudence admet que les droits et actions attachés à la chose sont transmis avec elle *en qualité d'accessoires*. D'abord admise dans les chaînes de contrats de vente, cette action est désormais étendue à d'autres chaînes de contrats, homogènes ou non, dès lors qu'il y a transfert d'un bien[1].

5. Les contrats collectifs

782. Notion. On qualifie de collectifs les contrats dont l'effet s'impose à des personnes qui n'ont pas donné leur consentement. L'« effet collectif » est cette capacité d'un acte à produire des effets à l'égard de ceux qui n'ont été ni partie ni représentés. Un tel effet déroge de façon flagrante au principe de l'effet relatif.

783. L'exemple de la convention collective de travail. L'exemple le plus commun de contrat collectif est celui de la *convention collective de travail* (art. L. 2221-1 et s. C. trav.). La convention collective de travail est conclue par un ou plusieurs employeurs ou groupement d'employeurs, d'une part, et par un ou plusieurs syndicats de salariés, d'autre part. La convention collective produit un effet collectif à l'égard des salariés : elle s'applique à tous les salariés (syndiqués ou non) des employeurs qui l'ont signée ou qui sont membres d'une organisation signataire.

1. Civ. 3, 23 sept. 2009, *Bull. civ.* III, n° 202 : « les acquéreurs successifs d'un immeuble sont recevables à agir contre les constructeurs sur le fondement de la garantie décennale qui accompagne, en tant qu'accessoire, l'immeuble » ; Civ. 3 10 juill. 2013, *Bull. civ.* III, n° 102 ; Civ. 3, 9 juill. 2014, *Bull. civ.* III, n° 105 : « sauf clause contraire, l'acquéreur d'un immeuble a qualité à agir contre les constructeurs, même pour les dommages nés antérieurement à la vente, sur le fondement de la responsabilité contractuelle de droit commun qui accompagne l'immeuble en tant qu'accessoire ».

Liste des abréviations

al.	alinéa
art.	article
Ass. plén.	Cour de cassation, assemblée plénière
BGB	*Bürgerliches Gesetzbuch* (Code civil allemand)
Bull. A.P.	*Bulletin des arrêts de la Cour de cassation, assemblée plénière*
Bull. civ.	*Bulletin des arrêts de la Cour de cassation, Chambre civile*
Bull. ch. mixte	*Bulletin des arrêts de la Cour de cassation, Chambre mixte*
C. ass.	Code des assurances
C. civ.	Code civil
C. cons.	Code de la consommation
C. const. hab.	Code de la construction et de l'habitation
C. pén.	Code pénal
C. prop. int.	Code de la propriété intellectuelle
C. trav.	Code du travail
C.É.	Conseil d'État
CGI	Code général des impôts
Ch. mixte	Cour de cassation, Chambre mixte
Chron.	Chronique
Civ.	Cour de cassation, Chambre civile
CO	Code des obligations suisse
Com.	Cour de cassation, Chambre commerciale
Comp.	Comparer
Concl.	Conclusion
Cons. const.	Conseil constitutionnel
Cont. Conc. Cons.	*Contrat concurrence consommation*
Conv. EDH	Convention européenne des droits de l'homme
Cour EDH	Cour européenne des droits de l'homme
CPC	Code de procédure civile
D. aff.	*Dalloz affaires*
D.	*Recueil Dalloz*

Def.	*Répertoire du notariat Defrénois*
DH	*Dalloz hebdomadaire*
DP	*Dalloz périodique*
Dr. et pat.	*Droit et patrimoine*
Dr. soc.	*Droit des sociétés*
Gaz. Pal.	*Gazette du palais*
G.A.	*Les Grands Arrêts de la jurisprudence civile*, (t. 2, 12e éd., 2008)
G.A.JA	*Les Grands Arrêts de la jurisprudence administrative* (12e éd.)
IR	Informations rapides
JCP	*Jurisclasseur périodique*
JCP E	*Jurisclasseur périodique, édition entreprise*
JCP N	*Jurisclasseur périodique, édition notariale*
JT	Juristourisme
Not.	Notamment
Obs.	Observations
Ord.	Ordonnance
Pet. Aff	*Les Petites Affiches*
Préc.	Précité
PDEC	Principes du droit européen des contrats
Rapp.	Rapport
Rappr.	À rapprocher de
RDC	*Revue des contrats*
Resp. civ. ass.	*Responsabilité civile et assurance*
Req.	Requête
Rev. Lamy Dr. civ	*Revue Lamy droit civil*
RIDComp.	*Revue internationale de droit comparé*
RJDA	*Revue de jurisprudence de droit des affaires*
RRJ	*Revue de la recherche juridique – Droit prospectif*
RTD civ.	*Revue trimestrielle de droit civil*
S.	*Sirey* (recueil)
Sect. réun.	Sections réunies (Cour de Cassation)
Soc.	Cour de cassation, chambre sociale
Somm.	Sommaire
TGI	Tribunal de grande instance

Bibliographie

Ces ouvrages sont cités par le seul nom de l'auteur ou des auteurs.

A. Bénabent, *Droit civil, Les obligations*, Montchrestien, 15e éd., 2016.

J. Carbonnier, *Droit civil,* t. IV, *Les obligations*, PUF, 22e éd., 2000.

G. Chantepie et M. Latina, *La réforme du droit des obligations, commentaire théorique et pratique dans l'ordre du Code civil*, Dalloz 2016.

M. Fabre-Magnan, *Les Obligations*, t. 1, *Contrat et engagement unilatéral*, PUF, 4e éd., 2016.

B. Fages, *Droit des obligations*, LGDJ, 6e éd., 2016

J. Flour, J.-L. Aubert et É. Savaux, *Les obligations*, t. 1, *L'acte juridique*, A. Colin, 16e éd., 2014.

J. Ghestin, G. Loiseau et Y.-M. Serinet, *La formation du contrat du contrat*, t. 1, *Le contrat-Le consentement*, 2013 ; t. 2 *L'objet et la cause- Les nullités*, 4e éd. 2013.

J. Ghestin, C. Jamin et M. Billiau, *Traité de droit civil, Les effets du contrat*, LGDJ, 3e éd., 2001.

D. Houtcieff, *Droit des contrats*, 2e éd. Larcier 2016.

C. Larroumet, S. Bros, *Droit civil,* t. III, *Les obligations, Le contrat*, t. 1 Formation, Economica, 7e éd., 2014.

P. Le Tourneau (dir.), *Droit de la responsabilité et des contrats*, Dalloz-Action 2014.

P. Malaurie, L. Aynès et P. Stoffel-Munck, *Droit civil, Les obligations*, Defrénois, 7e éd., 2015.

P. Malinvaud, D. Fenouillet et M. Mekki, *Droit des obligations*, Lexis-Nexis, 13e éd. 2013.

G. Marty, P. Raynaud et P. Jestaz, *Traité de droit civil, Les obligations*, t. I, *Les sources*, 2e éd., 1988, t. II, Les effets, 2e éd. 1989.

H. L. J. Mazeaud par F. Chabas, *Les obligations*, Montchrestien, 9e éd., 1998.

M. Poumarède, *Droit des obligations*, Lextenso, 3e éd. 2014.

S. Porchy-Simon, *Droit civil, Les Obligations*, Dalloz, coll « hypercours », 9e éd., 2016

A. Sériaux, *Droit des obligations*, PUF, coll. « Droit fondamental », 2e éd., 1998.

B. Starck, H. Roland et L. Boyer, *Droit civil, Obligations*, vol. II, *Le contrat*, Litec, 6e éd., 1998.

F. Terré, P. Simler et Y. Lequette, *Les obligations*, Dalloz, coll. « Précis », 11e éd., 2013.

F. Zénati-Castaing et T. Revet, *Cours de droit civil. Contrats. Théorie générale – Quasi-contrats*, PUF 2015.

Index

(Les chiffres renvoient aux numéros des paragraphes.)

A

B

C

D

E

P

Q

R

S

T

U

V

Table des matières

Cet ouvrage a été imprimé par CPI Firmin Didot à Mesnil-sur-l'Estrée en octobre 2016
Dépôt légal : octobre 2016 - N° d'impression : 137610 - Imprimé en France